华章经管

HZBOOKS | Economics Finance Business & Management

失落的管理艺术

德鲁克思想的人文之光

［美］
约瑟夫 A. 马洽列洛（Joseph A. Maciariello）
凯伦 E. 林克莱特（Karen E. Linkletter）　著

顾洁 王茁 译

Drucker's Lost Art of Management

Peter Drucker's Timeless Vision for Building Effective Organizations

解 读 德 鲁 克

机械工业出版社
China Machine Press

图书在版编目（CIP）数据

失落的管理艺术：德鲁克思想的人文之光 /（美）约瑟夫 A. 马洽列洛（Joseph A. Maciariello），（美）凯伦 E. 林克莱特（Karen E. Linkletter）著；顾洁，王茁译 . —北京：机械工业出版社，2018.8
（解读德鲁克）
书名原文：Drucker's Lost Art of Management: Peter Drucker's Timeless Vision for Building Effective Organizations

ISBN 978-7-111-60547-8

I. 失… II. ① 约… ② 凯… ③ 顾… ④ 王… III. 德鲁克（Drucker, Peter Ferdinand 1909—2005）- 管理学 - 思想评论 IV. F272

中国版本图书馆 CIP 数据核字（2018）第 162013 号

本书版权登记号：图字　01-2018-2225

失落的管理艺术：德鲁克思想的人文之光

出版发行：机械工业出版社（北京市西城区百万庄大街 22 号　邮政编码：100037）
责任编辑：孟宪勐　　　　　　　　　　　　　责任校对：殷　虹
印　　刷：北京市兆成印刷有限责任公司　　　版　　次：2019 年 2 月第 1 版第 1 次印刷
开　　本：170mm×230mm　1/16　　　　　　印　　张：20
书　　号：ISBN 978-7-111-60547-8　　　　　定　　价：79.00 元

凡购本书，如有缺页、倒页、脱页，由本社发行部调换
客服热线：（010）68995261　88361066　　　　投稿热线：（010）88379007
购书热线：（010）68326294　88379649　68995259　　读者信箱：hzjg@hzbook.com

版权所有 • 侵权必究
封底无防伪标均为盗版
本书法律顾问：北京大成律师事务所　韩光 / 邹晓东

　　本书所代表的是两种截然不同的管理学学习方法的结合。作者之一是管理学教授，是管理系统、成本管理和项目管理方面的专家；另一位则是历史学家。两个人的共同之处是与彼得·德鲁克都有私交，并且对其著述进行过比较深入的研究。

　　我们对德鲁克著述的共同兴趣也正是该书写作的缘起。当我们各自独立地进行研究时，我们就逐渐意识到德鲁克在管理领域的高瞻远瞩其实有赖于对人文学科及其目标的深入理解。德鲁克自己就曾认为管理是一门"人文学科"，将其直接与人文学科关联起来。我们撰写这本书的目的就是试图探寻德鲁克关于"管理是一门人文学科"这一论断究竟意味着什么，并且以历史为背景、从实践出发来探寻这一概念的基础。我们自己深信，如果人们能够在商业运作实践中时刻追随德鲁克所设定的愿景，那么管理学作为一门人文学科也许会给建设一个更加人性化、更符合道德标准的社会带来一些希望。

　　本书的第 1～3 章旨在界定管理学科作为一门人文学科。第 1 章重点阐述多个不同的人文学科如何影响了德鲁克的管理理念。德鲁克构建了一个道德社会的愿景，该社会由有效运作的各类机构组成，他对神学、哲学、政治学以及经济学的研究在其著作中有所体现。在第 2 章中，我们分析了管理学教育和人文学科之间的历史性关联，以及这种关联被人为地割裂所带来的代价。第 3 章探讨的是作为人文学科的管理学对人文学科和一般管理学做出的贡献。由于德鲁克的管理哲学是以伦理学和德性理念作为驱动力的，所以我们就探讨由管理学作为一门人文学科所引发的关于价值观、品格和伦理的一系列问题。正如人文教育自古以来就一直在强调塑造有德性之人，作为人文学科的管理学也不可能无视这些概念。

随后的章节主要讨论将作为人文学科的管理学运用到实践中所面临的4个主要课题，即联邦主义（第4章）、人的维度（第5章）、领导力（第6章）和社会生态学（第7章和第8章）。本书不讨论管理的具体职能领域，比如营销、运营、会计、财务和信息技术，也不包括针对人文学科的各个分支的详细研究。相反，本书将通过上述4个课题将管理实践和人文学科联结在一起，从而为探索人文学科和管理学提供新的思维方式。在关于联邦主义的那一章中，我们所揭示的是政治哲学对于现代组织的意义。在第5章中，我们会引用宗教和启蒙理论来探讨建立一个关于人的存在本质的概念性框架的必要性。在第6章中，我们借用美国历史，以亚伯拉罕·林肯为案例来阐述德鲁克关于有效的领导力的概念。最后，我们在第7章和第8章中通过对社会学、经济学和管理学理论的探讨来评估社会生态学家的作用。

德鲁克认为，《联邦党人文集》以及推而广之的联邦主义是"美国对西方思想具有持久影响的贡献"。联邦党人和反联邦党人在美国宪法的通过过程中所进行的辩论触及了所有人类组织在进行结构设计和政策制定时所遇到的困难和所进行的权衡。如何面对这些困难、如何进行权衡以及如何应对合理分配权力和进行组织结构设计，这些都将在第4章中予以讨论。

组织是由个人组成的，虽说这些个人都可以表现得像天使，但他们经常做出一些有悖常理的事情。作为人文学科的管理，其最主要的任务就是为人们提供领导力，帮助他们完成组织的使命。第5章的主题就是人们在工作中所展现出的特性，与之紧密相关的是为组织使命的实现提供行政领导力，这是第6章所讨论的话题。

最后，德鲁克称自己是一位社会生态学家。身为社会生态学家，其工作是打造并维持一个社会，其中各类机构都能有效运作。要做到这一点，就需要社会生态学家能够预计到社会发展中可能存在的断裂，并且通过兼顾持续性和变革性的流程来管理好这些断裂。从本质上讲，社会生态学的实践就是将管理学作为人文学科的实践，其目的在于创造出这样一个社会：其中各类组织各司其职，有效运作。

鸣　谢

对于"彼得·德鲁克文献基金会"允许我们在本书中使用"彼得·德鲁克"这一商标，我们深表谢意。ServiceMaster 公司的名誉董事长威廉·波拉德从本书起步时就为我们提供了愿景和资金支持。德鲁克研究院在其执行董事里克·瓦尔茨曼的指导下开展了这个研究项目，从而使本书得以出版，在此，我们也对其深表谢意。德鲁克研究院主任扎克·弗里斯特帮助我们组织了专业的活动来推广本书所包含的理念。Emerald 集团出版公司的首席执行官约翰·彼得斯和 Emerald 旗下的作者们大开绿灯，允许我们对发表在 Emerald 杂志上的文章进行改编，那些文章都是与 2009 年 11 月 19 ～ 20 日在奥地利维也纳召开的德鲁克大会相关的。

LevelFiveMedia 公司的创始人和董事长史蒂夫·亨泽尔曼帮助我们为本书做了很好的定位。诺克斯·休斯顿是我们在麦格劳 - 希尔 (McGraw-Hill) 出版社的编辑，在整个出版过程中一直为我们提供了极大的支持。我们也很高兴能够和麦格劳 - 希尔的高级编辑主管帕蒂·阿莫罗索以及与该书有关的所有印刷组成员合作。另外，我们也要特别感谢克莱蒙特 (Claremont) 大学彼得·德鲁克和伊藤雅俊管理学院的詹妮·达罗克教授，她在看过我们的初稿后给予了极大的鼓励。德鲁克学院的贝尔纳黛特·兰贝思在本书写作过程中给予了我们极大的帮助，在此对其深表谢意。埃米莉·特伦特帮助我们整理出了一个"德鲁克知识库"，在过去两年间我们从中受益匪浅，在此也一并感谢。

本书作者凯伦希望能够借此感谢她丈夫乔治的耐心。她也希望能够借此机会感谢与她一起经历生命中一段艰难日子的她的手术医生、肿瘤医生，同时感谢与本书另一位作者约瑟夫一起撰写本书之时给她提供帮助的所有人。

本书作者约瑟夫在此希望能够感谢鲍勃·比福德和邵明路在过去两年间在研究项目方面所给予的支持。他也希望在此能够感谢克莱蒙特学院的同事们，感谢他们在这段时间所给予的友谊和所做的祈祷。最后，他希望能够转达自己对妻子朱蒂的爱意和感激，在他和本书作者凯伦合作期间，是妻子承担起了所有的家庭重任。

导　论

我们仍然无法真正懂得如何将人文学科和管理关联在一起。我们也不清楚它们之间的关联会给双方带来怎样的影响——要知道，婚姻，纵使是最糟糕的那种，也足以让双方有所改变。

——德鲁克

2008年后期爆发的全球金融危机震醒了全世界，公司监管问题成为众多媒体和公众口诛笔伐的对象。政府急急忙忙地开始拯救陷于困境的公司，失业率持续高涨，大量工作被外包，首席执行官的工资却高得令人咋舌，对不符合商业伦理甚至是违法的商业实践的指责不绝于耳——很显然，在美国公众眼里，企业领导者已经彻底丧失了他们曾经拥有的一切道德感、价值观或基本伦理。

美国企业管理阶层究竟出了什么问题？最近出版的不少专著和文章对此提出了多种多样的解答，这些专著和文章包括吉姆·沃利斯的《重新发现价值观：华尔街、主街和你所在之街》、乔纳森·塔西尼的《贪得无厌：自由市场、企业巨盗和对美国的掠夺》。

那么，是我们培训经理人的方法不正确吗？或者是像沃利斯所认为的那样，是我们整个社会已经丧失了是非观？而塔西尼则将一切归罪于美国对自由市场制度的崇拜，他的这一观点是正确的吗？究竟是什么让整个经济和组织领导力罹患重症？对此，众说纷纭，各执一词。

彼得·德鲁克终其一生都致力于指导经理人，使之尽可能地成为卓有成效的管理者。对于权力在组织中所发挥的作用以及如何遴选和培训有效的经理人，他显然特别有发言权。但是，他最急切的担忧是组织必须关注人的问题；组织必须赋予每个个人以社会地位、职能、社区感和目的性。从这一情境来看，所有组织中对人的管理必须基于对人的本性和文化或共有价值观及道德的理解，沿用德鲁克的原话，也就是要考虑关于"善与恶"的各种问题。

事实上，尽管绝大多数企业的使命陈述中都或多或少地包含着某种伦理规则，但是，很多人仍然会认为有关"善与恶"的话题最好被限定在神学或者哲学研究的范畴内——不要带进董事会。但是，德鲁克坚持认为组织需要价值观。考虑到公众眼中的商业形象，或许我们至少应该提出这样一个问题：经理人和企业主管究竟看重什么，为什么？如果说组织是与人相关的，那么人究竟该从哪里获取自己的价值观？

要针对这一话题进行深入探讨，方法之一就是认真地看待德鲁克关于管理是一门人文学科的这一论断。尽管他从未完整地定义过这一概念，但是有一点是很清晰的，那就是，他早就构想出了一种关联——承继于古希腊、古罗马文明的人文艺术传统与一个组织实实在在的日常运作之间的关联。

将人文学科和管理紧密关联在一起的一个关键因素是对文化价值的培植和坚守。在漫漫历史长河中，人文学科的训练一直强调对文明社会中关乎高贵道德品质（善或恶）的信念、行为和观点的培育。如果管理果真如德鲁克所认为的那样，是属于人文学科的话，那么它也同样需要包括在组织中开发大家共享的行为准则和信念。管理学作为人文学科这一观点，其实际意义对于当今时代的所有组织而言都是极为深远的，而且完全有可能为挽回美国企业的声誉提供一幅新的蓝图。

人文学科：历史传统

"人文学科"（liberal art，单数）这一说法源自"人文学科"（liberal arts，复数）这一历史悠久的概念。尽管拉丁名词"artes liberales"源自古希腊和古罗马，尤其是西塞罗，最早出现于公元前 1 世纪前后。当时对人文学科的定义是，它是一种技艺或者技能，通常是由那些拥有足够多的闲暇时间以及学习能力的自由公民日常进行操练的技艺或者技能，这些人也就是所谓的精英分子，隶属于社会统治阶层。当时的人文学科训练意味着将公民训练成社会的领袖。也因此，人文教育的理想是向受教育者灌输行为和品格准则、理解与掌握大量文本的能力、对社会性价值和准则的尊重以及对知识和真理的理解能力。

人文教育的内涵随着时代的变化也在发生相应的变革，从一开始的基督教教堂到后来的世俗大学，都根据自身的需要对课程加以调整。但是，对于远古传统价值的强调，以及为了实现"人的完善"这一目标而将道德价值世代相传，这一切始终是人文艺术理想的核心。

在美国，宗教性的人文学院以及后来发展起来的大型研究型大学都是以欧洲先驱为楷模建立的，当然它们也根据具体情况对课程进行过调整，即使是最早期的商学院也通常会要求其学生通过某种形式的人文学科培训，目的是促进"人格发展"或者灌输道德价值。

因此，尽管从来就未曾有过放之四海皆准的大一统的人文学科课程，但有一点确实是保持不变的，那就是，所有学校都会努力向学生们灌输一系列为众人所认可的价值观或者文化信念。这些价值观和文化信念当然也会与时俱进地改变，但是其大目标却从未改变。最终，人文学以及形式多样的具体表述试图界定在一个既定的社会或者文化中，究竟什么才是好的、对的、公正的。在西方社会，信仰的传统背景从异教徒社会发展到基督教社会直至今日的世俗社会，传输人人共享的价值观这一理念依然存在，只是变得越发复杂。在一个多样化的社会中，什么构成了"对"的和"好"的？是谁或者靠什么来下定义？人们靠什么样的坐标来确定这些价值观，显得非常重要。对这一问题的纠结也就是对某些价值观的合法性和共同性的纠结。最终，这将引发一系列更为宏大的神学或者哲学问题，也就是德鲁克所关心的"善与恶"的问题。

这些宏大的问题并不只局限于象牙塔中，里克·华伦在其极为畅销的《有目的的生活》（2002）一书中指出，当下全世界兴起了一股探寻生命中最重要问题之答案的热潮，这些问题包括"我怎么会在这里"以及"我的生活目的究竟是什么"。要想灌输一种人文学科思维方式，就需要不间断地探索能够促进基于传统的价值观的最佳方式，即便此传统本身也可能会随时间而演变。现在，人们应该认真听取苏格拉底的劝告，好好地检省一下自己的生活，因为"未经检省的生活是不值得过的"。

时至今日，在大众眼里，人文学与美国社会和教育之间已然是毫不相关的了。过去的人文教育，其目标似乎过度聚焦于精英阶层，丧失了文化应有的敏感性，对今天那些前程远大的企业主管和专业人士来说都显得完全不切实际，更不用说那些中层管理人员或者新兴创业者了。人文学院大刀阔斧地重新设定其课程和入学要求，当然也重新调整其态度，以求在经济上和文化上继续生存下去。尽管如此，有大量证据表明，人文学科的不断衰落至少部分地造成了我们当下这种罔顾一切代价，一味贪婪和逐利的社会氛围。

拉凯什·库拉纳在《从更高的目标到被雇用的帮手》一书中指出，商学院最近总是在不断地强调股东价值的最大化，把它作为衡量组织成功的唯一标准，这一点事实上是将专业管理人士贬低到了不过是"被雇用的帮手"的地位。由于这些"被雇用的帮手"除了对自己，无须对其他任何人、任何事承担责任，其内心深处也就不可能认为自己需要对社会或者对雇用自己的组织怀有更多的道德、社会或者伦理义务。

在《管理：使命、责任、实践》[○]再版书中，彼得·德鲁克，这个永远走在时代前列的伟大思想家，将管理学划归为一门人文学科：

> 因此，管理学应该被视为传统所称的"人文学科"（liberal art）："liberal"是因为它关注的是最为根本的知识、自我认知、智慧以及领导力；"art"是因为它是可资实践和运用的。管理者应该学会充分运用自己所拥有的人文学科和社会科学方面的所有知识和洞察力，这些学科包括心理学、哲学、经济学、历史学和伦理学，也应该运用自然科学。但是，他们在运用这些知识时需要聚集实际效果

○ 本书已由机械工业出版社出版。

和最终结果，就像治愈一个病人，教好一个学生，建造一座桥梁，设计和销售一套"界面友好"的软件那样。

德鲁克深信，在当今这个社会，管理学在维持人文学科的充沛生命力方面将起到关键性的作用。他从这两种教育形式之间看到了一种极为重要的关联。人文学科能够给管理实践带来智慧和自我认知，而管理则可以"成为一门学科和实践，通过它，'人文学科'将在其中再一次赢得人们的认同，产生应有的影响，并且贴近人们的生活"。事实上，将管理学作为一门人文学科来加以实践，能够让管理学回到其最初、最符合其本意的专业地位。

让当今的企业管理者将管理学作为一门人文学科加以实践

如果彼得·德鲁克关于管理学是一门人文学科的说法是有道理的，那么管理学必须重新回归人文教育的最初理念，而这些理念对于商业中有关"专业性"的概念以及德鲁克关于"博雅之人"的概念来说是至关重要的。将管理学人文化的困难就在于人们通常认为的"象牙塔"般的学院与商业的"真实世界"之间存在着巨大的鸿沟。人文学科传统的历史沿革通常包括为"真实世界"培养政治、法律、医学和宗教方面的领袖人物。将经典的人文文化与人们的日常生活协调起来，融合到一起，这是美国一个悠久的传统，从最初清教徒殖民者——利用哈佛大学来培养社区领袖，一直到后来我们的开国元勋们——希望那些被遴选出来管理国家的人能够拥有共和精神的美德。

关键之一是重建人文学科和管理学之间的关联，恢复两者之间曾经有过的紧密联系。人文学科的目标与重在实践的专业人士之间的关联可能已经失落了，但是它也是能够恢复的。在德鲁克看来，"去展示并体现出价值，去创造愿景……并引领众人"这一重任应该落在人文学科肩上。管理学作为人文学科也对实践者提出了承担上述责任的要求。

在本书第 1～3 章中，我们会给大家展示德鲁克关于管理学是一门人文学科这一理念的思想框架，随后是探讨管理学和人文学科曾经是如何关联在一起的，后来又是如何分道扬镳的。该部分最后将整体性地回顾一下管理学作为人文学科的潜在贡献，以及关于管理学作为人文学科的不可适用之处的一些注意事项。

在本书的第二部分，我们会展示一下管理学作为人文学科是如何在实践中得以体现的，这部分主要聚焦于实践者们通常会遇到的五个主要问题：组织内部（以及组织在社会上）对权力的使用和滥用；人类存在的本性以及对管理的启示；领导力；"社会生态学"，即为识别潜在威胁和把握机会而对组织内外部各种因素进行观察的过程；创新和技术所承担的角色问题。在涉及这些话题的每一章，我们都会展示某一人文学科如何通过提供不同的视角，提供一面新的看问题的棱镜，以及丰富管理者对其诸多责任的认知，来帮助管理实践者提升绩效。

那么，为何我们现在特别强调管理学是人文学科呢？书中会提供很多案例，但是这里我们特别介绍四个称得上是管理失败的特定事例，这些事例为我们在当下这一关键时刻把管理学视为人文学科的必要性提供了有力的证据。这四个事例从根本上显示，把管理学视为人文学科的理念转化为实际行动将会给当今世界带来实实在在的影响。

关于权力的教训：高盛的"大而不倒"

安德鲁·罗斯·索尔金的专著《大而不倒》（2009）一书在描述 2008 年9 月爆发的全球金融危机时，谈到了权力集中问题。正如索尔金所指出的那样，那些掌管着美国几家大型金融机构的主管者手中握有巨大的权力，他们使整个全球金融系统脱离了正轨，而美国联邦政府在分散或遏制其权力方面完全不作为。没有任何案例比高盛在这场全球金融危机中所扮演的角色更加明显地展示出了权力高度集中、根本不受监管的这一状况。

基于 2008 年颁布的问题资产救助计划（Troubled Asset Relief Program，TARP），很多公司都得到了政府的资助，高盛也是其中之一。该公司在2009 年 4 月偿还了 100 亿美元的政府贷款，在同一年第二季度公布了令人意想不到的高额利润，达 30 多亿美元。高盛在全球金融市场上所拥有的深远影响力在华尔街是路人皆知的，但是接受问题资产救助计划的紧急援助，加上《滚石》杂志调查记者马修·塔伊比所发表的一系列公开报道，使得这个投资银行的所作所为一下子曝光在众人眼前了。2010 年 4 月，美国联邦检察官开始对该公司可能存在的欺诈行为展开公开调查。美国证监会（SEC）特别控诉高盛向投资者出售抵押贷款衍生产品的行为，这些衍生产品是由一家大型对冲基金公司帮助选择并进行包装的，而该对冲基金公司同时也在对赌这些证券产品的价值会下降。高盛在 2010 年 7 月与 SEC 达成了协议，在不承认错误的前提下同意支付 5.5 亿美元的罚款。

高盛在买卖双方所获得的巨额盈利，一部分来源于对其无所不在的权力的巧妙利用。公司从抵押借贷协议（一揽子贷款衍生产品，即统称的 Abacus）的交易双方都获取了高额利润。公司充分利用自身与零售和机构投资者之间的关系，同时扮演既推荐又贬损某一投资产品的双重角色，攫取双重回报。更令人担忧的是，高盛利用了自己巨大的影响力整合了无数包含衍生品在内的交易，这些交易极为错综复杂，其中很多都对全球金融危机产生了极为严重的影响。本书将会讨论的案例，即该公司卷入 2010 年的希腊债券崩盘，只是一个例子而已，但这已经足够表明高盛的行为确实给我们提供了一个教训，使我们有必要意识到各类组织由于权力不受约束而引发的问题。

德鲁克早就敏锐地意识到了这一问题，而且他也发现政治学理论（特别是有关联邦主义的概念）可以用来作为在组织内部控制权力的一种方法。属于人文学科领域的政治科学和政治理论可以为我们探索组织内部权力的本质提供很多机会。在人文领域的众多研究中，尤其是在那些分析政府机构的研究中，其主题都是人追求权力以及滥用权力的倾向。每一个曾读过尼可罗·马基雅维利的《君主论》一书的人应该都知道，这本写于 1513 年的作品的主题就是有关权力的（尽管大多数人可能只会想到马基雅维利的论断所隐含着的负面意义：他为严苛的统治者寻找正当理由）。对于人文学科的理解，尤其是对政治理论的理解，能够帮助管理者更为深入地理解当代社会权力问题所引发的一系列难题。在本书中，我们会聚焦于 18 世纪美国宪法的拥护者们所信奉的联邦主义理论。德鲁克认为，联邦主义是一个重要的概念，可以移用到现代工业组织中。他对此的实证描述也充分表明人文学科的某一领域如何有助于当今的各个企业意识到以高盛和全球金融危机为代表的由于权力不受约束而引发的严重问题。

人性带来的教训：英国石油公司扭曲的价值观

2010 年 4 月 20 日，英国石油公司位于墨西哥湾的"深水地平线"号石油钻井平台爆炸，导致 11 位工人丧生，成为美国历史上最为糟糕的石油泄漏事件。同年 5 月下旬，英国石油公司试图阻止钻井口泄漏的各种努力都以失败告终了。尽管到了同年 6 月，公司终于能够开始收回泄漏的石油，但是很显然该事件对周边环境所造成的损害是巨大的。不断有报告登载许多令人心碎的照片，展示了全身浸满石油的海鸟和被彻底破坏了的野生动物保护基地。由此付出的经济和人力代价也在不断上升：路易斯安那州渔民的潜在收入一夜之间化为乌有，而美国南部沿海的各个区域早先就已经遭遇到了经济衰退，如今更是因为丧失了大量旅游生意而雪上加霜。在经过几个月试图阻止石油泄漏的努力之后，英国石油公司最终在 2010 年 9 月 19 日将油井堵住了。

对于任何一家公司来说，要处理好这一环境灾难确实是非常困难的，但是英国石油公司对这一事件的回应以及从随着灾难的不断发展人们所逐渐掌握到的信息来看，这一切都表明该公司的价值观存在着巨大的问题。英国石油公司对于每天可能泄漏的石油数量的预估后来被证明远远少于钻井的实际泄漏数量；该公司的官方数据宣布每天泄漏的原油大约是 20 万加仑[○]，但是根据第三方科学家的估计，实际泄漏数量可能高达每天 50 万～100 万加仑。最初，英国石油公司使用了一种化学分解剂来分解原油；这种化学品被证明会毒害到水生贝壳类动物的生存，因此很多人开始担心使用这一化学品会给那些受雇来清理海湾的工人们带来负面影响。

但是，最令人感到不安的也许是英国石油公司总裁托尼·海沃德对该事件的回应。海沃德大大地缩小了这次泄漏所造成的环境影响，认为只不过是

○　1 加仑（美）≈ 3.79 升；1 加仑（英）≈ 4.54 升。

"非常一般的影响"，并且说清洁工人之所以会生病，更可能是因为食物中毒而不是由于化学品的影响，他还制作了一页广告，在上面充满遗憾和委屈地说："我希望我的生活能够恢复原状。"所有这一切显然不应该是一个需要对美国历史上最严重的环境危机负责的公司掌门人的表现，他应该表现得充满歉疚才对，也无怪乎他随后就被撤了职。比英国石油公司在这次泄漏事故的回应更糟糕的是，事实上，该公司早就有理由怀疑"深水地平线"号钻井台会出问题。该公司后来向国会调查员承认，在爆炸和随后的泄漏事故处理中他们犯了许多"致命的错误"，包括无视这次事故发生之前钻井表面就出现过的一些不寻常现象，决定继续钻探。看来，英国石油公司长期以来就劣迹斑斑，经常不顾自己的行为可能给人类和整个环境造成的伤害。而根据美国职业安全和健康管理局（OSHA）的说法，该公司确实存在"严重的、系统化的安全问题"。

英国石油公司造成的这些麻烦究竟有多大，显然还有待时间来告诉我们，但是从这一可怕的事件中，我们确实可以得到很多教训。很显然，石油泄漏展示出了一旦丧失了价值观，后果将会多么严重。对利润的一味追求，在这一事例中，是指无休止地攫取地球资源已经彻底压倒了对于逐利行为给自然环境带来的风险的关注。人类和其他生物为此付出的代价将是巨大的，而这一切都是因为一个组织的价值观被扭曲了。

在德鲁克看来，在管理学作为一门人文学科所展现的所有方面当中，人的一面是最重要的。其很大一部分原因是，在德鲁克有关管理是形成一个由各类机构所组成的道义社会的方式这一整体概念中，强烈的犹太－基督教教义是其重要基础。对于德鲁克而言，管理是一种道德力量，而不仅仅是一个服务于非道德的市场的工具。因此，我们强调德鲁克管理理念中的犹太－基督教根源，该根源更多的是汲取于宗教和道德哲学方面的人文学科。这些人文学科的其他传统也同样能够帮助管理者意识到有关人的尊严问题，理解管理者自己所做出的运营决策可能带来的更广泛的影响，并且能够更多地考虑到自己除了个人欲望或者自己所在的组织的具体要求之外，还要对其他事情负有应尽的义务。

德鲁克发现，儒教伦理有关道德行为的根本准则同样适当于一个组织的所有利益相关者。这些根本准则包括：

- 对（利益相关者之间）最根本关系的清晰定义；
- 关于人们言行举止的普遍性和一般性原则，也就是说，这些原则适用于任何一个个人或者组织，而且这些原则，也适用于各个职能和关系；
- 一套行之有效的高效的组织伦理，事实上，这样一套组织伦理如果希望能够被视为得到高度重视的伦理，那就需要将使每一方的利益都得以优化的行为界定为正确的行为，这样才能够使所有的关系都是有建设性的、互利的、和谐的。

很显然，德鲁克关于管理是一门人文学科这一概念更多地援引了历史上人们对生活中"善"与"是"的探求，这一概念需要对"正确的行为"进行清晰界定。将哲学智慧融合进管理实践可以帮助我们避免未来再度发生诸如英国石油公司"深水地平线"号噩梦之类的人为灾难。

领导力教训：丰田问责制的缺失

2009年10月，各大媒体发布了一系列关于"失控了的汽车"的报道，报道说丰田汽车在毫无预警的情况下会突然加速。迫于舆论压力，丰田汽车公司发布了召回通知。[⊖]市场上一家汽车安全咨询公司记录了2000起突然加速事故，造成了16人死亡、243人受伤。问题并不仅仅局限于一个车型，而是涉及公司旗下热销的凯美瑞、普锐斯、塔库玛以及坦途，还有雷克萨斯系列的几款车型。媒体报道了发生在遇到突然加速问题的车主身上令人毛骨悚然的故事。这些新闻报道给这家汽车制造商曾经闪亮的品牌声誉笼上了一层阴影。

丰田向来以制造高质量的汽车闻名于世，因此这次召回事件对于这样一家将其品牌与可靠性紧密关联在一起的公司来说，实在是极不寻常的。但

⊖　2009年10月的召回是在2007年9月因脚垫和加速踏板问题召回基础上扩大范围进行的。

是，在召回以及突然加速问题的处理上，丰田公司的管理团队却把情况搞得一团糟，最终发展成一场公关噩梦。公司的主管们在各个层面都未能展示出有效的领导力，包括他们对加速问题报道的最初反应以及他们对于客户问询和要求的处理方式。

对于消费者对汽车突然加速的抱怨，丰田的最初反应是告诉车主们拿掉座位前面的脚垫，说可能是加速踏板被驾驶员座位下的垫子给压住了。2009年10月，公司召回了几款车型，更换了脚垫，声称这样问题就解决了。但是，没有了脚垫的汽车仍会毫无预示地突然加速，政府也开始关注了，认为该公司可能并没有彻底解决问题。2010年1月，丰田再一次召回汽车，这一次是更换汽油踏板，而不再是脚垫了。在这次召回中，公司承认确实存在一个与加速踏板相关的问题，那就是，丰田很多车型中的加速踏板有可能突起，从而使汽车因加速而失控。

尽管进行了很多次召回，但是丰田汽车突然失控的事故仍然没有停止，这就使得不少人开始猜测，真正的问题在于由软件操控的汽车刹车系统。最终，在2010年1月，丰田中止了所有相关车型的销售。美国国家高速公路交通管理局（National Highway Traffic Safety Administration，NHTSA）称，2000年到2010年5月中旬，大约有6200次与丰田汽车突然加速有关的客户投诉；这些投诉包括89次死亡事故，比起先前报道的要多得多。

2010年2月，美国国家高速公路交通管理局着手调查丰田通过召回来解决汽车失控问题这一决策的时间安排是否恰当。基于那次调查，美国交通部（DOT）裁定丰田公司违反了联邦消费者保护法。尤其值得关注的是，美国国家高速公路交通管理局的调查揭示，丰田公司早在发布召回通知之前就知道自己的汽车加速踏板存在问题。而且，该公司没有根据联邦法律的要求在五天内将该问题汇报给美国国家高速公路交通管理局。考虑到丰田公司的过失行为，该机构开出了最高额度的罚单，这是美国国家高速公路交通管理局有史以来针对汽车公司所执行的金额最大的民事处罚。

丰田管理团队在很多层面上都未能展示出诚信和有效的领导力。首先，他们未能及时地、毫无隐瞒地承认加速踏板突起的问题（而且未能根据要求及时告知联邦政府相关部门），这就给大家留下一个印象，感觉到他们似乎是在有意隐瞒一个确实存在的安全隐患。领导力方面的诚信不仅仅是指出现问题时要及时承担应尽的责任，也包括要尽可能地缩小一个组织在运转过程中可能会造成的任何负面影响。正如政府调查所显示的那样，丰田公司的主管们已经知晓加速踏板存在突起问题，但是他们最初的选择是拖延采取行动，反而责怪脚垫和车主自身的行为。

其次，消费者通常并不太了解如何才能确保自己的行车安全。对于突然加速这一问题，丰田公司给出了很多种不同的解释，这就使得经销商无所适从，不知道应该如何正确地应对消费者提出的疑问。而在最终意识到加速踏板存在问题并发布了召回通知后，丰田应该马上解决这些召回的汽车所暴露的问题，而事实上，该公司并没有制订计划来修理这些汽车。

最后，面对突然加速问题导致人们丧失生命或受到伤害的情况，丰田领导层死板的回应让美国民众感觉到该公司的冷酷无情；丰田公司曾经拥有高品质的企业形象，而现在看来它不过是另一个贪得无厌的企业，不断利用美国消费者谋取利润而已。对于这些企业领导人而言，利润和增长显然比提供安全的产品和良好的服务更加重要。

丰田家族第四代长孙丰田章男，在2010年2月出席了美国众议院能源和商业委员会的听证会。在这次听证会上，他说，"坦白地说，我担心我们的发展速度有可能过快了"，以至于牺牲了品质。

德鲁克深信领导者要有诚信和正确的价值观，要致力于员工的发展，并且强调绩效和结果（当然不仅仅用金钱来衡量绩效）。对于高效领导力最有效的研究方法之一就是分析领导者自身的素质和行为。历史学能够帮助研究者们更好地理解在实际行动所体现出的领导力。不管是分析历任总统所做出的决策，还是分析社会抗议活动中的领头人，或者过往历史上卓有成效的经理人，人们对于领导者的历史性研究总是能够为今天的管理者提供丰富的信息，这些信息有助于面对由于所处环境变幻莫测而产生的许多艰难决策。在丰田的案例中，该公司主管层能够对美国进步运动的历史进程有一个粗略的理解，并且明白该运动的领导者如何推进了具有深远影响的政府对20世纪早期工业化组织的革新，这就足以让他们明白，在早期就公开透明地处理这些汽车失控问题是必要的。丰田章男的话说明该公司的领导层已经丧失了有效的领导力中不可或缺的重要素质。

社会生态学 / 创新带来的教训：梅西煤矿无法与时俱进

2010 年 4 月 5 日，西弗吉尼亚州的蒙特考尔，梅西能源公司所属矿区上大支巷煤矿发生爆炸。最初的报道是说有 25 名矿工当场死亡，救援人员试图寻找到 4 名失踪的矿工。焦虑万分的家属和镇上的人们祈祷能够听到有关这些失踪者的消息，4 天后，眼看着这些人生还的希望破灭了，人们的努力逐渐从救援转向恢复生产。这次甲烷爆炸导致了 29 人死亡，使得上大支巷煤矿事故成为 40 年来美国最为惨痛的煤矿事故。

煤矿开采本身就充满了各种风险。这类企业的管理工作特别需要时刻关注工作环境的变化，随时掌握那些可以降低风险的新技术，了解与工人安全相关的行业趋势，了解其他外部或内部机会之所在，包括公众认知的变化。德鲁克创造了"社会生态学"这一专用术语来描述对于这些因素的系统性评估。梅西能源公司缺乏的正是这种社会生态学的洞察，因而无法看到最终引发爆炸事故的预警迹象。

在西弗吉尼亚悲剧发生之后，媒体报道说在爆炸发生前一年，梅西能源公司所属矿区上大支巷煤矿就已经被检查出在很多方面违反了安全准则，包括对 38 项通风要求违规以及 37 项有关现场有明火材料的批评。联邦调查局对公司进行了犯罪调查，指控该公司存在玩忽职守现象，并对公司代表曾经贿赂联邦矿产监察代表的传闻进行调查。公司总裁唐·布兰肯希普写于 2005 年 10 月 19 日的一份备忘录被公开了，这份备忘录表明该公司主管曾经警告其下属只管"多挖煤"，除此之外漠不关心。因为"只有煤才能替我们付账单"，这导致公众舆论一片哗然，指责声此起彼伏。

早在上大支巷煤矿事故之前，梅西能源公司的安全记录就曾经引发了不少问题。2008 年 12 月，一批机构投资者共同起诉了梅西能源公司的董事会，指责他们违背了监管职责，其中部分原因是后者忽视了许多安全问题，导致了工人受到伤害甚至死亡。尽管最后该集体诉讼被驳回了，但是这次诉讼使得公众掌握了不少有关该公司的信息，包括布兰肯希普的管理理念和风格。

有许多证据表明，在布兰肯希普的管理下，梅西能源公司总以利润为先，甚至将利润置于安全之上。另外，布兰肯希普奢靡的个人生活方式也是广为人知的，这种生活方式完全由公司高额的薪酬待遇来支撑。由于这样一种"盈利底线最重要"的思想弥漫在梅西能源公司自上而下的管理层中，该公司只聚焦商业的一面，那就是利润，因而忽视了影响其陈旧经营模式的一系列因素。

最明显的疏忽就是梅西能源公司总是牺牲员工的安全来强调"多挖煤"。尽管已经有许多安全违规项存在了，但是公司仍然不愿意承认上大支巷煤矿所发生的问题具有普遍性，这一有力的证据表明，该公司在其运营过程中逐渐形成了这样一个趋势，公司工作环境变得极为危险，迟早会导致悲剧发生。梅西能源公司的管理层同时还不承认有关煤矿生产和二氧化碳排放对环境造成影响的大量证据。在2008年召开的煤矿行业大会上，布兰肯希普认为那些报道全球气候变化的记者是在捕风捉影，在很多场合，他都将环境保护主义者称为"绿色狂人"。当然，布兰肯希普作为一名首席执行官，其奢靡的生活方式和令人咋舌的报酬在2008年金融危机以及美国政府进行TARP救援计划之后更是令公众愤慨不已；在一个失业率高居不下的时代，大肆挥霍企业资产显然绝非明智之举，更何况自己的公司刚刚发生了一次致使29名工人命丧黄泉的可怕事故。2010年12月，布兰肯希普宣布自己将会在年底退休。

为了践行社会生态学，德鲁克要求管理者意识到变化是一种常态；管理者必须时刻意识到断裂状态，因为这种状态对于自己所在组织的各项活动来说可能预示着威胁或者机会。在如何敏锐地捕捉到并理解这种会给组织造成潜在影响的大规模外在变化时，社会学科带给我们的帮助是巨大的。经济学也可以在很大程度上给管理者提供帮助，并不仅仅是指从财务角度来理解运营。2009年经济学诺贝尔奖获得者展示了理解当代（以及古典）经济学给当今管理者所带来的裨益，其获得者是埃莉诺·奥斯特罗姆（印第安纳大学和亚利桑那州立大学）和奥利弗·威廉森（加州大学伯克利分校）。奥斯特罗姆和威廉森获奖是基于他们对帮助人们理解公司和公司外部环境之间的关系所做出的贡献。奥斯特罗姆深入研究了当地自主组织在管理财产方面所承担的角色，她证明了在管理自然资源方面，除了私有化和政府管控之外，还存在着其他一些机制可供选择。威廉森的研究指出了组织需要让市场力量来做决策的时机以及管理者应该施加影响的时机。许多现代经济理论都涉及人的决策过程所起的作用，因而帮助管理者更好地评估自己在一个更大范围的社会经济和政治环境下的位置。

人们可能会问，如果梅西能源公司的领导层在其日常煤矿运营中能够理解经济学或者另外一个相关联的人文学科的话，事态的发展又将会是什么样子的。布兰肯希普和该公司其他高管并没有意识到其生意并不只是"多挖煤"；它关乎对运营所造成的环境代价和人的代价进行有效管理，尤其是在当下人们对于能源生产和使用以及企业责任的态度正在发生新的变化这一社会趋势下。

具有讽刺意味的是，梅西能源公司发生在西弗吉尼亚的悲剧也许能够成为从整体上改变这一行业的推动力之一。有人已经预计，这次灾难会引发新的安全监管，增加新的环境限制，增强对整个煤炭产业的公开审视。如果梅西能源公司能够践行一些社会生态学方面的知识，在关注自身运营的同时也能关注自身以外的大趋势，将可能减缓变革给这个行业造成的颠覆性影响。

结　　论

界定管理学作为人文科学的重大意义，德鲁克将这一任务留给了其他人。考虑到人文学科起源的历史背景，以及人文学科和专业教育在美国所承担的责任，德鲁克关于管理学作为人文学科的理念要求我们重新思考我们究竟应该如何来教育管理者，以及究竟应该如何将管理作为一门专业。通过让我们的学生和管理者接受管理是一门人文学科并为此做好准备，我们的社会可以不断地扩展人的能力，从而能够以一种无论是在道德意义上还是在社会意义上都具有建设性的方式来担负起管理责任。

人人皆知彼得·德鲁克是一位观察家，他总是试图"看到已经发生了的未来"。在 1993 年 8 月 10 日与鲍勃·班福德进行的一次谈话中，他将其对美国文明的反思和盘托出：

在两周后于阿斯彭举办的研讨会上，作为主题发言人，我想我恐怕会变成一个极不受大家待见的人，因为我将告诉大家我们所面临的并不是经济问题。我们所面临的都是社会问题。但是，这些社会问题会层出不穷。今天凌晨三点钟，当我从睡梦中醒来时，你恐怕不会知道我需要靠不断祈祷才能摆脱深深的绝望感，而且到现在我仍未能摆脱掉这种绝望感。是的，我明白，而且正是因为我们内心意识到了绝望这一事实才是唯一一件令人乐观的事情。

在《已经发生的未来》[⊖]一书中，德鲁克认为，人类需要精神价值是为了塑造文化。在其第十章"今日的人类情形"中，德鲁克探寻了人们究竟在哪些方面能融入后现代社会这一问题："人们已经掌握了足以从肉体上和道义上摧毁自身的知识。"在此，德鲁克所特指的是行为科学知识的进一步拓展，这些知识能够"将人类转化成为一种生物机器，该机器受恐惧和其他情感因素驱动，是一种没有信仰，没有价值观和原则，没有同情心，没有自尊以及没有人性的存在"。对于这种现象，德鲁克给出的解决方案是寻求精神价值的帮助，从而指导大家如何更好地利用因为掌握了全新的知识而获得的权力，去服务于人类的最高利益。

德鲁克本身就深受自己所接受过的人文教育的影响，这一点使得他能够看到社会和管理所具有的道德和精神维度。但是，我们是否能够为他的观点找到确凿可靠的实证性和历史性证据呢？我们认为能。经济历史学家、1993年诺贝尔经济学奖得主罗伯特·福格尔就深信美国当代最紧迫的问题是精神资产而不是物质资产的获取和平等分配：

尽管我们不能忽视以往所获得的财富的集聚，美国平等主义理念的未来将会激发全美人民的能力，将持续的经济发展与全新的平等主义的改革结合起来，这些改革措施所针对的是我们这个时代最为急迫的精神需求，既包括俗世方面的，也包括宗教方面的，但精神（或者说非物质的）上的不平等问题，如今同物质上的不平等问题一样严峻，甚至更严峻。

⊖　本书已由机械工业出版社出版。

在《资本主义的灵魂：开辟通往道德经济的道路》一书中，记者威廉·格雷德认为，完全可以将美国资本主义加以修正，使之"更符合整个社会的广泛的价值观"，这种说法本质上是将经济发展的引擎与人文目标捆绑在一起。

社会学家罗伯特·武德诺在对美国历史长期以来试图将宗教价值观和经济发展调和在一起的努力进行了追踪研究，他指出，在当今社会，"作为一个国家，我们所面临的问题既有物质上的也有精神上的"。不只是德鲁克，还有很多人，已经在商业和管理世界的日常运转中考虑道德和精神方面的问题，并认识到了这样做的必要性。

具有讽刺意味的是，回归人文理念事实上可能会使管理学再一次体现出其对于"真实世界"的价值。此起彼伏的企业丑闻，高高在上、毫无道德感的公司高管，所有这一切激发出了反对管理作为一种专业而存在的公众情绪；正如这篇导论所给出的四个简短案例以及本书中多次提到的众多其他案例所表明的那样，变革的呼声清晰可辨。管理学如果想要挽回作为一门真正的职业的声誉，也许唯一的希望就是将管理学作为一门人文学科付诸实践：将对共享的文化价值观的深刻理解作为管理学的基石，并不断通过教育来传承、通过管理者行为来示范这些文化价值观。

德鲁克管理学人文观思想的起源

　　将管理学作为人文学科，这一概念来自彼得·德鲁克的著作。

　　德鲁克曾经说过，他自己所做出的最重要贡献之一是"强调管理学应该聚焦于人和权力；聚焦于价值观、结构和体制，以及在所有这一切之上的责任，归根到底，就是要在管理中将管理学视为一门真正的人文学科"。不过，德鲁克关于管理学是人文学科的定义并不是非常清晰的。其关于管理学是人文学科的最早陈述出现在 1988 年，当时他说："管理学本身就是一门人文学科，它也应该隶属于人文学科。它不可能仅仅只是一种技能，它不能只关注结果和绩效。"后来，在 1989 年出版的《管理新现实》[○]一书中，他是如此解释管理学属于人文学科的观点：

> 　　因此，管理学应该被视为传统所称的"人文学科"(liberal art)："liberal"是因为它关注的是最为根本的知识、自我认知、智慧以及领导力；"art"是因为它是可资实践和运用的。管理者应该学会充分运用自己所拥有的人文学科和社会科学方面的所有知识和洞察力，这些学科包括心理学、哲学、经济学、历史学和伦理学，也应该运用自然科学。但是，他们在运用这些知识时需要聚集实际效果和最终结果，就像治愈一个病人，教好一个学生，建造一座桥梁，设计和销售一套"界面友好"的软件那样。

　　○ 本书已由机械工业出版社出版。

根据德鲁克的观点，管理学作为人文学科借助的是有关知识和教育的传统。这一传统表现为一种自我发展的形式，人们通常将其定义为人文艺术传统。在第 2 章中，我们将更深入地探讨这一传统及其历史沿革。一言以蔽之，人文艺术教育通常强调的是在人文学科、科学、数学和艺术方面覆盖范围更为宽泛的训练。尽管学习人文学科的终极目标随着时间的变迁而有所变化，在不同文化背景下也不尽相同，但是，通常都会涉及灌输价值观、培育人格或者培养良善公民以及教授更广泛的有助于实际操作的技能，例如批判思维和分析能力。在很多方面，人文教育总是通过解释自己不提供哪些教育来对自身加以定义的，说到底，人文学科是不提供职业培训的。人文艺术学院经常强调其课程主要是为生活中更高层次的道德问题提供解答，而不是为特定的职业去培训本科生。[○]德鲁克关于管理学属于人文学科的概念也回应了下述理念：知识应该给人带来智慧，应该受到道德方向的引领。但是，不可否认的是，管理学作为人文学科还是会涉及实践和具体应用的，也就是将所掌握的知识运用到实际工作中。管理学作为人文学科包括了当人们在日常工作、学习和社会生活中遇到问题时能够运用到从人文学科中汲取到的智慧和道德教训。

就其本质而言，管理学作为人文学科是众多学科的综合，包括神学、政治科学、社会学和经济学、哲学、管理学理论、心理学以及德鲁克所说的社会生态学。通过对德鲁克一生和其管理学著述的回顾总结，我们首先要研究几个促使他提出管理学隶属于人文学科这一看法的人。这些讨论可以让我们逐步理解我们究竟该如何运用人文学科和管理学理论中的特定知识来处理和解决各种问题以及个人发展等议题。

德鲁克的使命：由各种组织机构所构成的社会得以有效运转

管理这一术语只是更多地与私有企业关联在一起。许多人通常都会认为彼得·德鲁克的著述只涉及商业管理领域，其唯一的读者是企业主管。事实

○ 达特茅斯学院关于古代和现代研究的丹尼尔·韦伯斯特项目表明，该项研究的目的是"从古代和现代的视角来探讨永恒的道德和政治目的之类议题"。2009 年的开题演讲者是安东尼·克朗曼教授，他是 *Education's End: Why Our Colleges and Universities Have Given Up on the Meaning of Life* 一书的作者。

上，德鲁克的使命远比这些要宏大，其研究的主题包括人类本性、善与恶以及存在的实际意义等重大问题。人们通常会忽视德鲁克著述中的哲学、神学以及道德成分，尽管事实上德鲁克自己经常会提醒大家注意这些内容的存在：

> 管理的环境和目的都是组织机构，组织机构是由人组成的社区，人们因工作的纽带而紧密地联系在一起，这种纽带是家庭纽带以外最强大的纽带。也恰恰因为管理的对象是基于工作纽带、拥有共同目标而联结在一起的由人组成的社区，因此管理总是避免不了处理人性问题，也正如所有有过实践经验的人所认识到的那样，管理还需要处理善与恶的问题。我在做管理咨询师的过程中学到的神学内容比我讲宗教课时学到的还要多。

因为人是管理学永恒的主题，所以德鲁克主张，管理实践必须致力于创造和维系健康的组织，使人能够在其中找到存在的意义。也因为管理是与人打交道的，因此德鲁克认为管理者必须不仅能够解决有关效率和利润的问题，而且更重要的是要能够解决道德、精神、情感健康和尊严之类更宏大、更具哲学意味的问题。

德鲁克之所以产生管理应该以人为中心这一观点，部分原因是他的个人背景。1909年德鲁克出生于一个维也纳的中产阶级家庭。他的父亲阿道夫是一名政府官员，也是一位经济学家。他的母亲卡罗琳是一位才华横溢的音乐家，同时还研习过医学。德鲁克家中的常客包括作曲家、经济学家、哲学家、诗人以及其他知识分子。

18岁时，德鲁克来到汉堡，后来开始在法兰克福大学学习国际法，同时还兼做证券分析师。1929年，他成为《法兰克福纪事报》旗下的一名金融记者，后来成为负责政治外交和经济新闻的编辑。1933年纳粹上台后，德鲁克前往伦敦，担任一家银行的经济师。后来，他担任过几家英国报纸的驻外记者，1937年移民美国，开始了后来获得极大成功的写作生涯。

德鲁克认为，要避免诸如极权主义这种非理性的解决方案，唯一的一个办法是创造一个基于自由和平等，但又不完全从经济角度来定义自由和平等的有效运转的社会。

在由经济人组成的社会的残骸中，一个新的社会最终将会崛起，这一社会将会再一次努力实现人们的自由和平等。尽管我们尚不知道在未来的秩序中，哪一个领域将会成为社会构成的基础，但是我们知道肯定不是经济领域，因为以该领域作为基础已经不再有效。这意味着新的秩序最终能够实现经济上的平等。因为，如果欧洲每一个团体都在基督教德行基础上追求实现平等和自由的目标的话，那么它也会致力于在构成社会基础的领域里实现平等和自由的目标。自由和平等的目标不可能自然而然地实现，而只能在那个领域被承诺……只要这种平等不再具有绝对重要的社会意义，只要一个新领域里的自由和平等将在一个新秩序中得到承诺，经济平等同样就会变成可能。

尽管德鲁克描述了仅仅从经济角度来定义人的存在所带来的种种局限，但是他尚未识别能够带来自由和平等的新"领域"。逐渐，德鲁克开始将现代工业组织视为个人意义和社会地位的潜在来源。在 1942 年出版的《工业人的未来》[⊖]一书以及后来的著作《公司的概念》[⊜]（1946）和《新社会》[⊜]（1950）中，德鲁克进一步发展了他的观点，认为在现代工业公司里就业能够给人提供社会地位和意义，这种地位和意义不是简单地基于经济价值的。现代公司能够给人们提供社区感和公民心态，同时还能给个人提供自尊和来自他人的尊敬。他意识到，围绕着流水线打转转的密集型生产工作场所对于员工来说是一个非人化的环境。正如电影《摩登时代》中查理·卓别林扮演的工厂工人所表现出的那样，产业工人只不过是"完全标准化的、可以彼此交换的、失了社会地位的最低级别的劳动力，既无职能也无个性"。这样看待劳动力显然无法使得一个社会有效运转起来：

　　一个社会，除非它能够赋予个体成员以社会地位和合适职能，除非其决定性的社会权力是一种合法的权力，否则无法真正有效地运转起来。前一个条件搭建起了社会生活的基本框架，即社会的存

　　⊖　本书已由机械工业出版社出版。
　　⊜　本书已由机械工业出版社出版。
　　⊜　本书已由机械工业出版社出版。

在目的和意义；后一个条件影响着该框架内的空间，使得整个社会能够稳固下来，并且产生各类组织机构。如果一个社会不能赋予个体成员社会地位和职能，那么它就谈不上是一个真正的社会，而仅仅是一群具有社会性的原子，漫无目的、毫无目标地在空中乱飞。更进一步，除非权力是合法的，否则就不存在任何社会性组织；存在的不过是一个真空的社会，只是靠一种奴性或惰性勉强维系在一起。

在《工业人的未来》一书中，德鲁克提出了一项根本原则，这一原则贯穿其他众多著述：现代公司是具有代表性的社会组织，对现代公司的管理是一股"工业制度中有决定性和代表性的力量"。与此同时，为了发展出一个有效运作的社会的典范，他还提出了两个需要加以回答的根本性问题：在这样一个社会组织中，个人究竟如何才能找到非经济性的地位和职能？究竟是什么力量使现代工业组织的权力得以合法化呢？在德鲁克看来，唯一方法就是建立一个健康的工业社会，而在 1942 年唯一一个有条件建立这样一个社会的国家就是美国。

在《公司的概念》一书中，德鲁克深入地分析了通用汽车公司作为一个社会组织所扮演的角色，并为其早期著述中提出的关键问题提供了一些答案。他开始具体地分析工业组织如何给个人提供非经济性的意义以及管理权如何在美国社会获得合法地位。尽管该书有一整部分聚焦通用汽车的内部运营和架构，但是其他两个部分则重点分析了企业和社会之间的关联。在这里和《新社会》一书中，德鲁克认为，所有组织都需要体现出被美国社会接受的同样的价值观，尤其是对于平等机会、个人地位和价值实现的承诺。如果中产阶级精英统治这一"美国信条"不在公司有所体现的话，那么该组织是无法生存下去的：

> 除非工业社会对于其成员来说是符合理性的，也就是说，除非成员能够看到自己的工作和目标与自己所属的社会的目标和模式之间有关系，否则，工业社会本身将无法有效地运转，甚至无法存续。

在通用汽车公司和其他一些密集生产型企业身上，德鲁克看到了这一问题的严重性，在这些企业中，绝大多数的工人是不可能有机会超越自己所做的流水线工作的。德鲁克对此提出的解决方案之一是在车间做出具体决策时能够让工人有机会"提出建议并且负责任地参与"，从而使得工人有一种自己属于工厂社区的公民心态。德鲁克有关工业组织内部的公民感的观念更强调个人自主权和受尊敬感，而不是经济平等。根本而言，自我管理的工厂社区需要将能够最直接影响到他们自身的那些问题（例如对自身健康和安全的考虑、福利管理以及培训等）的决策权交给工人。

在对一个由工业组织构成同时又能有效运转的社会的不懈求索中，德鲁克还面临着另外一个问题，也许是最为紧迫的问题，那就是，如何使得管理的权力和权威合法化。虽然自我管理的工厂社区能够为个人的参与及其在组织内部的地位提供了一条可行的道路，但是它并未因此就彻底消灭了等级制度：

> 正如其他任何一个为了实现社会目标而协调人们努力的机构一样，企业也必须按照等级来进行组织。但是，我们也必须意识到，在一个共同的组织中，对于其成功运作来说，老板和扫地工都是必要的，是同等必要的。与此同时，大型企业必须为个体员工的发展提供同等的晋升机会。

关于管理权威的问题不在于等级制度，而在于其本质。在德鲁克之前对美国企业进行观察研究的学者（包括阿道夫·贝勒和加德纳·米恩斯）都意识到，现代企业是将权力从股东那里转移到了并非所有者的管理者那里。在企业里，那些拥有权力的人与拥有企业的人各自追求的利益并不一致，因此前者可能会做出一些有悖于所有者实现最佳利益的决策。在 20 世纪 40年代，德鲁克已经发现了这一问题，他认识到，一个由工业组织构成的社会要想有效运转，整个社会就必须能够"使我们的工业制度中具有决定性的统治权力得以合法化"。德鲁克设计了一系列策略使管理权合法化，其中包括权力下放（详细分析见第 4 章）、正确辨别领导者和领导力特性（见

第6章）以及将人性中更具毁灭性的方面转化为伤害相对不那么严重的行为。

到德鲁克撰写其最伟大的著作《管理：使命、责任、实践》时，他已经清楚地界定了管理职能更为宽广的目的。管理的目标不只是简单地让组织得以有效运作，而是要确保一个由有效运转的各类组织构成的社会也能有效运转。德鲁克在该书前言中明确地提出了这一更为宏大的目标：

> 在令人不可思议的短短 50 年时间里，我们的社会已经变成了一个由各类机构组成的社会。这个社会已经变成了一个多元化的社会，其中每一个主要的社会任务有赖于大型机构来完成……在由各个机构组成的多元化的社会里，如果机构不能够自主、负责地履行职责的话，我们就不可能拥有个人主义，也不可能拥有一个能够让人有机会自我实现的社会。相反，我们会对自身强加管制，使任何一个个体都无法自主……如果强大的运转良好的自主自治机构不存在的话，暴政就会有机可乘……负责任的有效管理是保护我们脱离暴政的唯一替代性选择。

对于德鲁克来说，管理的根本目标是对个人自由和机会的保护。这显然不仅仅是一个目标，也是德鲁克关于有效运转的社会以及管理学作为人文学科这一愿景的关键组成部分。到了 20 世纪 80 年代，德鲁克已经意识到，企业将不会是人们获得公民感、获得社会中非经济性地位的唯一来源。从 1990 年以后，他的许多作品都在强调非营利组织或者社会组织在赋予个人以社会地位和意义方面所发挥的作用。

德鲁克所秉持的信念是，个人只有通过大型组织中的成员身份才能找到意义和目的，这些大型组织当然也包括了非营利组织或者社会组织。更重要的是，德鲁克并没有从经济角度来定义这一意义和目的，而是根据社会地位、社会接受度以及贡献等来定义。由此看来，任何一个个人，不管他是在给学生上课，负责新药研制，设计运输系统，组织慈善募捐会上的志愿者，还是在搞博物馆展览，他都是在进行某种形式的管理。每个人都受雇于（或志愿服务于）某一大型组织，参与管理其他人的行为，与外部组织或个人互动，要理解自己组织远大的定量和定性目标，理解自己的行动如何有助于组织目标的实现。

在德鲁克看来，管理必须聚焦于人以及人对于社会地位和意义的需求。这就要求人们不仅考虑到结果和绩效，还必须考虑到有关人性的问题，考虑到有关权力、权威、道德和伦理之类的问题，甚至要考虑到精神和神学问题。

这一章将主要考察几个促使德鲁克形成由现代机构组成的道德社会这一概念的影响者，他们是：瑟伦·克尔凯郭尔、弗里德里希·朱利叶·施塔尔、约瑟夫·拉多维茨和威廉·洪堡、埃德蒙·伯克、约瑟夫·熊彼特和阿尔弗雷德·斯隆。在德鲁克研究社会上各类组织机构的管理问题的过程中，还有许多其他思想家对他的作品产生过影响，我们将在后面的章节中集中地加以分析。

对德鲁克关于管理学作为人文学科这一概念产生影响的主要根源

德鲁克是在人文艺术传统中受教育的，他阅读了大量的人文和社会科学著作。这一背景显然有助于他形成管理学隶属于人文学科这一概念。德鲁克特别鸣谢过一些对他产生深远影响的个人；对德鲁克的作品进行深入分析后，也可看出其他人给他带来的影响。通过分析这些影响德鲁克思想形成的各种人物（他们当中既有美国文化的观察者，也有一些在人文学科、社会科学和管理理论方面的重要贡献者），我们可以清楚地发现管理学和人文学科完全可以被有效地整合在一起。

宗教和道德方面的影响

在涉及自己的宗教信仰时，德鲁克可以说是守口如瓶。他曾经说过自己的家庭属于路德教派，当然还谈不上是极为虔敬的那种。尽管如此，无论是在其个人生活还是在其著作中，德鲁克一直未曾放弃过对神学和精神问题的孜孜以求。尽管他通常会表明自己是一个"常见的传统的基督徒"，但同时在对此做出进一步解释时，他也意识到了时刻坚守基督教神学信条之不易：

> 有人说基督教的基本本质体现为一种张力，即上帝之国不在此世之指令与博爱高于一切之指令之间的张力。这样一种冲突显然是无法解决的，这种张力的存在是没有人能够成为基督徒的根本原因。你只能希望自己成为一个基督徒。你知道，每当有人说我是一个基督徒时，我都会下意识地退缩一下。

德鲁克的宗教和道德信仰为他研究管理和一个有效运转的社会打下了坚实的基础。为了理解他所谓管理学是人文学科的含义，我们必须首先开始剖析其精神的世界观受到哪些关键影响以及这些影响是如何体现在他的著作中的。本章和第 3 章将会介绍几个对德鲁克的宗教和精神观产生影响的重要的宗教性人物。我们看到，每个人有每个人的影响，而且放在一起看，这些宗教和道德方面的影响帮助德鲁克形成了关于人的本性的观点。德鲁克继承了基督教的观点，认为人是容易犯错的，是坠入凡尘的，是与上帝分离的，人总是摆脱不了罪恶的诱惑，因而需要救赎和道德的指引。这一观点直接影响到了德鲁克构建的关于一个有效运转的社会的蓝图。

所有这些宗教影响因素中，最为重要的是瑟伦·克尔凯郭尔。

瑟伦·克尔凯郭尔（1813—1855）

德鲁克多次提及克尔凯郭尔深刻地影响了他的一生。[⊖]19 岁时，他在一家汉堡进出口公司实习，当时就接触到了这位丹麦哲学家的著作。克尔凯郭尔是存在主义学说最为重要的代表人物之一。存在主义强调，人生中主观性、个人性的独特经验的重要性远远超过人生中社会性或者政治性的经验。

克尔凯郭尔的观点建立在对格奥尔格·威廉·弗里德里希·黑格尔

⊖　杰克·贝蒂指出德鲁克是在克尔凯郭尔的作品中发现了上帝："他究竟来自何方？德鲁克在瑟伦·克尔凯郭尔的书中找到了他。"Beatty, *The World According to Peter Drucker*, p.98.

（1770—1831）的批驳的基础上，后者是一位极其重要的德国哲学家，致力于解决其意识到的张力，他认为这些张力是人类存在很自然的一部分。黑格尔认为普遍适用于人类存在的张力之一是个体存在和集体存在之间的推力。一个人怎样才能够在作为一个自由的个体存在的同时，还能够符合社会的整体需求呢？

作为一个个体而存在与作为社会的一个组成部分而存在之间必然有冲突，黑格尔给出的解决这一冲突的方案是"世界精神"（geist），他以此来命名人类所拥有的集体精神或者思维。"世界精神"是一个极为复杂的概念，但是它所承载的就是通过一种更高层次的精神实体来整合个体之间的差异。通过黑格尔所定义的"世界精神"，人们之间的冲突并没有消失，只是最终得到了消解，因为每个人都被指向了一个更高的能够团结所有个人的理性力量。"世界精神"在整个人类历史中长期有效，能够确保人们所获得的一切成就都始终能够行驶在同一条轨道上，驶向一个造福所有人的目的。

克尔凯郭尔全然不喜欢黑格尔的哲学理念。他认为，这种理念将所有事情都混合进一个所谓的"世界精神"概念，使得人的个体经验丧失了意义。如果如黑格尔所认为的那样，所有对立的个体意见都被莫名其妙地整合进一个绝对意识的话，那么还有什么是留给个人的经验和想法的呢？克尔凯郭尔希望让个体重新获得应有的重要性，同时一个更高的力量也能发挥指引作用。根据克尔凯郭尔的哲学理念，这种更高层次的力量就是基督教的上帝，每个个体都要对他有所交代，并承担起个人的责任。

克尔凯郭尔的哲学理念中有一个重要的元素渗透进了德鲁克的著作，那就是，俗世的个人与基督教的上帝之间的关系。对于克尔凯郭尔来说，精神王国和物质王国（上帝和个人）之间是互相分裂的，而认识到这一点正是绝望的根源。随着一个人越来越意识到俗世生命转瞬即逝的本质，意识到人永远不可能完美这一事实，他也会意识到上帝与人类之间的鸿沟。这导致绝望，而且一个人越具有自我意识就越感到绝望。

克尔凯郭尔在《致死的疾病》一书中探讨了这种绝望的本质。他宣称要治愈这种疾病或者说要摆脱绝望，唯一的办法就是求助于基督教信仰："充分意识到这种疾病正是基督徒能够超越自然人的优势；治疗这种疾病靠的是基督徒得到的祝福。"

正是由于极为重视个体经验，克尔凯郭尔才认为，人们要摆脱由人和上帝之间存在的鸿沟所造成的绝望，唯一的办法就是以耶稣这一人的形式来把目光投向上帝。他推断说，正是由于人们通常只能理解自身的经验，因此要理解上帝，也只能通过耶稣这一肉体的存在，或者说通过另一个人作为榜样，尽管这个人是一个神圣的人。

除了这一推论之外，克尔凯郭尔也坚信耶稣强化了人与上帝之间的分离。耶稣的一生以及被钉在十字架上的死亡代表了绝望这一个本质，体现了人因为肉体存在而无法避免的与上帝之间的疏离。耶稣的例子是在提醒大家人是不完美的，而不是提醒大家人与其创造者是浑然一体的。

对于克尔凯郭尔来说，基督教信仰能够让人们摆脱与上帝分离所造成的绝望。耶稣的生和死作为一个楷模，不仅仅教我们如何理解上帝，同时也教我们如何理解，肉体存在的本质是要在远离上帝的精神王国的情况下独立生活。

克尔凯郭尔给出的解决方案显然不能让现代那些希望找到简单答案或者结局的思想家完全满意。为了更好地理解克尔凯郭尔（延伸出去，也是为了更好地理解德鲁克有关管理学是一门人文学科和一个由组织构成的有效运转的社会这一理念），人们必须要在一定程度上容忍"不和谐音"，或者说是容忍无法解决的张力。对于克尔凯郭尔和德鲁克来说，生活，就其本质而言就是无法解决的张力的根源。就此而言，这是作为一个肉体之人来生活与去理解这一存在之局限之间的张力。

德鲁克对人类本性的理解体现出了克尔凯郭尔哲学理念中的三个主要元素：

（1）个体的重要性，该个体对一种更高力量（基督教的上帝）负有责任，并要有所交代；

（2）精神王国和物质王国之间存在鸿沟；

（3）信仰能够摆脱绝望，解决那些似乎无法解决的问题。

这些主题贯穿了德鲁克的所有著述，在他 1939 年出版的《经济人的末日》一书以及"不够时尚的克尔凯郭尔"一文中表现得尤为明显。

存在主义的个人　德鲁克意识到尽管克尔凯郭尔的信仰能够缓和存在主义的个人的绝望，但是它并不能解决社会的问题："宗教确实能够给个人的绝望及其存在主义式的痛苦提供一个答案，但是对于众人的绝望却无能为力。"当面临一个失效的社会时，个人会去宗教以外的别的领域寻找意义，"西方人（事实上是当今整个人类）都不准备弃绝这个世界。事实上，人还在孜孜以求尘世的救赎，如果他认为确实还存在救赎可能的话"。如果工业社会不能为个人提供意义和地位，而且让个人感觉不到尊严和礼遇的话，那么这些人就会起而寻求其他解决方案，甚至包括极权主义。当工业化推动美国不断地走向大批量制造和流水线工作时，德鲁克对未来忧心忡忡，因为工业人取代了过去的经济人，成为个体实现自我的模范。

德鲁克坚信，宗教具有强烈的个人性，不可能为人在社会中的存在提供意义：

> 基督教和教会是不可能给我们提供一个宗教性的社会解决方案的。时至今日，它们所能做的无非是给个人一个私密的避难所，让他们能够在一个宗教中寻求庇护。它们不可能带来一个新的社会、一个新的社区。个人的宗教体验对于个人来说也许具有极大的价值；这种体验也许能够让个人重新获得内心的平静，也许能够给他一个个人化的上帝，让他获得对自身职能和本性的理性认识。但是，宗教体验不可能重新创造社会，也不可能使社会和社区生活变得合乎情理。即使是最虔诚的天主教徒到今天也持有像克尔凯郭尔这样极端的新教徒的宗教观点，比如，认为上帝是全然个人化的，是无法转换给别人的，是无法与他人交流的体验，这种体验特别强调自身的分离感和孤独感，还认为整个社会陷入了绝对的非理性之中。

30 年后，在 1969 年再版的《经济人的末日》一书的序言中，德鲁克再次强调了他关于宗教属于个人领域而不是社会领域的观点："作为对所有形式的社会的批判，宗教如果不能放弃其真实的王国，即一个只与上帝在一起的灵魂王国，那么其是不可能接受任何社会的，甚至也不可能接受任何的社会计划。"

对于克尔凯郭尔的存在主义的个人，德鲁克也给出了自己的解决方案，那就是建立一个由管理得井井有条的组织构成的有效运转的社会。德鲁克的"新社会"通过大型组织中的公民身份为个人提供自由和平等。

精神和物质王国　克尔凯郭尔认为上帝和人之间的分离是人类存在的不可避免的一部分。对于克尔凯郭尔来说，根本就不存在所谓的自我救赎，以耶稣为楷模或者只是以好好工作为基础来追求人生也没有什么价值。物质世界就是有缺陷的，这种缺陷无可救药。

德鲁克也深信与上帝分离的生活是人类存在的本质。跟克尔凯郭尔一样，他鄙视一些思想家，这些思想家认为基督徒的生活可以建立在好好工作（德鲁克称之为"合乎伦理道德的概念"）的基础上。德鲁克认为，这样一条道路最终指向的不是"包裹着极权主义的糖衣"就是"纯粹的感性主义——这些人认为靠着善良的意图，邪恶能够被去除，和谐能够被建立"。人是不完美的，俗世的生活永远不可能成为天上的乌托邦。对于克尔凯郭尔和德鲁克来说，信仰是能够治愈这种意识所带来的绝望之唯一良药：

> 所谓信仰就是认知到人是一种被创造物——人并不能自治，并不能成为自己的主人，并不是结局，也不是中心，但是，人需要负起责任，同时也理应自由。要明白人本质上的孤独感是能够获得解脱的，当然这需要确信上帝永远与人同在，甚至"直到我们濒死的时刻"，上帝也与人同在。

德鲁克所持的基督教信仰认为一个由众多容易犯错的被创造物（同时参见第 3 章关于圣奥古斯丁和保罗的讨论）组成的世界是不完美的，这一观念贯穿了他的管理理念和社会分析。尽管很多人批评他过于理想主义化，在关于人的能力的评价上显得过于天真（参见第 6 章关于马斯洛的讨论），但是德鲁克给组织和社会开出的药方经常包含这样一些建议：约束权力的滥用或者将卑劣的人类本性引导到正面的方向上去。确实，他几乎总是假定他所描绘的组织中的人能够理解自己"既负有责任又理应自由",能够理解并尊重权威和秩序。但是,德鲁克也清楚地意识到任何一个人类制度内在的缺陷。(请参见第 4 章和第 5 章中列举的例子。)

信仰的本质和所承担的角色　《经济人的末日》一书的整个前提就是围绕着信仰在现代社会中扮演的角色以及当人们丧失了信仰之后究竟会发生些什么。对于德鲁克来说,正是克尔凯郭尔所看到的信仰危机造成了极权主义的兴起。

用德鲁克自己的话来说,"信仰就是坚信这样一点:对于上帝来说,一切不可能都将变得可能"。根据德鲁克的分析,欧洲人民转向极权主义针对那些不可能做出的承诺,这里的错误不在于人们有信仰,而在于他们把信仰放错了地方。处于绝望中的人们通常会转而求助于"那个信誓旦旦地承诺化不可能为可能的魔术师"所鼓吹的最为非理性的信条。

最终,德鲁克的著述还在寻找一些合乎情理的东西,这些东西可以供多数人们寄托其信仰。尽管深信宗教信仰是个体性、个人化的,但绝大多数人们寻求的都是"俗世的救赎"而已,德鲁克仍然认为信仰是克服现代工业社会中产生的绝望情绪的唯一途径:

> 由于有了信仰,个体就变得与世相通,不再与他人隔绝,变得有意义了,变成绝对的了;由于有了信仰,才有真实的伦理。正是由于有了信仰,社会中的存在就像真正的慈善所的存在一样,也变得有意义了。

但是,到底信仰什么呢?德鲁克明确地呼吁大家信仰上帝,但他同时也希望大家"以信仰(对自由和个体的信仰)为基础",起来反对极权主义。在德鲁克关于管理的愿景中,他把人本身看作有缺陷的,但是他同时对人类的潜能怀有强烈的信仰。为了建立一个由管理得当的组织所构成的社会,人们必须相信人的能力,相信人能够自己找到正确的方向,采取合适的行动。

德鲁克的愿景中存在着一种内在的张力;如果人们坚信人总是倾向于犯错,而组织则需要设计成对人们不可避免地滥用权力这一点进行严密防范的样子，那么再想保持对人的信任则不是一件那么容易的事。根据克尔凯郭尔的哲学理念，这种张力就会更加容易理解。如果存在的本质就是处于张力之中，那么能够摆脱这种张力（对于克尔凯郭尔和德鲁克来说都如此）的唯一办法就是有信仰。对于克尔凯郭尔来说，解决方案是对于上帝的信仰；对于德鲁克来说，解决方案则是对于"自由和个体"的更为世俗化的信仰。

政治方面的影响

除了宗教和神学对德鲁克关于管理学是一门人文学科的观点产生过深远影响之外，还有一批政治思想家也促进了这一理念的形成。德鲁克特别致力于在自由与权威之间找到平衡。在这里以及第4章，我们将会探讨政治思想方面的影响，主要关于个体自由与社会准则和秩序之间如何维持相应的平衡。

德鲁克向来不愿意公开谈论他自己的政治倾向和从属关系，但是有一点很清楚，那就是，终其一生，他都在担心极权主义大行其道。在他有生之年，他目睹了一个又一个不断侵蚀人们自由的强大的极权政府的兴起。鉴于这些统治对那些处于绝望状态的民众曾经产生的吸引力，他无比担心那些"世俗信条"的泛滥。德鲁克对极权主义的忧虑促使他加强对由有效运转的组织构成的社会的研究；事实上，有一段时间，他在工业组织那里找到了拯救整个社会的方法：

> 工业企业的蓬勃兴起也许预示着一个基本的趋势开始有所逆转，该趋势是中世纪秩序倒塌之后西方社会的主流趋势。我们这个时代的极权国家代表着一个荒谬（罪孽深重、阴险狠毒、无比疯狂的荒谬）的趋势，这一趋势始于15世纪，其中国家被视为唯一的中心、唯一的焦点乃至唯一的强权。显然，从那以后，在社会中逐渐兴起的企业是第一个有自主性的组织类型。

在德鲁克看来，企业是一种能够适当地抗衡极权政府和公共部门的绝对权力的主要挑战的力量。在他所构想的一个有秩序的社会中，一个独立于政府的私有商业部门的存在是至关重要的。因此，管理成为一个社会得以有效运转的关键；如果社会组织不能得到有效运转，那么权力就会被集中到诸如大政府或者大企业之类的单一实体手中。

与此同时，德鲁克显然也不是直接民主的粉丝；他曾经说过："当今大家都普遍接受的所谓多数原则其实是一种专制的暴君式的非自由的原则。"身为个体的拥趸，他充分理解少数人意见的价值所在，也理解严格按照大多数人意愿来行事的原则中潜藏的危害。

德鲁克显然也面临着一个两难境地，那也是有史以来政治理论家一直在挣扎并试图解决的两难：一个社会如何在治理、规则和秩序这些需要与确保个人自由最大化这一愿望之间取得平衡？从那些影响了德鲁克的一些人身上，我们可以更好地了解和理解他关于管理学是一门人文学科的观点。在这样一个制度下做决策，必须努力在权威与自由之间、历史价值与未来梦想之间以及个人志向与社区需求之间找到一个中间地带。就其本质而言，管理学作为人文学科，如果按照该词的传统意义来解释的话，有保守主义的一面：致力于维护过往的传统，这些传统与当下仍然相关，仍然有意义。但是，管理学作为人文学科的同时又有自由主义的一面，因为它致力于将个人自由最大化，致力于革故鼎新，致力于更好地为组织或社会服务。

1. 弗里德里希·朱利叶·施塔尔（1802—1861）：德国思想家中的三驾马车

施塔尔是最早对德鲁克施加过最重要影响的思想家之一。德鲁克在其学术生涯初期就决定深入研究 19 世纪在普鲁士宪法形成进程中最重要的三个保守派思想家：约瑟夫·拉多维茨、威廉·洪堡和弗里德里希·朱利叶·施塔尔。在接下来讨论施塔尔的同时，我们也将讨论洪堡和拉多维茨，原因是他们一起对德鲁克造成了强大的影响，也是由于他们三人在德国历史的同一时代做了相似的工作，产生了相近的思想。

这三人真正吸引德鲁克的在于，"他们都试图在稳定和变革之间寻求平衡……他们既不是肆无忌惮的自由分子，也不是肆无忌惮的保守分子。他们试图建立一个稳定的社会和稳定的政体，从而既能够维护过去的传统同时又有可能进行相应的变革"。

德鲁克最先开始研究施塔尔，在1931年完成了第一部后来得以出版的专著《弗里德里希·朱利叶·施塔尔：关于国家的保守理论》。在1933年他离开纳粹德国前往英国之前，该书得以在德国出版。德鲁克的原意是要逐一分析"德国三大思想家"，但是最终只写出了对施塔尔的研究。

施塔尔是一位教会律师、政治家和哲学家。他生活的年代正好是欧洲许多国家经历暴力革命的时代。众多劳工阶层推动的革命最终都被镇压下去，但是这些变化促使知识分子和政治理论家开始思索旧君主制究竟是否能够继续生存下去，未来的革命最终是否会不可避免地改变整个政治格局。

施塔尔努力为普鲁士找到这些问题的答案，并且试图找到能够取代旧君主制的选择，找到受当时社会胁迫的暴力革命之外的道路。通过将那些有代表性的制度与那些在他看来属于君主制正面的特性结合起来，施塔尔发展出了一个政治框架，旨在避免要么激进地向前，要么反动地向后这一非此即彼的选择。

建立一个平衡的政治框架，既保护个人的权利又维护广大社会的利益，这一直是施塔尔的志向所在。他的框架体现的是对立于黑格尔的宗教哲学，尽管黑格尔在当时的环境下具有举足轻重的影响力。

和克尔凯郭尔一样，施塔尔并不认同黑格尔提出的一个统一的所谓"世界精神"这一理念，他认为这种理念不能兼容个体的差异性。但是，与黑格尔一样，施塔尔也希望能够找到一条办法来约束个人的权利，以强化社区在人类生存和发展中的地位和作用。

施塔尔用他"个人的上帝"这一概念来反驳黑格尔的哲学，所谓"个人的上帝"是每一个个体的积极主动的创造者。施塔尔所说的"个人的上帝"与每个人之间都存在着个体化、个人性的关联。施塔尔使用了"个性"这一术语来描绘人与人之间的差异，他也同时将这个术语用到上帝身上，来描绘其创造性的精神力量："个性不仅仅是指最充分的自由和政治权利，同时也指最充分的满意度和最高的精神上的完美度。"施塔尔在其哲学理念中将个人与其创造者连接在一起；每一个个体都直接地反映着一个个人化的具有创造能力的上帝。

在施塔尔的哲学系统中，个体因造物主上帝有意图的设计而拥有自由的意志。在理想的情况下，当人们按照自由意志行事时，个体的利益和社会的利益之间不会没有冲突，因为所有这一切都统一在一个具有创造能力的基督教的个人的上帝利益之下。但是，正如克尔凯郭尔所做的那样，施塔尔也意识到，人与天父上帝是分开生活的，人的肉身存在于地上。结果，人们的利益并不总是与造物主的利益一致。因此，人必须听命于世俗的权威——国家和法律的统治。

施塔尔使用个人的造物主上帝，将人的个体权利与社会需求整合在一起。但是，他也不得不面对强迫的问题，或者被迫服从国家权威这一问题。试问：在法治妨碍了个人自由的时候，人们为什么还愿意服从法治呢？

施塔尔的解答是，对国家权威的顺从事实上是自愿的顺从。施塔尔关于自由的观念包括受限于对一个更高权威所负责任的选择，包括对一个超越个人自我欲望的更大的、善的认同。他指出，自由不仅仅是一种许可权，同时也意味着责任和可交代性，这种责任和可交代性所针对的是以法律形式体现的公共行为规范，或者就终极而言，是一个基督教上帝的宗教行为准则："因为自由作为一种伦理秩序来自法律，因此它并不是毫无约束的，而是一开始就包含了特定的内容、标准和界限。"人们之所以认同法律权威，就是因为他们知道，他们最终需要负责任的不仅仅是他们自身，还有一个更大的善。正如施塔尔所指出的那样，自由并不意味着人可以不顾对他人造成的后果而恣意妄为。

施塔尔用"自由是一种伦理秩序"这一概念将政治权威合法化，在他那里，就是将君主的权力合法化。施塔尔所说的权威的合法性所依托的是统治者以及被统治者都能够意识到在物质领域之上尚有一个更大的道德权威存在："法律上的自由首先受到更高义务的约束，人们必须服从这些义务；当然，这种自由不受（主观）道德宣称的约束，而在实际上受存在于现实世界的生活关系的伦理理念的约束。"如果君主及其臣民将双方的利益统一在一个个人的造物主那里的话，那么顺从就是基于自由意志的行为；人之所以顺从是因为他意识到这样做会同时有利于社区和个人。这样，政治权威就变得合法了，因为它建立在一个更高的道德的基础上，而该道德已被所有相关群体吸收并内化了。

正如施塔尔在他所在时代的革命和旧式君主之间极力寻找一个中间地带一样，德鲁克也在不断探求一个有效运转的社会，这样一个社会在极左和极右立场之间占据一个温和的空间。基于自己关于人是容易犯错的、是不完美的、需要权威和管制这一看法，德鲁克在 20 世纪继续推进施塔尔关于权威合法性的探索。

权威的合法性　在德鲁克的著述中，自由并不意味着毫无限制，相反，行动的自由要受到法律或价值观的约束。在德鲁克所定义的由各类组织构成的有效运转的社会中，被治理的人虽然是自由的，但是却自愿顺从权威，因为这些人与组织中在他们之上的人共享相同的价值观念，并且愿意对这些共享的价值观和行为准则负责。

自愿地服从内化的权威在德鲁克有关目标管理（management by objectives，MBO）的概念中表现得尤为明显。一个组织搞管理层收购要求所有管理者为自身设立一定的目标，这些目标要用于评估绩效。非常重要的一点是，这些目标应该反映出整个组织的宏大目标，而不仅仅是个体管理者自己的个人愿望和成就。

正如施塔尔的权威系统是与一个共同的大一统的更高的力量关联在一起的，德鲁克所谓的有效运转的社会也整合了管理者及其组织的利益。由于管理者能够将自己的目标与整个组织更为宽广的目标有效地结合在一起，个体的目标就成为个人表现的一种形式，不过这种表现还会受更大主体的权威影响。

对于组织内部权力的层级结构，德鲁克一直深信不疑；他并不十分认同在管理或者政府问题上的极为严格的平等主义观点。尽管如此，他仍然认为，那些在食物链顶端的人必须通过坚守共享的价值观来使自己的地位合法化。换句话说，德鲁克坚信管理权威是必需的，但是，正如施塔尔所做的那样，他也试图通过共享的价值观来为权威获得合法性找到一条可行之路。试问：为什么在组织架构图底端的那些人会自愿地服从自上而下的权威呢？他们之所以服从，是因为他们相信组织及其领导者与他们共享关于人的权利和机会的相同的价值观，否则是不可能服从的：

　　与为了一个社会性的目标而协调人们努力的其他任何机构一样，企业也必须按照层级线条加以组织。但是，属于大家的企业的成功，对每一个人（包括老板和清洁工在内）而言，都是同等必要的。同时，大型企业必须为员工的晋升提供平等的机会。这其实就是传统上对公正的要求，是基督教关于人的尊严这一概念的影响所致的。

　　从本质而言，德鲁克试图利用施塔尔的具有创造性的、个人化的基督教上帝，将其世俗化，运用到工业场所中去。围绕机会平等和任人唯贤这些非常典型的美国价值观以及从宗教中汲取的有关尊严的概念来整合整个组织，德鲁克将施塔尔在 19 世纪提出的理念转化成了符合 20 世纪的理念。他仍然保留了施塔尔的具有创造力的上帝，只不过是对其形式进行了提炼。

　　但是，施塔尔关于权威合法性的论断是完全以基督教上帝的在场为基础的。由于他只是在基督教框架下全力拥护君主立宪，所以他并未发展出一个能够在神圣灵感之外的物质王国里建立起合法领导地位的制度。

　　在德鲁克多产高效的一生中，如何使管理权力合法化是他始终面临的一个问题。正如作者杰克·塔兰特所指出的那样："德鲁克从来没有真正解决合法化的问题。他带有妥协色彩的努力总结在这样一个结论中，'企业并不是一个合法的政府，这一点并不就意味着它就不合法'。"因为其宗教和神学观点使他无法全然相信其本身也是人的管理者，德鲁克试图寻找到合适的方法来遏制常见于人身上的滥用权力的倾向。其他一些对他产生影响的思想家也给他提供了不少方法，以期约束管理的权威或者将权力引导到最不会造成伤害的道路上。但是在 1932 年德鲁克就清楚地意识到权力的合法性必须建立在责任的基础上，而责任最终必须建立在绝对的合乎道德的价值观而不是人为价值的基础上。⊖

　⊖　"并不是因为我需要，法律就会存在或者生效，但是因为我的需要，法律对于我来说就有了合理性。尽管权威性是一般法律的特征，但是合理性则是道德法律的特征。" *Die Rechtfertigung des V.lkerrrechts aus dem Staatswillen.Eine logisch-kritische Untersuchung der Selbstverpflichtungs-und Vereinbarungs-lehre*, Berlin: Verlag von Franz Vahlen, p.57. 该书由 Timo Meynhardt 于 2009 年翻译成英文，出现在他未发表的文章 The Practical Wisdom of Peter Drucker: Its Roots in the Christian Tradition 中。

由于缺乏一个个人的具有创造力的神，关于权力合法性的问题始终无法解决。在其著述中，德鲁克一直试图解决这一问题，他探索了一系列解决方案，包括回归信仰、回归联邦主义。围绕权力这一主题出现了各种不同的解答，这揭示出一个根本问题：在一个设计成将人的自由最大化的人类制度当中存在着终极的不信任。在世俗化了的 20 世纪的情境下试图维持施塔尔 19 世纪所提出的哲学理念，显然会面临这样一个挑战。⊖

2. 约瑟夫·拉多维茨（1797—1853）和威廉·洪堡（1767—1835）

约瑟夫·拉多维茨是在巴黎接受教育的。他曾经为拿破仑的军队作战，后来来到普鲁士，入赘了一个具有悠久历史的普鲁士家族。拉多维茨后来在 1836 年被任命为普鲁士驻日耳曼邦联的联邦议会在军队方面的代表。他提出了一个于 1848 年统一德意志的温和计划。拉多维茨希望能够填平现有秩序和德意志各国革命势力之间的鸿沟。

威廉·洪堡是在柏林长大的。1809 年，他创办了柏林大学。他坚信政治权力必须受到严格限制，从而避免对个人自由的破坏，他也特别担心个体究竟如何才能在一个中央权威不断强化的国家里提出文化诉求。洪堡接受了关于"修养"（bildung）的德意志理念，这种教育是指一种精神性的过程，是个人通过类似人文艺术理念的教育而获得发展；"修养"极为复杂，涵盖了对性格发展和个人美德的理想以及对知识和智慧的追求。洪堡的目标是让"修养"的精神渗透整个德国政府。他对未来的期待是，"利用行政官僚的权力来实现自己的文化理想。最终，在他的主持下，形成了国家（state）和修养之间的结合，这种结合将会给德国的政治、文化和社会都带来持久的影响"。

⊖　德鲁克的老朋友之一伯尔特霍尔德·弗赖伯格曾经探讨过施塔尔对于德鲁克思想的重要影响，包括精神性和非理性部分："真正让德鲁克深感震撼的是施塔尔关于权力必须服从于责任的信念。这并不是一个理性的过程，让权力接受责任的管制触摸到了我们精神性存在的根基，那就是我们的信仰……施塔尔的信念体现在一种态度之中，这种态度是指我们所有的行为中的参与自由，一旦运用到经济学中，会像沃特·拉特瑙所说的那样，'让经济变得伦理化'。这种参与意识对于德鲁克来说是一个根本问题，在他的所有作品中，只要讨论到权力的运用就会出现。"

在变革中保持稳定　和拉多维茨一样，洪堡也试图在两个政治极端中寻找到一条道路，围绕一个温和的概念将德国不同的利益群体统一起来。正如一个传记作家所指出的那样，"洪堡推行的计划既不是自由的也不是保守的，而是两方面的因素都有"。拉多维茨和洪堡为德国政府所设定的愿景为德鲁克提供了一个中庸政治的范例，这些愿景有助于发展出理论上缓和两个极端的解决方案。

施塔尔、拉多维茨和洪堡"三驾马车"关于如何在各种社会机构中维持稳定同时实现变革的观点引领德鲁克致力于对企业家精神和创新实践的全面研究。而这最终也帮助他写出了具有深远影响的巨著《创新与企业家精神》⊖。在这本恢宏巨著中，德鲁克指出，如果社会机构希望在动荡不安的大环境下仍然能够保持稳定的话，那么就必须通过发扬企业家精神来推动变革。缺乏创新就会使组织陷于停滞甚至倒退。因此，要维持稳定，除了发扬系统化的企业家精神别无良策。

德鲁克认为，在组织中，稳定和变革并不是截然相反的两端；事实上，它们更像极地——地球的南极和北极。一个机构，越是围绕创新和变革来组织行动，就越是要靠促进稳定的机制来平衡各种变化。在千变万化的时代，最为重要的是建立高效的沟通机制，在各个利益相关方之间促成共同的理解和信任。

历史传统的重要性与对权力运行的限制　德鲁克一直在推广稳定和变革之间获得平衡这一主题。受到德国三大思想家的影响，他对革命所持的态度尤为审慎。美国第三任总统托马斯·杰弗逊认为，一个社会要根除长期累积的弊端，就有必要发生间歇性的革命。相对于间歇性的革命，德鲁克更倾向于持续不断的创新：

> 革命是无法预测、无法引导、无法掌控的。革命会让错误的人掌权。最糟糕的是，革命的结果（这是预测得到的）与革命的承诺正好相反。

⊖　本书已由机械工业出版社出版。

德鲁克对稳定和变革的兴趣同样受到了埃德蒙·伯克著作的影响。

3. 埃德蒙·伯克（1729—1797）

埃德蒙·伯克出生于尚未脱离英帝国统治的爱尔兰，是一名英国议员，也是一位政治作家。他反对天主教的迫害，支持美国反对英国的革命。德鲁克曾经赞扬过伯克，说后者所写的两本书中有一本"永久地改变了我的生活"。在《法国大革命反思录》（1790）一书中，伯克分析了当时那场持续不到两年的革命事件。德鲁克还在青少年时期就阅读过这本书，当时他还在汉堡工作。后来他是这样回忆该书对他的影响的：

> 从第一次世界大战和俄国大革命以来，德国，事实上包括整个欧洲大陆，都处在一个革命频发的阶段，我们每一个年轻一点儿的人都知道这一点，只有那些在1914年之前就已长大的人才会认为世界有可能回到"战前"，而且实际上他们确实希望回到"战前"。所以，伯克的主要观点是：在这样一个关键时期，在稳定和变革之间找到平衡才应该是政治和政治家们的首要任务，这一观点在该书出版140年之后，一下子拨动了我这个18岁读者的心弦。伯克的观点对我自己的政治观点、世界观以及我后来所有的作品来说都产生了巨大的影响。

正如施塔尔和其他德国思想家所做的那样，伯克为在革命与神圣君主制之间的中间地带提供了一个样板。具体说来，伯克警示大家拒斥历史传统的危害，他所谓的传统包括立宪政府的宗教和政治基础。

在其关于法国大革命的专著中，伯克对革命加以猛烈抨击，指责法国人彻底地丢弃了自己的过去。在这本书的第一部分，他挺身而出，为英国的政治制度辩护，把英国的政治发展历史推为楷模：

> 你将会看到，从大宪章运动到人权宣言，作为一个统一的政策，我们的宪法一直在宣称和强调，我们的自由是从我们的前辈那里继承下来的，并将传给我们的后人，这种传承就像属于该王国的

人们的财产一样，是受到保护的，不必凭借任何其他更一般或更优先的权利……我们拥有一个可以传承的王冠，一个可以传承的贵族爵位主，以及一个传承各种特权、选举权以及从很久以前的祖先那里传下来的下议院和人民。

伯克的论证意在直接对比英国宪法与法国大革命对君主制的抛弃；他的结论是，"英国所推行的谨慎的政治渐进主义优于参照法国模式的理性破坏和重建"。

伯克认为，欧洲文明的根源不仅存在于君主统治当中，还存在于"绅士精神和宗教精神"当中，他所指的分别是贵族和教会的力量。伯克指出，正是这些力量维护着全社会的教育和文明；法国彻底消灭了统治阶层和宗教的传统，也就"同时消灭了其天生的保护者和守卫者，致使学术陷入困境，被各种可鄙的丑恶事物肆意践踏"。

这些言论可能会扰乱现代的民主情绪，但是伯克（和他同时代的其他人）都坚信法国大革命所表现出的极端暴力正体现了让人民直接统治的本性。如果没有任何约束性的力量，民主可能释放出极为危险的欲望：

> 我们知道，而且是不无自豪地知道，就是人就其构成而言是一种宗教动物……但是，如果在暴动的时刻，处于从地狱的蒸馏器（目前正在法国蒸腾）中提取的燥热的酒精刺激下的酩酊大醉状态，而这种状态在如今的法国正在不断地酝酿蒸腾，那么我们只要丢掉基督教——长期以来基督教一直让我们引以为傲并得到安慰，它也是我国以及许多国家所拥有的文明的伟大源泉，就会发现赤裸裸的自我，就会忧虑和畏惧（深知我们的心是无法忍受空虚的）某些野蛮、有毒、堕落的迷信可能会取代基督教。

由于对"人的意志"这一概念还有着深深的疑虑，伯克认为，权力最终只能由少数人来行使。最终的选择应该是很清楚的：不是由少数几个秉承传统的称职的个人来行使权力，就是由少数几个缺乏任何根基的暴力的革命分子来行使权力。

　　施塔尔、拉多维茨、洪堡和伯克都帮助德鲁克认识到了，在考虑到不断更新和创新的需求的同时，维持过去延续下来的有价值的制度是多么重要。在连续和断裂之间维持平衡是德鲁克著述中一个重要的主题。这一主题出现在他所写的大量社会学著述中，他在其中谈到了各种广泛的社会问题和趋势；同时，也出现在的管理学著述中，其中他看到了现代资本主义是不稳定的这一本性以及用一种正面的、积极的方式来管理变革这一需要。这些给了他很大影响的18世纪和19世纪的政治思想也许显得很遥远、很深奥，但是这些思想家的理念已经渗透进了德鲁克的作品。如果你想理解管理学作为一门人文学科这一理念，那么对这些来自遥远过去的理论家有一些基本的理解还是非常重要的。

社会经济学的影响

　　尽管德鲁克不是一个经济学家，但是他还是采用了经济学方面的许多原理来支持他的管理理论以及他对政府和社会的评判。他一向致力于让组织的领导者变得更有效力和效率，成为"劳动生产率和创新的灯塔"，同时，他也渴望能够创造一个体系，"使经济学成为一门人的学科"。在德鲁克看来，管理学作为一门让人将各种任务完成的艺术，能够复兴经济学，并使之成为一种道德的力量，"基于经济学的劳动生产率因而可能会完成所有经济学家都梦寐以求的目标：既是一门'人文学科'，又是一门'道德哲学'，也是一门'社会科学'，而且是严谨的'科学'"。

　　德鲁克通过强调劳动生产率和创新来强调道德对经济学的影响，这使得他的思想可以应用到几乎所有的组织中。尽管德鲁克发起了重要的为利润辩护的运动，他同时也将利润与创新和劳动生产率关联起来，使得后二者成为更重要的进步的衡量指标。最终，不只是商业人士能够将管理学作为一门人文学科来实践，医院的行政主管、大学的教务长以及全国性慈善基金会的主管都可以这样做。因为德鲁克在其对经济理论的理解中将人的劳动生产率和创新作为重要的价值衡量指标，所以作为人文学科的管理就不仅仅只是一种商业的努力。

　　随着经济学开始聚焦于人，德鲁克意识到经济学与社会学者们学科有着内在的关联。创新也好，劳动生产率也好，都是在由人的社区中发生和形成的，在这样的社区里，人与人之间存在复杂的互动。对于德鲁克来说，经济学和社会学都属于人文学科，是致力于研究人与人之间关系尤其是工作场所中人与人之间关系的学科。最终，那些对德鲁克产生了最重要影响的经济学家和社会学家传递出了这样一个信息：各种机构，包括那些产生利润的机构，都是社会性的实体，都必须提供一种社区感。

在经济学方面对德鲁克产生最重要影响的人是约瑟夫·熊彼特。熊彼特可以称得上是 20 世纪最伟大的经济学家之一，他做到了将这一学科置于更为宏大的社会经济历史的范围内。在第 7 章关于社会生态学实践的探讨中，也会涉及其他一些对德鲁克产生影响的社会经济学理论。

约瑟夫·熊彼特（1883—1950）

第一次世界大战之后，约瑟夫·熊彼特被任命为奥地利财政部长。当时的奥地利金融情况非常糟糕，可怕的现状，加上熊彼特直言不讳的政治观点触犯了他的众多同事，最终使得他丢掉了这一职位。1919 年 10 月他辞去了财政部长的职务。后来，熊彼特还有过一段简短的也不那么成功的在银行界工作的经历，随后他便回到了学术界，最终在 1932 年来到哈佛大学，在那里，尽管他的著作获得了极大的成功，但是他一直被笼罩在年轻经济学家约翰·梅纳德·凯恩斯的阴影之下。

熊彼特对于德鲁克的主要影响是，前者认为利润是一种道德律令。

利润是一种道德力量　在"熊彼特对决凯恩斯"一文中，德鲁克表达了对熊彼特关于利润是道德和伦理系统之一部分这一观点的认同和赞赏。对该观点，熊彼特并没有给出过明确的论证，但是德鲁克从熊彼特的理论中总结出利润是道德的这一观点。熊彼特将利润同企业家所承担的角色关联在一起。当企业家进行创新时，他们能够因而创造出巨大的利润。因此，利润内在于企业家的活动中："没有发展也就不可能产生利润，而没有利润，发展也无从谈起。"当竞争对手推行了同样的创新手段之后，利润的水准会随之下降。如果再没有新的企业家活动引发新的创新的话，那么利润也就丧失了提升的动力。熊彼特意识到，利润并不是对企业家冒险行为的回报，相反，利润"在一个新的企业中，是其收获超过了生产成本之后才产生的暂时的盈余"。

德鲁克借用了熊彼特关于暂时利润的概念，并予以修正，认为利润也是一种成本："它是用来支付企业继续运作所需成本的'风险溢价'。"利润是商业运作的一种成本，而不仅仅是主管们试图最大化的现金盈余。一旦德鲁克将利润设定为商业运作的成本，他就能进一步地发展他的道德论证：

> 熊彼特的"创新"及其"创造性破坏"理论是目前为止唯一一个能够用来解释所谓"利润"为什么会存在的理论。古典经济学家们很清楚，他们的理论并没有为利润找到任何合理依据……但是，如果利润是一种名副其实的成本，尤其是当利润是唯一一个能够维持已有工作并创造新工作的手段的话，那么"资本主义"就摇身一变，成为一种道德的制度……一旦当人们摒弃那种亘古不变的、自给自足的封闭经济，转向熊彼特所倡导的不断增长、不断移动、不断改变的动态经济，我们称为"利润"的东西也就不再是不道德的了。利润变成了一种道德律令。

对于熊彼特而言，资本主义是关于增长和发展的动态的制度。经济衰退期是在某种激烈的变革之后的一段正常的调整期。正是这些改变了经济正常流动的事件最终引领经济进入增长和获利期。这些事件通常发生在企业家的活动带来新的技术、产业或者生产方式的时期。那时，创新或者企业家活动的结果创造出短期的机会。熊彼特将这一过程称为"创造性破坏"，因为这时企业家的冒险行动不仅仅带来了新东西，而且还在这个过程中摧毁了旧事物。

在"创造性破坏"概念中有一个内在的问题，熊彼特自己也意识到了这一问题的存在。由于企业家活动以及相关的利润都是暂时的，每一个企业都存在着被创造性地破坏掉的潜在可能。这一现实促使德鲁克对企业提出警示，提醒它们推行"系统性的摒弃"，把低效率的活动、产品或者业务单位统统根除：

> 每一个机构，不仅仅是商业机构，都必须在日常管理中进行四种具有企业家精神的活动，而且这些活动要平行开展。一是有组织

地摒弃那些无法使资源得到最优分配的产品、服务、流程、市场和分销渠道，等等……然后，任何机构都必须围绕系统化的持续的改善而加以组织……接下来，该机构必须围绕系统化的、持续的资源利用，尤其是对其成功的利用而加以组织……最后，该机构必须组织系统化的创新，也就是要创造出差异化的、适应明天的产品，来淘汰或者在很大程度上替代今天那些最成功的产品。

为了继续生存下去，一个组织必须产生利润——这不仅仅是为了回报冒险行动，同时也是为了给创新和工作机会创造的引擎提供燃料。基于此，德鲁克利用熊彼特的理论来反驳 19 世纪关于利润道德性的观点。过去存在的问题在于"利润只作为冒险者的需要而存在。但谁能说它不是一种贿赂，因而使其无法在道德上获得正当理由呢？"通过熊彼特，德鲁克找到了一个有效的方法，使资本主义归入一个道德系统，但这一切却不是建立在追求经济回报的基础上的。使用熊彼特关于具有企业家精神的创新系统，德鲁克得以在一个更为宏大的道德框架下看待利润，从而建立了一种新的利润观念。

经理人领导力和诚信：阿尔弗雷德·斯隆

与通用汽车公司董事会主席阿尔弗雷德·斯隆的关系也影响了德鲁克的思想。通过对该公司的研究德鲁克开始了做管理学作者和咨询师的职业生涯，而且他和斯隆的私人交往也帮助他形成了对很多问题的看法，比如经理人究竟应该成为什么样的人，以及组织如何才能在社会中提供意义和职能，同时为个体提供意义和职能。

阿尔弗雷德·斯隆（1875—1966）

阿尔弗雷德·斯隆毕业于麻省理工学院，获得了电子工程师学位。他后来成为凯悦滚珠轴承公司的总裁，该公司最后与一家被通用汽车公司收购了的公司合并。斯隆发现了通用汽车公司内部存在许多组织管理问题，他草拟了一份对该公司进行全方位改造的计划，既要维持分公司的自主经营权，又要提高整个公司的凝聚力。他基于权力下放理论设置的组织结构风行于第二次世界大战之后的美国企业界。

1943年1月，斯隆的助手唐纳森·布朗邀请德鲁克前去研究通用汽车的组织和管理。德鲁克根据自己长达18个月的调查研究，发表了《公司的概念》一书。在这本书以及随后的一些作品中，德鲁克详细地描述了他在斯隆身上学到的一切，尤其是商业实体中权力下放的重要性和局限性。也是在斯隆身上，德鲁克看到了一个代表经理人诚信的模范，这样一种品质在他看来是管理的核心或"试金石"。

权力下放的局限性和诚信的重要性　在发展自己关于由各种机构组成的有效运转的社会这一观点时，德鲁克试图调和个人欲望与组织需求之间的张力。他在现代公司身上看到了这种可能性，而斯隆的通用汽车为他提供了实现这种可能性的实例。通用汽车是由几家汽车分公司（例如，凯迪拉克、雪佛兰和庞蒂亚克）组成的，因此既需要将它们有效地整合在一起，又不能不必要地干涉各自的权威。德鲁克认为，斯隆是在对美国宪法进行深入研究之后找到了这一解决方案的。正如关于宪法的争论多半是集中在关于各州权力和联邦政府权威的界限等议题上一样，斯隆给通用汽车设定的计划强调了每个分公司的自主权。需要公司总部管理层做决策的领域得到了清晰的界定，也受到了严格的限制；而那些不由公司总部管理层来做的决策则都保留在了分公司主管的手中。

第二次世界大战结束之后，权力下放的做法快速地在美国商业界流传开来。正如斯隆所意识到的那样，"通用汽车式的组织工作，也就是政策上的相互协调和管理上的权力下放，不仅对我们来说是有效的，而且也成为美国很多工业企业的标准实践"。但是，斯隆同时也指出："要确保合理有效的管理，仅凭对组织进行结构性设计是远远不够的。"在他看来，更重要的是，"没有任何一个组织对问题的理解会比其经营者以及授权他人经营的人更深"。斯隆的最主要担忧是，错误的不合格的管理者将会攫取权力，将过多的权力集中到公司总部管理层那里，从而牺牲了分公司的权力和利益。

在德鲁克看来，权力下放是分配和掌控组织权力的一个重要手段（详见第4章的讨论）。但是，从斯隆身上也可以看出，让正确的人来经营管理组织是多么关键。德鲁克从自己和斯隆的关系中感受到了诚信的重要性：

对一个组织管理层的诚信和认真程度的最终证据是，是否对人品端正进行了绝不妥协的强调……一个人，作为一个管理者，也许他自己所知有限，绩效也不佳，缺乏判断和能力，但是这并不会给组织造成多大损害。但是，如果他人品有问题，不讲诚信，那么，不管他知识多么丰富，能力多么出众，做事多么成功，他会给组织带来毁灭性的影响。他会伤害到他人，这些人是企业最有价值的资源。他会打击到大家的精神，而且摧毁组织的绩效。

在关于商业组织的社会属性上，德鲁克和斯隆有着不同的意见；斯隆从来就不认同德鲁克关于"组织（那就意味管理这些组织的'专业人士'）必须确保对大家共同的利益承担责任"的号召。但是，不管怎么说，斯隆最终是企业经理人在至关重要的诚信方面的楷模。德鲁克在描述斯隆时提到了斯隆对绩效的坚持、"对人所表现出的巨大善意"、公平公正、重视意见多元化以及强烈的荣誉感。斯隆是终极的仆从型领导者，在他做决策时视组织利益为唯一着眼点。而德鲁克则认为这一视野有些狭窄，他希望通用汽车公司能够在其社会职能这一更为广阔的情境下看待自身。不过，德鲁克还是从斯隆身上学到了专业主义和组织领导人价值观的重要性。

德鲁克从未忘记他发现：斯隆在诚信方面可以作为一个个人的楷模。德鲁克总是极力提倡在做替补和晋升决策时要多聚焦于一个人的优点和强项。但是，正是因为经理人是其下属追随的强有力的标杆，所以德鲁克坚持认为，如果一个领导者缺乏诚信，那么他在"其他所有事情上都会犯错"。考虑到这一点，前面提到的那个有效的法则——总是要聚焦于一个人的优点，聚焦于他有能力做、能做得非常好的地方，也就多了一个修正原则。

为一个有效运转的社会提供道德愿景

德鲁克自己在人文学科方面的背景深刻地影响了他关于管理学是人文学科这一观点。从处于两次世界大战之间的欧洲来到美国，他在美国看到了一个希望，有希望出现一个由各种机构组成的有效运转的社会，这样一个社会可以给人提供地位和意义。建立一个"尚能容忍的"社会这一远大使命的理论基础是克尔凯郭尔、德国三大政治思想家、伯克、熊彼特和斯隆的思想。这些人代表的学科非常广泛，从哲学到管理实践，他们帮助德鲁克形成了一个新的社会愿景：一个由组织构成的社会如何以正确的价值观为指引，如何为个人提供成就感，帮助其实现人生追求。

克尔凯郭尔，这位给德鲁克带来了最重要的宗教和哲学方面影响的思想家，引领德鲁克形成了关于人的看法：从天上坠落的远非完美的人，只有通过信仰才能获得救赎。这一关于人类的悲观看法对于理解德鲁克关于管理学是人文学科的观点是至关重要的。尽管克尔凯郭尔的影响使得德鲁克对人类本性做出了阴暗的评判，但是这个丹麦哲学家同样也促使德鲁克致力于寻找一种能够注入希望的方法，这种希望表现为对一个"尚能容忍的"社会的信仰。

施塔尔、拉多维茨、洪堡和伯克帮助德鲁克找到了办法，来管理和遏制克尔凯郭尔所说的堕落的人身上那些卑劣的倾向。这些政治哲学家们阐明了在稳定和变革之间以及权威和自由之间保持平衡的需要。德鲁克构想的由各类组织组成的"尚能容忍的"社会，通过创新来使权威获得合法性并使变革得到有效管理，或许可以使个人的自由最大化，但同时又能限制对权力的滥用，弱化经济进步所造成的一些负面影响。

熊彼特为德鲁克提供了一条道路，可以让他的由工业组织构成的资本主义社会变得合乎道德，因为利润可以成为一种律令，用来保护那些为人们提供意义和地位的组织机构。

最后，身为企业经理人的斯隆则不仅仅代表了诚信和仆从型领导，同时也通过权力下放做到了对权力的过滤和约束。

重要的是，正是在所有这些人的帮助下，德鲁克才认识到管理学必须深入理解人的境况和人的本性。因此，这些重要的影响为德鲁克的思想提供了坚实的基础，同时也为管理学作为人文学科的理念奠定了基础。

管理学与人文传统：在两个不同的世界之间架起桥梁

　　处于实践领域的管理者和致力于研究人文学科的人经常白眼相横。整天忙于一家医院、一家软件公司或者一个志愿者组织的日常运营的管理者认为搞学术的人总是"躲进小楼成一统"，不切实际，与真实世界完全脱节。学者们通常认为搞实际工作的人太浅薄，从不动脑子，而且思路狭窄。即使同在大学校园，人文、艺术和社会科学学院也认为商学院是孕育不公正的温床，总是给学术社区光明正大的行为抹黑。对于这种态度，商学院教授和学生们也心知肚明，他们对此的反击是大声地提醒前者，商学院是整个学校的现金牛，源源不断地向市场输送市场所需的人才。尽管也有一些商学和人文学院通过一些联合学位课程以及特殊课程将双方的师资力量整合在了一起，但是两者之间在文化上的鸿沟可以说由来已久，导致对立双方之间的偏见和傲慢根深蒂固、难以消除。

　　在本章中，我们会讨论到这种文化鸿沟的历史以及如何从这一历史本身找到一条弥补管理学和人文学科之间裂痕的可行之路。我们首先会追索人文学科自古希腊到现代长期以来的发展轨迹，然后探讨人文学科与现代社会的相关性。之后，我们会转向了解管理学教育的历史发展，了解其随着时间变迁而发生的变化，包括时下商学院教育的现状所带来的绝望。我们将在本章最后的结论部分评估一下这些平行展开的历史所展现的管理学作为人文学科治愈旧伤口的潜力。

人文艺术传统的历史[⊖]

　　大多数研究人文传统的人都会将这种起源追溯到古希腊文明。尽管人文教育的理念似乎确实源自希腊，但是这种教育的性质和目标却并不是一成不变的，而是不断地随着时代的变化而变化的。公元前 5 世纪，希腊的政治生活就强调自由男性公民对各种集会的民主化参与。这样一种政治制度需要拥有一群受过教育的公民，能够积极参与启蒙性的讨论和决策。

　　为了应对这种教育需要，当时形成了各种各样的哲学学派。例如，诡辩派就强调教育需要强化人的辩论技能，需要让人学会构筑合理的解释，并且为各自的意见和立场提供充足的论据。诡辩派对于演讲能力的过度强调使得其他哲学学派颇为忧虑，他们认为仅仅掌握诡辩术显然不该被视为真正的学问；要是人们所采取的立场压根未曾经过深思熟虑，或者更糟糕的是，其立场完全建立在谎言的基础上，后果会怎么样呢？

　　最终，人们提出各种相互对立的教育理念。先是柏拉图，后来是亚里士多德，他们强调寻求真理、追求知识乃至美德。相反，伊索克拉底，尽管他反对诡辩派的教育主张，但是他坚信公民需要承担的义务不仅仅是追求美德，而且也需要通过实际行动尤其是通过雄辩有力的演说来体现美德。[⊜]尽管就自由人究竟应该怎样接受教育，接受哪些方面的教育，接受多长时间的教育这些问题，众说纷纭，但是自由人必须接受教育这一点是毋庸置疑的，希腊人提出了一个关于自由公民所受教育的文化理想，那就是通识教育。为那些有幸拥有闲暇的人提供通识教育的概念就是我们所称的"人文学科"的最早发端。

　　尽管希腊文明以及后来的罗马文明对于人文学科的具体课程和教育目的存在分歧，但是二者都认同最根本的主题，而这后来就成为大家熟知的七门人文学科。这七门人文学科是由三门语言艺术（语法、修辞和逻辑）以及四门数学艺术（代数、几何、音乐和天文学）组成的。

　　罗马哲学家西塞罗和昆体利安都曾经说过，人文培训所培养的公民能够

　　⊖　关于人文教育的历史的资料来源很多。

　　⊜　金博尔将这些反对派阵营称为"哲学家"（柏拉图）和"演说家"（西塞罗和伊索克拉底）。

引领整个社会，能够理解并且尊重那些大家普遍认同的行为规范，而这些行为规范的获得方式是通过学习一批从古代传承下来的体现文化价值观和道德观的著作。学生们学习希腊语和拉丁语，阅读荷马、柏拉图、亚里士多德和其他一些古典作者的作品。人文教育致力于培养道德品格、灌输社会价值观；这样的教育只提供给精英人群，提供给那些既拥有地位又有闲暇的人（显然，奴隶和女性是无法享受到这些好处的）。

　　罗马帝国灭亡之后，基督教和伊斯兰教开始影响早先形成的希腊、罗马关于人文的理念。在征服了早先属于罗马帝国的大部分领土之后，穆斯林获得了许多价值连城的手稿，包括亚里士多德的著作。穆斯林学者将这些著作翻译成阿拉伯语；随后，基督教和犹太教学者则将它们翻译成拉丁语。随着宗教学者们努力将亚里士多德关于理性和逻辑的理论与宗教性的著述和教导调和在一起，西方犹太教 - 基督教对亚里士多德著作的"发现"最终使得12 世纪和 13 世纪的西方社会兴起了一场惊人的思想运动。将亚里士多德哲学注入中世纪的基督教世界产生了这样一个问题：人文的理念能够在一个以信仰为基础的文化中扎下根来吗？像托马斯·阿奎那那样的天主教学者努力调和亚里士多德的理性和基督教信仰。以圣波那文都[⊖]为代表的另外一些学者则拒绝接受亚里士多德哲学，认为后者与自古流传下来的宗教文本中所包含的理念截然对立。

大学的兴起

　　在亚里士多德引起欧洲人兴趣的同时，欧洲的大学也开始兴起，这些大学的前身都是建在各大城市的天主教学校。这些大学中最早的同时也是最有威望的是 1253 年成立的巴黎大学。这些大学以希腊、罗马的人文艺术理念为基础，开发出了一批越来越结构化的课程；学生最初跟着各基础学科的教师学习，从那里掌握一些最基础的知识，然后转向跟着一批专业领域的教师学习法律、医学或者神学等知识。尽管每一所大学的要求不尽相同，但是所有大学都需要学生在进一步深造之前从人文教师那里获得学位。

────────────

　　㊀　又译为波那文都拉、波那文图拉、波纳文图拉、波拿文都拉、文德等。——译者注

亚里士多德著作的不间断翻译对大学课程的设置产生了深远的影响。在巴黎大学，人文教师是不能教授亚里士多德哲学的，但是这种限制实际上并不是非常有效的。为了将亚里士多德的著作整合进现有的课程中，大学将哲学设置为一门独立的学科，并分为三门分支学科。因此，新课程就包括三门学科（逻辑、语法和修辞）、四门学科（代数、音乐、几何和天文学），还包括自然哲学、道德哲学和形而上学。

和希腊罗马的教育中心一样，每一所大学都对课程的不同因素加以强调，有些更注重逻辑，另外一些则注重四门学科课程。不管如何，人文理想到了中世纪主要致力于将基督教的教导与承继于希腊和罗马的传统整合在一起。

文艺复兴的理想极大地影响了人文传统，又一次使课程得以革新。14世纪和15世纪，有些学者开始对经院派试图将古典和宗教文本整合在一起的解决方案产生疑虑。大家普遍开始质疑通过逻辑学将俗世的和宗教的文本融合在一起的做法，尤其是那些文艺复兴时期的人文学者，他们坚信真正的解决方案应该是回归希腊罗马社会的价值观和理想。文艺复兴思想家们努力减轻教会对教育所施加的影响，强调应该学习更多能够直接对人类产生影响的学科。人文学者提倡学习涵盖范围更广的文本，而不只是学习宗教文本以及一些特选的古典文本，这样才能更为广泛地探索人类的真实境况。这些变化显然是激进的，但是却也慢慢地传播开来。

宗教改革进一步推动了更加人文化的课程的发展，尤其是在英国和后期的美国。英国的牛津和剑桥大学强调人文教育的人文主义方式，弱化学院主义所提倡的教化色彩。其人文课程中增加了拉丁语、希腊语和希伯来语，学生广泛阅读各种古典文学作品。这一模式很快出口到了英国在美洲的殖民地，1636年新教徒成立了哈佛大学，1693年成立了威廉玛丽学院，1701年成立了耶鲁大学。尽管这些新教徒大学对人文学科课程进行了大幅度的改革，但是它们仍然保留了人文学科的教育目标，那就是培养人格，打造能够以身作则引领社区的公民。

启蒙运动思想家们一开始对人文学科课程设置的影响是微乎其微的，但是到了19世纪，人们已经意识到人文教育目标开始发生了明显的转变。人文学科理念受到了新兴的德国现代研究型大学的影响；人们越来越强调个体自由和民主理想，尤其是在美国；欧洲和美国更为世俗化的由国家支持成立的各式机构也不断成长起来。更进一步，人文学科的教育聚焦于培养一批年轻人才，为他们进入一个崭新的现代化的世界铺平道路。

修养和人格发展的中心

德国的大学体制对欧洲和美国的人文教育产生了深远的影响。正如本书第 1 章中已经提到的那样，洪堡为新一代德国教育机构所设定的愿景是要全心采纳"修养"的概念，即通过教育来形成人格，他把这一点看作德国文化的一个核心组成部分。洪堡教育理念最本质的一点就是学术自由，课程不受任何限制；而最重要的是其教育方法和目标。每一个学生都必须"被培养成为有道德的人和好公民……为此必须达到以下目标：通过有效的指导让人们不是简单地关注这一点或那一点有没有学到，而是关注通过学习使记忆力得到锻炼，理解力得到强化，判断力得以校正，道德感得到完善"。

尽管洪堡关于人文学科的言论不过是远古的人文理想的回响，但是其中也有新的观念，那就是，大学是人们获得修养、人格得到发展的地方和源泉。正如历史学家弗里茨·林格所指出的那样，德国关于大学教育的理念是半神秘主义的，是用罗曼蒂克的态度来看待个人的精神上的自我觉醒，而不是针对具体的课程设定的。

关于在最高层面进行自我发展的"修养"理想同样也体现在美国和英国的学院和大学关于"绅士"的理想当中。绅士的概念显然受到了启蒙运动关于理性个体观念的影响，但是，这里的绅士更多的是指"（中世纪）骑士般的理想、文艺复兴时期的人文课程和基督教伦理准则"三者融合的产物。

到 18 世纪晚期，人文教育的目的是规范人们的言行举止、思维方式和道德准则，从而能够逐步灌输"虔诚、公正、尊重真理的原则，爱国、仁慈、普遍的善、清醒、勤勉、节约、纯洁、适度和节欲以及其他能让人类社会更加美好并赖以建立共和宪政的美德"。

绅士理想越来越强调，教育需要帮助人时刻准备好服务于一个自由社会，这个自由社会是建立在某种代议制政府基础上的，其逐渐变形，成为布鲁斯·金博尔所说的"非自由主义的理想"，强调自由、人的智力、理性、意志力而非义务以及影响日益增强的平等主义。托马斯·杰弗逊为弗吉尼亚大学的毕业生列举的诸多目标包括"充分阐述政府的原则和架构、协调国家之间交往的法律，为我们自己的政府在市政方面制定的法律、完善的立法精神，这种精神将会取消所有对个人行为做出的武断的不必要的束缚，让我们拥有充分的自由去做任何事情，只要它不侵犯到其他人的相同的权利"。受启蒙运动关于人的理性思考能力的态度的影响，个人自由和选择权的重要性不断提升，大大改变了关于人文教育目的的看法。

人们越来越强调自由和选择权，必然会引发对课程的修正，这一点在19世纪晚期更是因为现代大学的逐渐成熟而得到了进一步的推动。在这些变化产生的同时，人类在哲学和科学方面也取得了长足进展，本书对这些进展都加以追踪。哲学和科学方面的发展比较令人瞩目的是人们不再坚信世界是由一个仁慈的上帝所指引的。

19世纪中期到晚期，在知识界占主导地位的是实证主义信仰，这一哲学受到了奥古斯特·孔德的推崇。实证主义主张建立一个秩序良好、能够不断进步的社会，并且认为人们可以通过科学探索和研究来理解人的境况。在包括人类学和社会学在内的不断发展的新的研究领域的支持下，19世纪的学者们相信，通过在越来越狭窄的专门化知识领域进行专门化研究，人们完全可以发现真理。在德国大学的引领下，高等教育课程开始根据学科进行重新划分，每一个专业领域和次级专业都努力在学术机构的层级中占据一席之地。对于本科生来说，科目选择不断增多，使人文学科课程产生了翻天覆地的变化。这些"非自由主义的理想"鼓励学生根据自己的意愿来选择学习课程，这样一来，传统的人文学科学业也就变得极为灵活了。19世纪80年代，哈佛引进了选修课制度，允许本科生从涵盖范围更广的课程中进行自主选择，而不只是依据固定的学科设置完成学业。

学习面临的挑战

到了19世纪和20世纪之交，洪堡理想中的学院——一个因学术自由和独立研究而蓬勃发展的地方，已经变成了一个以研究为中心的机构，与古代的人文理想相比已经面目全非了。面对直接挑战人类进步和理性观念的大规模的社会经济变革，欧洲和美国的知识分子从实证主义那里抽身。工业化和应运而生的大众社会的建立，社会主义的兴起，民族主义运动，民主起义以及选举权覆盖面不断扩大，这些只是诸多变革力量中的几个而已。全新的心理学领域、亨利·伯格森哲学以及其他一些认为直接经验和直觉比理性主义更重要而加以推崇的人提出的理念对理性的、科学的研究之类旧有观念提出了挑战。而这又引发了大学的思想动荡，折射出存在于象牙塔之外的社会和文化上的动荡。

在美国，内战之后的工业化扩张呼吁高等教育变得更加实用。这使人们更强烈地认为人文学科课程早就不可救药地过时了，无法再适应现代美国人的需要。

在德国的大学里，弗里茨·林格的"德意志要员"一说则公开谴责更为实用的课程设置和不断强化的民主式学习方式所带来的现代化影响。

两位著名的英国作家托马斯·赫胥黎和马修·阿诺德之间的辩论则代表了 19 世纪 80 年代关于大学教育的两种截然不同的观点，折射出当时的学院内部动荡不安的核心特征。在赫胥黎发表的"科学和文化"演讲中，他指出，人文教育不仅仅包括对古典文学的学习，也包括对科学研究的学习。阿诺德后来为希腊罗马文本中所包含的价值观进行辩护，认为人文的理想能够帮助人们更好地理解人的境况。

关于人文教育究竟是否还与时代相关的质疑出现了不同的响应。有些人为传统课程辩护，认为它们仍然是一种有助于培训人的思维方式或者开发通用知识技能的方法。另外一些人则强调对技术专业化加以平衡的重要性，指出人文学科应该承担起打造"全面发展"之人的角色。

这一不断激化的争论最终带来的成果之一是通识教育课程的建立，这一运动受到了约翰·杜威思想的影响。1920 年，哥伦比亚大学英语教授约翰·厄斯金设计了完全致力于古典文本研究的核心人文学科课程。这一两年制荣誉课程以学生们一起讨论"伟大的著作"为中心，其设置目的是激发学生对阅读和思想发展的终生兴趣。另一个则是由 20 世纪 30 年代芝加哥大学校长罗伯特·哈钦斯所开发的"名著"课程。哈钦斯在芝加哥大学提倡使用一批核心著作即所谓"名著"来教学；在 20 世纪 50 年代，他在《西方世界名著》系列中将这些作品推荐给商业人士。在 20 世纪二三十年代，还有一些学校做出类似的努力，希望能够为人文学科课程建立某种结构和秩序，但是正如金博尔所指出的那样，这些努力实际上使人文学科课程变得更多样化而不是相反。这个时期兴起了许多全新的人文艺术学院，包括本宁顿学院（1932），这是一家独立的女子学院，推行结构相对松散的课程，更强调个人在创造性方面的探索。

二战之后，随着民权运动为妇女和有色人种接受教育铺平了道路，大学录取率极速上升。随着大学生们日益关注当时社会的宏大问题，学生中的激进主义和希望大幅度提升个人权利的要求使校园中的文化氛围发生了急剧的变化。越来越多的女性和少数族裔学生进入学校，最终导致大学在 20 世纪八九十年代相继推出了种族学研究和妇女研究专业。这些变化引发了整个社会重新谴责高等教育过于碎片化，这一次针对的是课程的"巴尔干化（分裂和割据）倾向"。作者艾伦·布鲁姆出版了《走向封闭的美国精神》一书，认为人文学科的传统已经无可救药地受到了道德相对主义的玷污，丧失了其早先的理想。

人文教育的理念也受到了整个社会中教育角色变化的压力。从 20 世纪80 年代开始，学生们就开始提出通过大学教育掌握符合市场需求的技能这一要求。高等教育成为可以在市场上购买到的产品，因此消费者要求自己的付出能够得到最高的回报。随着教育的目的从打造一个受过教育的人转变成为人们提供具体的与雇佣相关的培训从而帮助他们在职业市场上有所斩获，关于人文教育的整体概念就再一次受到了猛烈的抨击。

关于人文学科的地位和相关性的争论从来就没有停止过。当代对人文教育的辩护中有很多都呼应了"非自由主义的理念"，比如"尊重研究之自由和真理之探求"，或者要求恢复通识教育（"发展批判性思考和辨别能力"），或者是更早的古代的道德目的（"基于价值观的教育"）。其他一些人文教育的辩护者则致力于重新规划并更新人文学科理念以适应一个现代的多样化社会；芝加哥大学教授安德鲁·赫鲁茨基就曾经指出，"人文教育的目标就是打造有能力、有意向试图通过理性的讨论而在事实、理论和行动等方面达成共识的人"。美国大学联谊会秘书长约翰·丘吉尔则并没有过多地强调达成共识，而是强调平衡人文教育造成的影响的必要性："如果我们丧失了商讨的文化，或者说因为我们的原因而丧失了这种文化，那么其根源就在于我们缺乏充分的大家都能接触到的用来在理念和这些理念所指导的行为之间进行批判性比较的方法。这种缺失可以追溯到我们对专业性和技术性的崇拜，以至于因此忽视了普遍的和人性的内涵。"很不幸，这已经变成了我们当下的趋势。我们必须采取必要行动来对抗这种趋势，因为我们身处令人困惑、混乱不堪、争议不断的境地，其中争论的必要性已经被模棱性和不确定性所遮蔽。

管理教育和专业商学院的历史发展

专业商学院的兴起是从 19 世纪开始的。正如大家注意到的那样，到那个时期，高等教育变得非常专业化了，美国尤其需要更多实用性课程来满足其工业化进程的需求。与此同时，随着全新一代受过教育的中产阶级努力把自己和低等的劳工阶级区分开来，多个专业性组织开始兴起。美国医学协会、美国律师协会和美国经济协会就代表了 19 世纪晚期和 20 世纪早期人们对结构和秩序的关注；一个日益复杂的社会中，为从事实际工作的专业人士建立标准成了一种传递合法性信号的方式方法。

随着现代公司为越来越多的白领提供工作，那些身处新创造出来的职位上的个人也开始寻求专业地位以及相关相应的尊重和社会声望。商学院的历史也因此与美国中产阶级当中兴起的专门化和专业化这一大趋势内在地关联在了一起。

尽管有着 19 世纪这样的情境，商学院的历史还是与人文教育理想的长期历史一样，具有共同的基础。将一条教育路径看作以实用性问题为主导，将另一条教育路径看作致力于人类发展进程中更崇高的理想为主导，这种想法是不正确的。每一个时代，人文教育总是要负责培养能够运用到日常生活中去的各项品质和能力。例如，希腊罗马社会意在通过人文教育来为社会培养一批精英领导人。尽管在关于究竟应该强调课程中的哪些组成部分方面大家各执一词，比如说究竟应该是强调修辞还是强调逻辑，但是教育的最关键目标是塑造出模范的公民，让他们为领导整个社会做好充分准备。而且，中世纪的人文学科学生并不都是僧人；有许多都是精英分子，人们希望他们在接受教育后能够成为社会的领导者。

最早的美国人文艺术学院也不仅仅是培育"深刻的思想家"；耶鲁大学的建校文献中指出，"年轻人可以接受艺术和科学的教育，在全能的上帝的祝福下担当管理教堂和国家的公共事务"。事实上，清教徒总是在积极地寻求一种方法，用来缓和宗教信仰与自己获取的财富之间的张力。财富的获取，一直让他们引以为傲，事实上也被视为上帝恩宠的体现。有关"天职"这一概念，即清教徒通过工作来敬奉上帝，也展示出实用与神圣之间的调和："一个真正有信仰的基督徒，一个称义的人，他是秉承信仰、坚守职业的。不仅仅是我的精神生活，甚至包括我在这个世界上的世俗生活，我这一生，都将秉承对上帝之子的信仰。"

当英国的北美殖民地变成了美国之后，人文学科的价值观就用于服务全新的共和国了。正如戈登·伍德所指出的那样，美国元勋们坚信，这个新国家的成功靠的就是其对古典道德理想的坚守，这些理想取自于自己熟读（当然是翻译过来的）的希腊、罗马文献。当然，灌输这些理想唯一的途径就是通过教育。

本杰明·拉什和其他人也都意识到了，美国民众是不太可能自发地接受共和主义的精神的，或者说不太愿意接受把国家的利益放在个人欲望和先入之见之上来考虑问题。相反，"这些共和派的弟子必须'接受教育，才能明白自己并不只是属于自己，自己是公共的财产'"。托马斯·杰弗逊创立弗吉尼亚大学不仅仅是为了"开发年轻人的理性判断的能力"，也是为了"调和与促进农业、制造业和商业领域的利益"。

在杰弗逊式民主制度的推动下，在白人男性中普及选举权这种做法提升了社会对受过教育的民众的需求；尽管当时高等教育还只是精英群体的专属权利，19世纪蓬勃发展的公共教育运动不仅仅扩大了普通民众的识字率，而且也将这样一个理念传播开来：一个受过教育的公众能够做出符合道义、富有智慧的投票决定。人文学科与政府和企业的实际运作之间的关联到今天一直存在，未曾改变，在大多数大学里对通识教育课程的要求就是明证。许多教育机构都已经调整过或正在调整自己的通识教育课程，以便更好地响应今日社会的需求，但是人文教育理想背后的推动原理则始终如一，那就是：为社会输送秉承公共价值观的全面发展的学生。[⊖]

管理学和人文学科之间的分裂

如果说教育（尤其是美国的教育）总是在强调灌输文化价值观的重要性以及开发能够在社会上发挥的能力的重要性，那么目前管理学和人文学科之间的分裂、分歧又源自哪里呢？究竟从什么时候起考试人文学科变得与对管理者的培训不再相关了呢？还有，究竟从什么时候开始，从事人文学科的人不再关心各类组织的事务、不再关心社会的有效运转了呢？理解管理学和人文学科分裂的起源是理解如何修复这种分裂的基础。

现代公司在美国兴起所造成的颠覆有一个完备的记录。从 19 世纪六七十年代的铁路建设者开始，一直到标准石油和卡内基钢铁公司等大型实体的兴起，伴随着现代资本主义发展过程的是美国公众不断加剧的恐慌和疑虑，因为这些愈发庞大的公司所掌握和行使的权力越来越大。以 1877 年铁路大罢工和 1884 年干草市场暴乱[⊜]为例的劳工骚乱，加上移民潮引发的城市人口激增，使得公众对于为进步所付出的代价可能过高的担忧日益加剧。进步的改革者寻求解决贫穷、腐败、犯罪和其他城市痼疾的方案，而政府在制约托拉斯权力方面却无所作为；事实上，19 世纪 80 年代末期的企业合并风潮造成了更为庞大的企业，它们掌握着更强大的经济和政治权力。

在 19 世纪晚期美国社会所遭遇到的这一系列动荡不安中，蓬勃兴起的私营企业领域的领导者致力于将自己的权威合法化。正如拉凯什·库拉纳所

⊖　例如，2005 年，美国康涅狄格州大学开始要求学生必须在下列四个学科方面选修一定数量的课程：艺术和人文学、社会科学、科学和技术以及跨文化主义和多样性。芝加哥伊利诺伊大学则于 2007 年将入学新生的通识课程进行了更新，声称新的课程设计的目的是帮助学生为进入一个全新的世界做好准备，在这个世界里，他们需要"独立思考，理解并且能够批判性地评估各种信息，分析和评估各种论证，获得并且表现出具有说服力的书面和口头论证能力，探索自己和他人的文化和历史，理解、诠释并且鉴赏各门艺术，批判性地思考个人与政治、经济、文化和家庭机构之间如何互相影响"。

⊜　又译"秣市骚乱"。——译者注

认为的那样，管理者意识到，如果他们能够与现代的研究型大学联合起来，那么就可以让商业合法地变成一种专业。正如高等教育将自己奉献给从人文艺术理想承继下来的传统一样，管理学也拥抱"其自身所拥有的理性、公正以及对共同价值观的信守"。通过保留人文学科课程，尽管这些课程也会通过选修制度和对"非自由主义的理想"来加以修正，美国的大学直到19世纪晚期这一动乱时期，仍然能够像传统上所做的那样，继续强调人格修炼和人性发展。任何一个由实践派所组成的团体，如果希望自己被视为"专业人士"的话，都会通过与道德和伦理传统建立一定的关联而发展得顺风顺水。

因此，美国的第一所商学院在试图更好地利用科学的专业化这一趋势的同时，试图保留人文学科传统的因素，这一点也就不足为奇了。1881年成立的宾夕法尼亚大学沃顿商学院就是第一所建立在（传统）大学基础上的商学院；到1893年，美国已经成立了500多所商学院。和宾夕法尼亚大学一样，达特茅斯大学和哈佛大学也顺应了大家对管理教育方面日益高涨的需求，先后成立了自己的商学院：塔克商学院（1900）和哈佛商学院（1908）。

每个学校的课程设置都折射出了其对科学的热情，在当时的世纪之交大学里充满了关于科学的辩论。随着管理者通过强调其学科的理性特征致力于提升其学科地位，使之能够达到与其他专业人士平起平坐的水平，科学管理特别是泰勒主义，即为了提升劳动生产率而对工作进行科学的研究和分析，主宰了当时商学院的课程安排。但是，由于哈佛大学、达特茅斯大学和宾夕法尼亚大学都有深厚的人文学科传统，因此它们更看重全面发展的公民和领导者在人格方面的修炼和发展这些从历史中承继下来的理想。

因此，当时还存在一种看法，认为新兴的商学院需要和已有的商业学校有所差异。对于这种差异化而言，关键在于要与每个学校固有的人文学科传统建立关联。沃顿商学院的使命在于教育美国的上层精英，他们继承了家族财产，需要在为社区奉献的一生中培养出"社会良知和道德品格"，至于这种奉献是通过投身商业还是政界则不论。塔克商学院强制推行了"3＋2"课程，要求学生在接受商业课程培训之前先完成三年的人文教育；这一安排背后的理念是为了培养出接受过宽泛教育、具有宽泛兴趣，而不是一门心思只知道赚钱的学生。同样，哈佛的商科课程则也需要入学的学生拥有人文教育的底子。哈佛的建校文献就阐明，该机构的使命在于"增进学问，泽被子孙；务使吾辈为牧师者不至于因教堂尚有目不识丁者而入土不安"。欧文·杨在哈佛商学院落成典礼上曾经说："哈佛商学院将不遗余力地消除商业上的目不识丁者，使吾辈为教师者可以入土为安。"将新建的商学院与人文学院的根基关联起来能够确保传统的价值观得以镌刻在新的机构上。

当在大学基础上建立起来的管理学课程站稳脚跟的时候，政府开始更加严格地审视私营企业。一批进步文学，例如法兰克·诺里斯的《章鱼》（1901）对美国西部的铁路垄断企业进行了有力的控诉，艾达·塔贝尔的《标准石油公司的历史》（1904）则披露了美国资本家在企业经营中的一些引起人们质疑的做法。西奥多·罗斯福总统采取了一系列行动来监管大企业，这些行动包括1903年推出的《考察法案》，要求美国巡回法院特别关注反垄断诉讼案件。罗斯福还成立了商务部和劳工部，意识到了政府对商业领域进行干预的必要性。影响到全国金融系统的1907年大恐慌促使政府推出了一系列改革措施；普若委员会关于银行政策和执行的听证会最终导致了伍德洛·威尔逊在任期内所推行的金融改革措施，包括联邦储备系统的创立。

新的以大学为基础的商学院也开始响应不断变化的外部环境。为了提升商业人士的专业程度，从20世纪早期开始，新的商学院在自己的课程中大力强调科学管理和理性主义。19世纪晚期和20世纪早期社会的动荡很多都与劳工纠纷有关。弗雷德里克·温斯洛·泰勒提出了科学管理理论，从而帮助企业提升劳工的经济福利，减轻劳工和管理层之间的冲突。泰勒的管理方法来源于他的一种信念，他认为工人和管理层之间存在着共同的利益。如果采用科学管理的方法，泰勒及其追随者们能够提升劳工和资本的劳动生产率，最终的结果是单位成本降低，工人获得更高的工资，企业获得更高的利润。这就是泰勒所看到的劳工和管理层双方利益一致的地方。

第一次世界大战之后，管理学教育的需求急剧上升，泰勒对商学院课程设置的影响不断增强。1918年美国参战之后，生产大量战争物资创造了前所未有的商业需求，也使人们对效率和计划的迷恋达到了前所未有的程度。威尔逊总统专门成立了战争工业委员会来监督战争物资的生产。该委员会由伯纳德·巴鲁克这个成功的华尔街投资家领导，对公共部门实行了广泛的监管。赫伯特·胡佛则掌管食品委员会，推出了一系列宣传活动，鼓励民众采取诸如"无肉星期二"等手段来节制食品消费。战争工业委员会成了一个协调政府和企业之间合作的新概念资本主义的样板。

到 1920 年，在众人眼里，大企业不再被视为社会动荡的根源。相反，企业及其专业管理人士成了缓解社会动荡不安的有力帮手。大多数美国人转而认为，管理、计划和效率是确保社会秩序和繁荣的关键。

但是，科学管理和效率并不是商学院课程所强调的唯一主题。正如先前我们已经讨论过的那样，19 世纪晚期和 20 世纪早期，对科学和理性的前向进步的信念开始面临挑战。第一次世界大战所带来的政治巨变、社会动荡以及科技发展现实，包括芥子毒气和机械化武器，都表明科学和技术并不一定能带来人类生存状况的改善。在新的商学院和研究型大学中，在现代技术发展似乎不那么道德的外表之下，人文学科对于学生来说始终是道德根基的源泉。在美国的大学院校中，教师们致力于通过核心课程和"名著"经典之类的方法来重新强化人文学科的首要地位。商学院也在想方设法地在课程中融入人文学科的理想。在研究生课程中，学校也期待学生们在本科阶段、在开始其商业方面的研究和学习之前接受人文学科方面的培训，但是，这样做仍然无法解答这样一个问题：究竟如何才能在课程中注入专业主义精神和社会良知，或者说，如何才能在本科的商科课程中融入这些价值观？结果是漫无目的地开发一些课程，每一个学校都随心所欲地设置自己的课程结构。有些学校的课程是根据培养管理者适应具体的工作这一目的而安排的，而其他一些学校的课程则将管理学与经济学紧密地联系在一起，或者对传统的人文学科课程（数学、英语和历史）进行改造以便这些课程能够与商业人士更相关（会计、商务沟通和商业史）。直到大萧条时期，随着大学里越来越多的院长为课程目标和质量而担忧，商学院的课程才开始变得相对标准化起来。

在大萧条时期，美国的资本主义受到了来自学术研究人员以及从事商业实践的管理者包括企业高管的极大质疑。在 1929 年股票市场崩盘后的那几年，大多数的美国人继续拥抱社团主义，拥抱企业和政府之间的紧密合作关系，这种态度在胡佛总统任期内一直占据着主导地位。但是，随着经济情况的进一步恶化，随着商业专家对于国家的病症似乎也无计可施，管理作为一种专业成了众矢之的。那些训练有素的商业专业人士，即商务活动的受托者，对于解决困扰国家的经济困境也一筹莫展。1932 年罗斯福成为新一届美国总统，美国人不再认为商业精英群体是解决问题的专家，转而开始强调政府部门的计划性和官僚统治。

面对这一新的社会态度，管理者和培训他们的商学院努力维护公司整体以及管理作为一种专业的形象。哥伦比亚大学的两个教授加德纳·米恩斯和阿道夫·贝勒出版了《现代公司和私有财产》一书。他们在书中认为，美国企业不再是由那些拥有公司既定利益的所有者兼管理者进行经营和管理的。相反，公司的所有权已经通过利润分享和养老金计划而分散于许多人当中。因此，企业管理者所承担的只是一种被动的角色，他们只关注公司的获利性，而不是其日常运营。贝勒和米恩斯总结说，这种现代公司形成了新形式的财产所有制，其中股东不再是最受关注的对象，而是受制于拥有权力强大的管理者。《现代公司和私有财产》提出，管理者应该更多地考虑自己对社会所尽的义务，而不只是考虑到自己的利益。在当时那个时代，人们指责公司管理层为大萧条产生的根源，因此贝勒和米恩斯呼吁管理者要理解自己的职责，要他们服务于一个更广泛、更多样化的股东群体，即公众本身。

当时的商学院课程同样折射出了公众的新态度。学术人士普遍诟病商学院课程不断加剧的专科化和技术化倾向，认为管理者不再能接受到关于社会和伦理责任感的教育。有些人呼吁商学院开设更多人文学科方面的课程，认为只有回归到早先的教育理想才能让毕业生重建道德感。许多学校开设了新的课程，致力于展示商业和社会之间的紧密关系。其他一些学校则在现有的课程中注入新的元素，例如哈佛的教授们就开始在课堂上和学生们一起探讨政府对私有企业进行监管的重要性。为了有效地应对 20 世纪 30 年代发生的剧烈变革，商学院进入了一个"反省时代，该时代为商学院更新其存在目的创造了条件"。

战后面临的挑战

可惜的是，商学院对目的感的更新并没有持续太久。第二次世界大战之后，众多商学院的课程设置又变成了早先的大杂烩，"不再统一，只靠将管理学当作一种特定的学习科目的想法勉强支撑"。尽管如此，随着美国社会中企业的不断扩张，受过专业训练的管理者方兴未艾。在战争期间，政府和商业组织社团主义的合作模式，该模式在第一次世界大战一直占主导地位。珍珠港事件使得美国卷入了第二次世界大战，罗斯福成立了战时生产委员会，和早期的战争工业委员会一样，主要负责督促武器制造。该委员会的领导者包括西尔斯百货公司当时的主管唐·纳尔逊和一批同意无偿为政府工作的"一美元年薪一族"。该委员会极大地影响了公司高管们在战时的所作所为。针对公众开展的市场营销活动努力推广勤俭节约的理念，各种广告技巧都被用来灌输军人的品牌忠诚度。随着私有企业为支持战争而大规模地生产武器装备，旨在提高劳动生产率的管理培训回报颇丰。

战后，公司面临产能过剩的挑战。原先制造飞机和坦克的工厂如今需要转而生产人们愿意购买，而且是大量购买的产品，否则就只能让机器闲置。在很多情况下，公司都进行多元化经营，以便能够更好地利用自己的生产设施。通用电气公司和西屋电气公司挺进了家用电器领域，杜邦则积极开展研发活动，以期尽快地用别的产品替代原先的炸药业务。随着公司不断多元化，其业务变得越来越复杂，这就需要按照业务条块进行重组，以便更好地管理这些新兴事业。

这些公司变得越来越复杂，管理方面的问题也层出不穷。二战之后，美国私有部门（指企业）的大规模扩张急需更多受过培训的专业管理人才，靠他们来帮助运作新近重组的公司以及在诸如消费者信用之类新兴行业里产生的众多新公司。1944年推出的《1944年军人再调整法案》为大多数美国白人男性提供了前所未有的接受高等教育的机会，使得全国各大院校一下子涌进了大量新生，而这些新生中的大多数都选择学习商科。⊖

对训练有素的管理者日益增长的需求和供给使得商学院走到了聚光灯下，而且正如20世纪30年代所发生的那样，有关质量和使命之类质疑再次出现了。尽管商学院在大萧条时期曾经进行过改革，但是直到20世纪50年

⊖　到了20世纪50年代，商科的本科学位已经很普遍了。库拉纳指出："到20世纪30年代时，大多数规模较大的州立大学已经开始提供商科硕士学位。"

代，商学院在学术上仍然缺乏可信度。其他科系的大学教授总是认为商业系或者商学院不过是一个提供职业培训的场所；他们普遍认为商科课程在学术上缺乏严谨度，商科教授们所进行的研究最多也只能被看作二流的而已。

20 世纪 50 年代时，福特基金会和卡内基基金会这两个研究机构曾经对美国的管理课程进行过研究，并公布了其研究结果。两个基金会都从资金上大力支持学术研究，因而对高等教育产生了巨大的影响。1959 年，福特基金会和卡内基基金会分别提交了各自的调研报告；福特基金会名为"商业方面的高等教育"的报告使大部分公众都对其产生了兴趣。福特报告的论调和内容彻底击垮了商学院社区的形象和自信。这两项研究都认为，美国的商科教育缺乏整体性的课程，未能给学生灌输任何专业性以及对社会的责任感，深受学术内容和质量双重匮乏之害。报告指出，管理学课程应该反映这样一种认知：管理学是一门关于诸多方法论的科学，这些方法论都能够进行系统的传授。福特的报告认为，商科教育应该仿照现代的研究型大学，因而商学院教授需要进行最先进的学术研究以确保学生掌握管理科学的最新动态。

在一定程度上，福特基金会的这份报告也预示了美国经济和经济研究方面所发生的大范围的变化。到 20 世纪 50 年代，美国公司及其代表（这些公司的白领管理者）已经在大众文化中留下了深刻的印记。到 1954 年，大约有 27% 的劳动者所从事的职业可以归为白领工作。[○]赖特·米尔斯的《白领：美国中产阶级》（1951）一书和威廉·怀特的社会学研究专著《组织人》（1956）一书将公司管理者描写成墨守成规的官僚式人物，时刻表现出对现代商业的巨大控制力的畏惧。罗德·瑟林的获奖电影《模式》（1956）和《穿灰色法兰条绒的人》（1957）等作品敏锐地捕捉到了美国人的深切担忧，担忧公司生活对人们及其家庭所造成的巨大影响。人们开始质疑管理工作和公司环境的性质：难道这些新一代的白领工人都变成只知点头哈腰，完全失去灵魂，为了一点儿金钱上的收获而自愿牺牲自我和道德的"好好先生"了吗？如果事情果真是这样的话，那么我们真的需要进行根本的改变，不仅要改变完成工作的方式，还要改变工人们的态度。

　○　根据美国国家统计局的报告，整个 20 世纪，这一趋势一直在持续。到 20 世纪末，大约 60% 的劳动力被归类为专业人士。

　　与此同时，关于管理的研究文献开始大量涌现。德鲁克的《管理的实践》[⊖]（1954）一书将管理学作为一门值得学习和研究的学科单独提出来了，而亚伯拉罕·马斯洛和其他一些人则将行为心理学运用到对工作的研究中。在经济学领域，约翰·梅纳德·凯恩斯的思想继续占据主导地位，但是后来，利用数学模型和量化手段来评估人的决策和行为的做法日益占到上风。肯尼斯·阿罗关于一般均衡和社会选择理论的研究通过创造性地使用数学模型来影响公共政策方面的决策。由此，就像大众文化反映了商业的世界是缺乏人的尊严和诚信的一样，经济学家和管理学大师展示了一个冷静乃至冷漠的世界，其立论的依据是训练有素的专业人士所做出的理性决策。

　　福特基金会和卡内基基金会的报告促进了美国商学院的变革。商学院的教授像其他学科的同行们一样，追求越来越专门化的研究领域，试图建立其学术可信度。多数大商学院（除了继续推行著名的案例教育法的哈佛）的课程设置都遵循一定的模式；到了1970年，人们已经能够描述出所谓"典型"的MBA课程究竟包括了哪些内容。但是，正如库拉纳所指出的那样，这种通过标准化的学术导向的课程来培养专业管理者的方法并不是没有代价的。由于过度聚焦理性决策，商学院丧失了专业主义的原创精神，这种精神"总是通过将掌握某种知识与坚守正式或非正式的某种行为准则甚至是更根本的服务理想相结合而实现的"。换句话说，过分强调定量方法和管理科学，有将人文学科的理想之树连根拔起之虞。人的因素在管理中就此失落。

　　在许多美国公司的架构和管理中，这一点已然彰显。随着战后各大公司不断扩张并开展多元化经营的环境，这些公司在权力集中和权力下放两种模式中反复进行程度各异的尝试。当这些公司变得越来越庞大也越来越多样化之后，其管理者也越来越依赖用财务统计和信息系统来掌控日常运营活动。事实上，20世纪五六十年代所形成的众多超大型公司完全违背了常规的管理智慧，它们只能从财务基础上找到存在的理由。这些公司在战后蓬勃发展的大环境下寻求新的投资机会，纷纷到自己所擅长的领域之外去发现收购兼并的可能性。德事隆集团（Textron）就是如此形成的第一家超大型联合企业，旗下拥有武器制造公司、高尔夫车制造公司、金融服务公司以及快速消

　　⊖　本书已由机械工业出版社出版。

费品公司。对照 19 世纪晚期强调发展供应网络、完善分销系统或者是减少竞争的企业合并浪潮，在这次新的合并浪潮中形成的公司，其旗下各个业务毫不相关，分处完全不同的市场，针对完全不同的顾客群体。公司四处寻找能把"现金牛"所带来的资金投出去的新机会，因而使得其投资决策完全基于对财务收益的预测。管理学理论家也一味地强调所谓的决策模型、系统理论和战略规划。在福特汽车公司，罗伯特·麦克纳马拉及其手下的"神童"将合理化改革和统计分析的重要性提到了一个新的高度。因此，尽管德鲁克和其他人一直强调人的因素性在管理中的重要性，但是 20 世纪五六十年代仍是分析型管理者为王的年代。

社会和经济剧变

直到 20 世纪 60 年代晚期和 70 年代社会和经济剧变发生之前，商学院向分析能力的转移和专科化倾向的增强一直没有受到挑战。人权运动推动了新文化趋势的形成，在这种趋势中，传统和传承下来的价值观受到了质疑，进而在学生中引发了其对越战、妇女权利、同性恋权利以及大型军工企业之类问题的抗议运动。水门事件引发了一场极为严峻的对政府的信仰危机，大型综合企业 LTV 集团所发生的金融欺诈行为最终导致了该集团的破产，同时也大大玷污了私有企业的形象。美国经济本身经历着影响深远的变革。战后不断发展的黄金时代一去不复返，相反，中东地区发生的战争使得石油价格不断上涨，传统的经济理论完全无法解释清楚为何会发生滞胀现象。美国制造业的工作机会随风飘散，这一趋势一直持续直到 20 世纪 80 年代。卡特总统在 1979 年 7 月 15 日发表的"萎靡"演讲折射出了全体美国人的心态，他说："我们正在面临一场道德和精神的危机。"

政治家和经济学家努力希望找到国家遭遇到这一不幸的根源和出路。米尔顿·弗里德曼和芝加哥经济学派竭力劝说政府不要过多地干预市场，反对凯恩斯关于用公共开支来刺激经济发展的政策。美国政府指责欧佩克石油组织不仅造成了石油短缺，而且还带来了不断蔓延的通货膨胀。亨利·明茨伯格在 1973 年和 1980 年所进行的有关管理者的研究《管理工作的性质》一书揭示出管理活动固有的非人性化特质。在明茨伯格看来，所谓的白领，与泰勒笔下使用铲子的工人一样，都是其时代的奴隶，异化于工作之中，被上级赋予的任务掌控。哈佛商学院教授罗伯特·海耶斯和威廉·阿伯内西在题为《加强管理规避经济衰退》一文中认为，管理学教育罪魁祸首是，一味地强调管理学是一门科学最终产生"一个错误而又浅薄的观念，使得专业的管理者，其实是'假专业人士'，错误地以为自己贸然地'空降'到一家完全陌生的公司，通过推行严格的财务控制、利用投资组合概念和市场驱动策略这几招就能够成功地经营好该公司"。

公司高管们越来越被看作一群松松垮垮、总惹麻烦的，压根没有能力管理好公司的人。随着股东价值和短期财务结果成了公司业绩唯一有效的衡量标准，芝加哥学派的市场驱动哲学充斥着对美国式资本主义的讨论。从 20 世纪 70 年代晚期和 80 年代早期开始，经济学家对商学院的影响逐渐增强，代理理论主导了 MBA（工商管理硕士）课程。根据代理理论，管理者被视为股东的代理人，同时管理者也有自己的价值观，往往与股东的价值观有所冲突。

有效地调和股东和管理者之间的利益的秘诀在于根据股票价值的提高来奖励和回报管理者。股票期权和激励的有效利用可以确保管理者在保证自身的收益之时也尽力为股东利益服务。正如库拉纳所指出的那样，代理理论造就了一批新的管理者，他们"不再是公司及其价值的受委托者或者监护人，相反，他们只是被雇用的人、一批自由的代理人而已，对任何集体利益或者准则都不承担永久责任，站到专业人士的对立面去了"。

管理者对公司不再有任何忠诚感；相反，他们视自己的工作为由市场驱使的完全的交换行为，不带有任何感情成分，不包含任何人的关系。借用德鲁克的话说，公司的世界已经变成了一个弱肉强食的丛林，"你得带着自己的大砍刀来"。公司裁员、精简、重组，不管你喜欢使用哪种说法，美国企业在 20 世纪八九十年代进行的大规模的人员重组风潮特别强化了代理理论所倡导的工作理念，即把工作的性质看成是短期的，在工作场合不存在任何关系和社群。各种类型的雇员在同一个巨大的劳工市场上竞争，而"曾经希望像金字塔一样基业长青的公司……更像随建随拆的帐篷"。

这一市场驱动一切的理念也渗透进了商学院。正如人文科系不得不与时俱"进"地进行自我调整一样，MBA 项目也开始在一个更大的市场上相互厮杀，将希望入学的学生视为潜在的"顾客"。随着商学院为了吸引到最好的学生而努力争抢前排位置，《商业周刊》杂志于 1988 年首次对美国商学院的 MBA 项目进行排名，在商学院当中引发了新一轮的自我评估潮。《商业周刊》的排名不再聚焦于学院的学术水平，而是更加强调那些"用户友好型"标准，例如毕业生起薪的高低和所收到的工作邀约的多少。受 20 世纪 80 年代普遍存在的"贪婪并不是坏事"的心态影响，能够确保学生或家长的投资有更好回报的 MBA 项目比起拥有很强研究项目和能力的著名学院在排名上要靠前很多。类似的压力也压到了人文学科项目上，迫使这些学科证明自己在为学生提供受市场欢迎的技能的培训方面还是有作用的，或者证明自己能够影响到商学院的研究生项目。

随着 20 世纪 80 年代华尔街的风光岁月带来了 20 世纪 90 年代制造财富神话的互联网热潮，美国式资本主义中市场驱动一切的理念似乎已经彻底地、永久地改变了管理学和管理教育的性质。成为一名 MBA 不再只是为了掌握技能或者学会某一专业的基本知识；相反，其目的变成了拥有一个能够带来巨大利益的校友关系网。但是，当 20 世纪 90 年代晚期华尔街的泡沫——破灭之后，当 AT&T、安然、Tyco 和其他许多公司的内部交易和财务欺诈行为——曝光之后，人们清楚地意识到了代理理论固有的弊病：用股票价值来回报所有参与者这一做法将激发某些人利用不当甚至是违法的办法去抬高股票价值。不含情感的理性管理模式无法真正约束人性中贪婪和权欲之类非理性需求。正如贝特尼·麦克林和彼得·埃尔金德在《安然风暴：屋内聪明人》一书中所展示的那样，在 21 世纪的美国企业界，仍然到处可以见到早在古希腊时期就被认识到的傲慢自大和恣意妄为，像幽灵一样阴魂不散。

早在始于 2007 年的借贷风暴和信用危机冲击全球经济之前，管理无论是作为一个专业、一门学科，还是一种实践，已经变得支离破碎。华尔街在接受政府援助资金的同时还在大肆发放巨额奖金，伯尔尼·麦道夫的庞氏骗局，友邦保险公司就在财务状况急转直下之前还在为员工安排极尽奢靡的周末度假活动，所有这一切使得管理这一专业和整个资本主义在公众心目中的形象，随着道琼斯指数一起跌落。商学院、企业管理者和媒体就美国商业的失败提出了各式各样的解释。南加州大学的管理学教授沃伦·本尼斯指出，MBA 课程"过于强调所谓的严密性，但却忽视了相关性"，而麦吉尔大学的明茨伯格教授则认为，过于仰仗案例或者将"业务问题打个包"，这种教学法妨碍了学生掌握真正实用的技能。

商学院正在紧张地进行课程改革；耶鲁管理学院和阿斯彭研究院（Aspen Institute）联合开发专门用来培训学生将价值观融入工作中的课程。哈佛也重新修订了自己的案例清单，加入了不少与近期金融危机相关的案例。布朗大学宣布与西班牙马德里的 IE（Instituto de Empresa）商学院合作，试验性地开办 MBA 项目。这一高管课程不论是在设计初期还是在后来的开办过程中，都将基于人文学科，并充分利用来自所有学科的教授资源。

哲学家转型的管理咨询师马修·斯图尔特在《管理迷思》一书对整个管理理论进行了炮轰，他认为目前关于管理，不论是所教还是所用的内容大多数都是胡扯。其他一些人则认为金融世界大溃败的罪魁祸首在于公司高管与世隔绝以及努力方向本末倒置。《纽约时报》商业专栏作家本·斯坦和亿万富翁卡尔·伊肯则一致认为美国的高管们已经习惯了甚至可以说是沉溺于公司给他们的高得令人咋舌的工资和福利。不管你选择指责哪一个原因，是 MBA 课程的方向出现了偏差，还是首席执行官们所谓市场驱动的各种报酬，还是由于政府长期忽视对公司行为的监管所造成的后果，有一点很清楚，那就是，管理作为一个专业，其状况堪忧，已经到了令人绝望的地步。

平行的两个历史：将管理和人文学科连接起来

管理和人文学科平行发展的两个历史表明，管理学作为人文学科的理念可能已经开始将二者再度连接起来。其中的关键在于要充分认识到这两种传统都需要与社会相关，还在于恢复其最重要的组成部分。

早在人们针对"哲学家"或"雄辩家"展开争论之时，那些推崇人文学科理念的人就已经遇到了人文教育的目的问题。几个世纪以来，倡导人文教育的人一直在问人文教育的目的究竟应该是什么之类的问题：只是追求关于美德的某种定义吗？还是也应该践行美德？又或者，如何才能在过去及其传统与变化之间进行调和？

正如我们在本章中了解到的那样，人文学科传统涵盖了多种目的和美德，包括"非自由主义的理想"，强调人文主义和民主价值观以及在现代技术社会里对"全面发展"的人的培养。在任何情况下，人文学科总是与社会有着一定的关联，不管这种关联体现为一个宗教占主导地位的社会对神职人员的需要，还是一个日益发展的民主社会对受过教育的政治领导阶层的需要，抑或是一个现代社会对能够充满智慧、富有道德地参与该社会日常生活的受过良好教育的公民群体的需要。今天，人文学科在很多方面的努力使自己与社会产生了关联，尤其是在学术的世界里更是如此，在这样的世界里，人们看重的是专门的个体的思想成就，而人文学科对一般民众（或者那些不以人文学科为专业的学生）的用途和意义却被视为无足轻重。

商学院的传统显示着类似的趋势，其社会相关度越来越低，而专门化程度却越来越高。在管理教育的早期，其合理性靠的是与人文学科之间的纽带，后者被视为美德和道义的堡垒。但是，第二次世界大战之后，旨在强化分析型和技术型技能的专门化倾向日益加剧，最终导致了管理学与人文学科脱节的后果。管理教育培养出来的毕业生只是一些职能块上的受教育者，他们对于自身对整个社会所应承担的更广泛的责任一无所知。

正如人文学科为了符合社会需要而不得不进行调整一样，商学院也调整了其课程设置，以便能够满足美国式资本主义中越来越明显的财务驱动模式的要求。结果使得这一模式在今天很多方面都遇到了严重的问题，因而也使得管理作为一门专业脱离了与社会之间的紧密关联；管理学作为一门学科也丧失了与人类价值观和诸多其他特质之间的紧密关联，要知道，这些价值观和特质在早期对于管理来说是十分重要的。

为了弥补裂痕，需要将管理学作为一门人文学科，这意味着要让人文学科和管理都重新取得与社会的关联。人文学科传统和管理教育的历史在很多方面都展示出二者之间的相似之处，比如关于教育目的的争论、课程的性质以及最重要的一点，大学和学生最看重什么。将管理学作为人文学科可以帮助我们回答很多个人、机构和整个社会提出的问题，因此，人文学科就会取得与社会的关联，管理学就会建立在关注人的境况的基础上。我们就能够再一次确认并更新社会相关性的初始关联，例如按照"非自由主义的理想"来培养"雄辩家"或者公民的思想，还有，让管理者首先理解人的境况以及各类组织所承担的社会角色和所体现的社会性质，然后在此基础上管理这一思想。

德鲁克关于"尚能容忍的"社会这一概念为我们提供了一条将管理学作为人文学科来实践的道路，因而使得管理实践和人文学科恢复了与社会的紧密关联。这一点，从德鲁克所受到的主要思想影响与人文学科和管理教育方面的主要关注点之间的关联上就可以清晰地体现出来。正如我们现在所知道的那样，商业教育已经通过与人文学科以及这些学术教育的目的之间的关联而恢复其可信度。尽管人文教育的构成和目的随着时间的迁移而有所变化，但是还有一些基本的要素，自人文理念在古典时代诞生以来，一直保持不变。不管时光如何流逝，人文学科的理念始终包括对某些价值观和道德系统的传递和维系；在个体的自由和发展与对社会所承担的义务之间取得平衡，以及找到一条既能维护过往传统又能顺应时代变化的中间道路。有趣的是，上述三个主题和特性与彼得·德鲁克所受到的体现在其著述中的各种思想影响如出一辙。

我们在第 1 章也讨论过，克尔凯郭尔、三大德国思想家以及伯克、熊彼特和斯隆等人都对德鲁克有关一个由管理得当的各种机构组成的运转良好的社会这一愿景贡献良多。在德鲁克构想的"尚能容忍的"社会里，我们所能看到的组成部分既包括由宗教和哲学引发的伦理道德，也包括社会对自由个体的需要以及（以政治和其他形式表现出来的）社会断裂所带来的挑战。

在第 3 章中，我们将会看到管理学作为人文学科究竟如何运用上述组成部分，在消除从事研究的学术人员与从事实际工作的管理人之间的距离方面有所贡献。

管理学作为人文学科的贡献

正如前面一章所讨论的那样，将管理学作为人文学科有可能把管理教育与历史上曾经存在的与人文学科之间的关联重新建立起来。这样做还能够强化人文教育与社会的某一成员或者构成社会的某一组织的有效运转之间的关联。将管理学作为人文学科，既能给从事实践的管理者带来希望，也能给从事人文学科的人带来希望。本章将集中论述管理学作为人文学科对管理者和学术界人士所做出的贡献，还将讨论该课题所引发的更广泛的议题：价值观的本质、伦理以及品格的作用；不同背景和视角的重要性；学习和知识的作用和性质。本章最后，我们会简短地讨论一下管理学作为人文学科所具有的一些真实存在着的局限性。

管理学作为人文学科对人文学科做出的贡献

学术界的人近来一直在为人文教育的状况唏嘘不已。学生们不再选择人文学科和社会科学，而对商科极为追捧，这一现象已经是不争的事实。在 1970～1971 学年，7.6% 的本科生是英语专业的，18.5% 是历史专业的，只有 13.7% 是商科专业的。等到 2003～2004 学年，这些比例分别变成了 3.9%、10.7% 和 21.9%；商科已经发展成为美国高等教育机构中最受欢迎的专业。在选商科专业的学生中，越来越多的人进入公立大学，而不是规模相对较小的私立大学；但是，无论是公立还是私立大学，在其商科课程中，人文学科的比例都在不断降低，让位给了更实用性的课程，家长、学生以及捐赠的校友都在不断地给学校施加压力，以至于连那些规模较小的人文艺术学院也不得不提供更多能够帮助学生找到工作的课程。

　　人文学科衰落的背后究竟有哪些驱动力在施加影响？财务方面的因素是显而易见的。学费的增速超过了通货膨胀率，对于普通的中产阶级家庭而言，大学教育的费用实在是昂贵得令人无法想象。学生及其家庭不得不通过巨额贷款来取得大学学位，对于那些刚刚入学的学生，希望能够在走出校门时就马上找到一份如意的工作，从而赶紧付清不断累积的贷款。如果说获得教育的目的只是为了掌握未来走上工作岗位所必需的技能的话，那么拥有一个商科学位毫无疑问要比拥有一个人文学科学位要有吸引力得多。加州大学洛杉矶分校高等教育领域的荣誉教授亚历山大·阿斯廷发现，在 20 世纪 60 年代中期，在针对上大学的目的的研究中，80% 的大学一年级新生认为"获得有意义的人生哲学"是最重要的；等到了 2001 年，超过 70% 的学生则认为"积累更多的财富"是最重要的。

　　人们显然不能否认金钱在美国人文学科的衰落当中所起的作用。但是，如果只是认为对财富的关注是这种状况罪魁祸首的话，显然是过于简单化了。很多人文学科领域内部的人士认为，问题的关键在于人文学科课程或者说是人文艺术学院缺乏清晰的愿景，缺乏使命感。美国联合学院院长兼文学艺术专业系主任克里斯蒂娜·艾略特·索勒姆曾经认为，她所在的学院的使命是"混乱的，尤其是在关于我们是否应该或者能够传授价值观之类问题上，以及为什么人文学科在技能教育之上也相关的这类问题上"。正如索勒姆所注意到的那样，在联合学院的资格评估过程中，教授面临着许多问题，这些问题其他学院和人文学科科系都在面临：

　　　　我们应该给学生传输批判性思维技能，还是灌输已经影响其文化的智慧和传统呢？或者说，应该帮助学生打开思路、更好地面对一个不断变化的世界，让他们能够适应不断扩展的知识领域，还是应该教他们学英语、政治科学或者生物学知识，帮助他们进入医学院或者法学院呢？人文教育有或者应该有一个明确的公民目标吗？在我们这个多样化的世界上，我们应该传授或者还能够传授价值观吗？

索勒姆为如何让人文学科与当今社会更相关这一大问题而深感焦虑。当然，正如本书第 2 章所谈到的那样，人文学科和人文教育自古以来就随着时代的变化而不断地进行修正和调整，因此让人文学科再次焕发活力的需要显得很正常了，根本不值得大惊小怪。但是，我们所希望的是，将管理学作为人文学科能够使人文学科恢复其在社区和社会中的重要地位。将管理学作为人文学科就是将人文教育和实践的有益之处与管理学的实践结合起来，因而能够使人文学科重放光彩，同时又不会丢失其固有的探究精神。

管理学作为人文学科还能够在更大的历史背景下为管理研究带来人文学科的视角和力量。借用人文学科和社会科学的各种研究，学者们可以更好地理解管理在文化和社会大趋势的发展和反思过程中所起到的作用。文史学者以及视觉艺术和音乐学者可以受益于将管理本身视为人文学科的一个研究话题这种做法。例如，学习流行音乐的学生可以探讨艺术家们如何像管理者那样开展工作。"感恩而死"乐队就鼓励自己的粉丝将乐队的现场表演录下来，制作成碟片，然后通过互联网免费发送给亲戚朋友们。这个乐队已经清楚地意识到，音乐的传播渠道已经发生了巨大的变化，因此他们决定全力支持人们免费传播其音乐的做法，让自己在世界范围内获得了更多的听众。通过这种方法，这一乐队大大地扩展了自己的"品牌认知度"，同时也扩展了自己现场表演的市场潜力。

尽管在这个方向上还有很多空白需要填补，但确实也出现了不少新的学术研究成果。有些学者已经开始深入研究管理概念在思想和哲学方面的起源，还有一些学者则强调美国文化和资本主义式管理之兴起所起到的变革性作用。芭芭拉·恰尔尼亚斯卡的创新研究分析了大众文化如何影响到管理的实践和理论。恰尔尼亚斯卡认为，神话因素和常用的剧情设计会对组织内部的决策和态度产生影响，这些态度包括对合适的领导力是什么以及行为是否存在男女差别等问题的认识。

尽管出现了这些以及其他类似的研究成果，从更多样化的视角来研究管理还要做很多工作，还有很大的空间。不同组织的管理实践如何体现更广泛的社会和文化方面的影响呢？大众文化（例如电影、电视、电台和音乐）如何反映出人们对管理的态度，或者说，如何挑战了这些态度呢？在公司治理方面公众的心理是如何与时俱变的呢？是哪些因素驱动了这些变化呢？管理者是否已经在其实践中对文化方面的影响做出回应了呢？研究的路径是多种多样的，这些研究不仅将有益于人文学科的学者取得突破，也有益于从事实践的管理者丰富知识。

管理学作为人文学科能够为人文学科领域的实践者提供一个机会，用这一机会来考虑一下把管理实践作为一个有价值、有意义的研究课题。从人文学科的视角来研究管理能够帮助我们弥合人文和商业之间的鸿沟。更进一步地说，管理学作为人文学科的实践能够让今日社会中的人文教育重新获得生命力，恢复其重要性和相关性。正如人文学科领域的人对现状所哀叹的那样，美国本科生教育中的职业培训趋势将一直占据主导地位这一点是不太可能轻易被改变的。根据最近的一项研究，"要想让艺术和科学重新成为本科生教育的中心很可能需要等到遥远的未来，要等到本科学历已经成了大部分计划再次深造的学生的预备学位，而不是像今天这样仍是人们的终极学位的时候。而且，即使到了这一遥远的未来，在一个不再坚守艺术和科学所反映和维系的理智主义的社会中，如果艺术和科学继续被贬值的话，那么最可能的情况也是只被更少数的师生所青睐"。

管理学作为人文学科对管理学做出的贡献

如果说人文学科的教育现状是混乱无序的话，那么管理作为一门专业，其现状则也堪忧，简直可以比作一个依靠生命辅助器勉强维生的垂危病人。从 2007 年的次贷危机一直到 2009 年公众愤怒地谴责多家金融机构在需要政府援助资金来维持运作的情况下还给旗下员工发放天价奖金的做法，私有企业显然无法保证符合伦理规范或有效运转，这一切造成了美国企业在整体上陷入了令人绝望的境地。

非常容易理解的是，有些人已经提倡将人文学科不光是注入管理教育，还要注入管理实践，认为这样做裨益良多。有一位学者指出，人文教育更为宽广的目标将为从事实际工作的管理者们提供实用性的培训，包括让他们深入理解"我们的决策背后的终极价值观"以及批判性思维技能，当然还包括提升他们说服他人的辩论能力。美国一些顶级商学院已经意识到人文学科毕业生成为成功的管理者的潜能；1997 年，达特茅斯塔克商学院开发了一个名为"商业之桥"的项目，向人文学科的学生讲解商业概念，以便帮助他们提升在管理岗位上的工作能力。这些来自不同公司的学生在完成这一项目之后获得了很明显的能够吸引雇主的复合型能力和素质特征。

在大多数情况下，真正让那些希望在人文学科和管理之间找到关联的人感兴趣的是人文教育对品格的培养，或者其道德组成部分。其背后是这样一种认知，认为管理本质上是一种关乎人的活动，不只是关乎技术和数据。面对市场的中立性逐渐影响到管理者的趋势，人们似乎普遍深感不安；正如库拉纳所指出的那样，尽管人们试图将管理者的自我利益和股东利益整合在一起，但是这些努力显然并没有普遍地获得令人满意的结果。

英国雷丁大学管理学教授约翰·亨得利针对人文学科给从事实际工作的管理者带来的价值提供了有力的论证。他认为，管理教育并没能跟上 21 世纪的组织所发生的变化。在过去的组织内部，官僚式的结构大大地束缚了个人的判断力、个性以及道德辨别力。今天"后官僚式"的组织更少依靠层级制度，更多依靠的是共享的领导力和共享的威权，因而格外需要以往的管理教育试图压制和摆脱的人文特征。

尽管管理者总是试图将自己打扮成道德上的中立主义者，但是在亨得利看来，他们恰恰无法做到道德上的中立："在后官僚组织中，进行合乎道德的管理显然并不比在过去的官僚组织中更容易，但是从最重要的、最中心性的角度来说，如今管理的一切都关乎道德。"组织中日常的例行工作如今都是由技术（电脑）来完成的，人们所从事的则是更体现人性的活动。今非昔比，如今的管理要比以往更多地关注如何像企业家一样决策、如何管理各种关系、如何建立相互信任、如何理解多样化需求以及如何公正地满足这些需要，还有其他一系列与人息息相关的复杂活动。现代管理者绝对不可能做到中立。借用亨得利的话说："管理者不得不通过个人关系这一中间手段对万事万物的道德之维度进行直接管理。"

因此，管理者不仅需要了解金融和成本会计等方面的细节知识，还需要了解人的本性，懂得判断，了解价值观和道德观的作用和来源以及其他一些无形的东西。亨得利认为，人文学科能够为今天的管理者提供深厚的基础；历史和文学的作用尤其明显，不过社会学和社会人类学也有作用。通过人文教育让学生更多地接受人文学科的熏陶，能更好地理解人的境况，这样培养出来的管理者能够大大地改善其在今天这样一个层级制度不那么明显的组织中的工作效果。

管理学作为人文学科所引发的主要问题

领导力中的道德律令在德鲁克的著述中占据着突出的地位。道德教育向来是人文教育的一个重要特征。在德鲁克所受到的人文教育中，道德教育发挥了重要的作用。在这一部分当中，让我们重点讨论一下诸多道德教育问题及其对德鲁克的影响。

价值观、伦理和品格问题

正如第 2 章所讨论的那样，人文教育，其目的之一总是离不开道德养成，尽管其程度可能有所不同。尽管在各种文化下人们所看重的品格特征都会因时而异，但是培育"良好品格"或者培养具有"美德"的人一直是人文教育的重要组成部分。因此，管理学作为人文学科就必须引入关于价值观、伦理和"品格"定义等主题。

这些问题将引发各种各样的问题：如果管理学作为人文学科的研究和实践需要灌输价值观，那么应该优先关注谁的价值观呢？在当今这个世界，究竟什么构成了"品格"呢？在不同的文化之间，品格会有差异吗？是否存在不受时间限制的共同性道德或者价值观为所有人所认同呢？还是说，压根就不存在放之四海皆准的价值观？我们应该根据一个人的意图还是其行动来判断其人品呢？还是说，二者都应该作为根据呢？这样宽泛的问题其实是哲学研究的内容，但是它们同样也是践行管理学作为人文学科这一理念的核心问题。

如果管理学真的属于人文学科，那么它就必须给个体提供一条可以自由地探究这些更宽泛的问题的道路。不管怎么说，人文教育的标志之一就是其对所谓批判性思维能力的强调，包括综合各种概念、使用更高层次的推断和分析来评估各种问题以及基于合理论据发展出缜密论断的能力。如此高水平的思维能力无疑会包括复杂的伦理和道德方面的决策。例如，我们是否应该接受为了拯救整个社区而牺牲掉一个人生命的做法？为了获取信息而使用折磨手段是否正当？在当地的商业实践中，面对与自己固有的文化伦理准则相违背的做法，我们是否应当参与其中呢？经济制裁是一种有效的外交手段吗？还是说会伤害到目标国家的普通民众呢？管理领域中最棘手的问题都是这样一些难题，或多或少都包含一些伦理成分。要管理好这些问题，光靠一份哪些事情该做、哪些事情不该做的简单清单，将之应用于所有情境绝对是不可行的。

因此，在某种程度上，管理学作为人文学科就是在实践道德哲学，或者具体地讲，关于德性的伦理原则。管理学作为人文学科不是要给人们提供一组一成不变的行为准则，而是要更加聚焦于人的整体发展，使人在决策时不仅考虑外部道德准则的要求，而且出于其内心的觉悟和愿望，这样才能保证做出的决策不仅正确而且一贯。

德性伦理学自亚里士多德的理论发展而来，具体地讲就是其《尼各马可伦理学》。亚里士多德认为，道德的品格需要从教育中获得；人们必须通过实践来学习和掌握良好的行为。因此，有德性的行为通常是通过习惯而形成的。但是，更重要的是，人们必须选择并践行有德性的行为。根据亚里士多德的观点，品格优异之人并非与生俱来；他们需要时间的累积才能逐渐认识到，在某一特定的情况下有德性的行为才是最正确的行为。德性必须出于德性本身，而不能出于某些外在的固定规则。德性也不可能是"偶发行为"；究其本身而言，有德性的行为是一种恒常的自觉行为。

亚里士多德将有德性的行为定义为一种中道行为，在任何情况下都不是一种极端的行为（其本性不是"不及"就是"过"）。他界定了 12 种具体的美德，认为"斯德俱足，人生幸福"。这 12 种美德中的每一种都有一组相对应的两个对立面，其存在使得中道无法达到。例如，实事求是作为一种美德也可能变成反面的轻描淡写或者夸大其词，当然这取决于超过或者低于中道的程度。通过教育和实践，有德性的人能够培养出必要的理智和性情，在12 种美德当中选择有德性的中道。

　　现代的德性理论并不是简单地对亚里士多德哲学的全然回归。在很多方面，亚里士多德的理念都只是其时代的反映，我们有足够的理由质疑这些理念是否仍然适用于当今世界。比如说，亚里士多德所提出的 12 种美德对于今天的社会来说，是否充分，是否完整，是否相关呢？我们应该继续扩大他的这个清单，还是应该用其他一些对当今社会更重要的美德来替代其中一部分美德呢？这些问题并不新鲜，因为历史上有很多哲学家不断地对亚里士多德的理念进行修正，以便更好地反映他们自己的价值观。托马斯·阿奎纳在其《神学大全》一书中扩展了亚里士多德的美德清单，加入了"神学上"的美德——关于信、望和爱的基督教理想。在《道德原理探究》一书中，大卫·休谟将美德定义为人类观察家认为有用或者认可的品质（因此是基于感情而不是理性的）。伊曼纽尔·康德的道德哲学则提出了相反的观点，认为道德准则基于理性。近些时候，苏格兰哲学家阿拉斯戴尔·麦金太尔指出，美德因时间和文化之不同而有所不同。在其突破性的作品《追寻美德》一书中，他提出，社会需要回归亚里士多德哲学，以此来修复自启蒙运动以来过度强调个人主义所造成的伤害。麦金太尔指出，人是一个共享的历史叙述的副产品，建立整个社群都认同的共享价值观对于人的存在而言是必不可少的。尽管这些价值观必然会因其所在的社群及其独特的历史而产生变化，但是毫无疑问，我们需要在共享的价值观中找到根基，要有别于每一个个体都独立地形成自己的价值观的那种社会。

　　管理学作为人文学科，需要理解不同文化和时代所形成的价值观的历史背景，并理解某一组织或社会共同认可的美德。尽管传统上人文学科的探究主要聚焦于西方的文化生产，但是其精神却包括对于更宏大的哲学问题的开放式探索。任何组织都是由人组成的，组织也必须考虑到这些同样宏大的文化和哲学问题。例如，正如通用汽车公司前任执行副总裁埃尔默·约翰逊所说的那样，通用汽车公司和丰田汽车公司建立合资公司，促使通用公司去应对人的激励、尊严和意义等宏大问题：

　　　　具有讽刺意味的是，我们因为面临激烈的竞争而不得不考虑向非西方文化学习，学习一些应用于工作场所的基本真理。丰田系统背后的理念，如果用西方宗教和伦理传统的语言加以表达的话，其实是非常简单，但又极其深刻的。首先，企业中的每一位雇员都是有天赋、有才华、有能力的，这些天赋、才华和能力是互补的。认识到这种互补性，公司才能具备创造财富的能力。其次，在企业中必然存在着不同层级的权威和责任，但是作为人，我们都是平等的，我们的精神性的一面远远地超越了狭隘的商业目的；相应地，要尊重所有的人，这一点至关重要。再次，在人的价值观与我们合法的商业目的之间可能经常会存在某种张力，但是二者之间却并不存在根本性的冲突。在更多的情况下，二者是互相促进的。

通过分析另一种文化的价值观，通用汽车（至少是在 20 世纪 80 年代）从根本上改变了其管理哲学，随后他们又发现"商业性的公司通过建设一个道德的社区能够更好地服务其股东和顾客"。

管理学作为人文学科更强调开放式的自由探究，因此无法开出一个被所有人接受的关于美德的处方和清单。相反，作为人文学学科的管理学更推崇对问题本身的探索。这样一个主张可能会让那些从事实际工作的管理者对此类语言表述感到不习惯或者不舒服，陷入某种烦恼之中，但是，事实上，将组织视为一种道德实体这一概念并不是什么新鲜事。大家都熟悉亚当·斯密在《国富论》中提出的重商主义的观点；斯密在提倡自由贸易的同时也指出，应该把竞争用作一种监管力量来控制一味追求自我利益所带来的负面影响。但是，在他更早的作品《道德情操论》一书中，斯密寄望于人的同情心来缓解追求自我利益与追求更大的善之间的张力；我们的理解是，在斯密的道德体系中，人的行为会影响到他人，而他人会限制我们对自我利益的追求。大多数人都已经把斯密哲学中的这一组成部分抛诸脑后了，提到斯密，大家只模糊地记得所谓"看不见的手"和自由放任的资本主义，并把它们本身看作一个合乎道德的体系，掩盖了真正的道德体系。在亚当·斯密之后，有很多人都已经意识到了，自我利益无法作为一种道德力量。

那么，究竟什么可以作为道德力量呢？确实有很多人试图以共同的宗教价值观、人权观念以及为参与这一探求过程的众人所共享的其他美德为基础，来建立全球性的伦理和道德准则。[○]例如，1899 年的《海牙公约》和 1925 年的《日内瓦公约》都是国际上试图基于对人权的共同理解而设定战时行为准则的早期努力。1941 年的《大西洋宪章》则更明确阐述了一系列关于人的自由和权利，尽管是以西方的视角（甚至可以说美国的视角）制定的。在那之后不久，1948 年 12 月，联合国发布了《人权宣言》，详细列举了联合国大会认为是普遍适用于人类全体的 30 条权利。该宣言是在冷战时期起草的，因此遭到了不少非议；在 1955 年的万隆大会上，发展中国家的影响日益增强，他们发表了他们自己的原则宣言，旨在促进人类发展，维护人类权利。这些文件都是在争议基础上形成的，这一事实本身也表明，找到真正放之四海皆准的价值观始终是一项艰难的努力，特别是在地缘政治的层面上。

另外，一些国际组织也在寻求解决方案。正如格里菲斯爵士所说的那样，试图正确定义"一种新的全球性伦理，以此作为国际社会之基础"的努力由来已久。1973 年，在瑞士达沃斯举行的欧洲管理研讨会第三次大会上，参会成员起草了一份伦理准则，后来被称为《达沃斯宣言》。该准则基于利益相关者理论，强调了各类组织与其供应商、顾客、竞争对手和社会整体之间关系的相互依赖性。尽管该准则强调公司需要投资回报率和利润率，但是它也同样强调了下列事实，那就是："管理层必须是为其员工服务的，因为在一个自由社会中，领导层必须把那些被领导的人的不同利益有效地整合起来。尤其值得注意的是，管理层必须确保为员工创造持续性，确保他们的真实收入得到提高，以及对工作场所实行人性化管理。"还有一些组织也在寻找针对自我利益的全球性解决方案；1988 年，一个由穆斯林、基督徒和犹太教徒的代表组成的团体在约旦的阿曼就发布了一份《国际经济伦理之不同宗教信仰者共同宣言》。进入 21 世纪，在一个全球化的多文化环境下，有关价值观来源的问题变得更为复杂。尽管如此，这并不意味着我们应该忽视这一问题，也不是说，就算我们从越来越多样化的视角出发来考虑问题，但还是无法达成任何形式的共识。例如，商业伦理学研究领域的专家贝蒂娜·帕拉佐就针对美国和德国公司中固有的文化假设（关于这一点，她引用

[○] 1999 年，在牛津大学赛德商学院的一次演讲中，福里斯特法赫的格里菲斯爵士讨论到了这一话题。

阿历克西·托克维尔的话，称之为"心态习惯"）进行过分析；她不仅揭示出了二者之间真正的差异，而且还提出了有针对性地找到共同之处的建议。

正如本书第 1 章所讨论的那样，德鲁克关于美德的一系列指导原则深深地植根于犹太 - 基督教的宗教传统。除了索伦·克尔凯郭尔对德鲁克产生的至关重要的影响之外，他还受到了源自亚里士多德的西方哲学传统的影响。现在，让我们检视一下这些哲学和宗教方面的影响。

1. 圣奥古斯丁（354—430）

希波的奥古斯丁出生于北非，母亲是个基督徒，父亲是个异教徒。他曾在迦太基大学读过书。来到米兰之后，在安布罗斯主教的指导下，于 387 年皈依了天主教。395 年，他被任命为希波主教，并在那里成立了一个隐修会教区。他因为清晰地界定了基督教的正统教义，比如关于原罪的教义，而闻名于世。奥古斯丁深受柏拉图影响，努力钻研诸如罪恶的性质和起源、自由意志的作用以及信仰和理性之间关系之类的问题。奥古斯丁对德鲁克著述的影响在后者有关自由和责任的讨论中体现得最为明显。对于德鲁克来说，自由和责任是紧密关联在一起的；他从积极的一面给自由下定义，认为自由不仅是指不存在针对个人行为的诸多限制，同时也指具备为超越个人得失的某个更高目标而决定采取行动的能力。德鲁克关于自由的定义来自基督教的根源，尤其是汲取了奥古斯丁和圣保罗著作的精髓："自由的根源在山上宝训那里，在圣保罗的使徒书信那里；自由之树结出的第一朵花就是圣奥古斯丁。"

德鲁克关于自由的看法植根于奥古斯丁提出的原罪观：人类从亚当那里继承了罪，因此难免有弱点，因而需要上帝的恩典而获得救赎。这一关于人类本性的观点对于理解德鲁克的全部著作都是至关重要的，因为它基本上体现在德鲁克论述的每一件事情当中。对于德鲁克来说，在人堕落了之后，人的自然境况就处于原罪的状态中。

> 自由的唯一根基就是基督教关于人的本性的概念：不够完美，十分软弱，是一个罪者，终将归于尘土；但是，人又是按照上帝的

形象塑造的，人需要为自己的行为负责。而只有当人被看作基本上是不完美、非恒久的存在，而且亘古不变地如此的时候，自由从哲学意义上看才是自然的和必要的。也只有当人们被视为从根本上讲必须义无反顾地对自己的决定和行为负起责任的时候，我们才可以说，尽管人是不完美、非恒久的存在，但是自由从政治意义上看才是可能的和必需的。

奥古斯丁关于原罪的信条明确地指出，人性本身是不可能完美的；而正是由于人类的这一天性，救赎是不可能依靠人们自身的行为而获得的，如果没有上帝的帮助，人也不可能找到神圣的真理。但是，奥古斯丁同时相信，人拥有自由意志；事实上，罪恶正是来源于人自己而不是上帝的错误决定。

尽管上帝拥有先见之明（因此也会预先知道人将会做出哪一个决定），但是奥古斯丁仍然认为不能因此而否认自由意志的存在；上帝的先见之明并不一定能够指定人们的决定。用德鲁克自己的话来说，一个人"尽管是不完美的，但仍需要自己对自己的行为和决定负责"。上帝的万能、人类的堕落或者原罪并不意味着人们就无须为自己的行为负责；我们所有的决定都只能由我们自己负责。○

在《上帝之城》一书中，奥古斯丁将上帝之城（通常被解读为天主教教堂或者基督教信仰）与尘世的、异教徒的世俗之城进行了对比。该书写于410年西哥特人攻陷罗马之后，因此试图向世人解释尽管尘世间动荡不安，但是基督教的天国却终将赢得胜利。由于罗马多次遭遇野蛮人的入侵，异教徒愈加谴责基督教的帝国；他们还宣布说，如果公民崇拜异教徒的神明，罗马就能变成和平之城。奥古斯丁反驳了这种说法，他重新回顾了罗马的历史，证明即使是在异教徒最兴盛的时期，罗马也深受暴力之苦。奥古斯丁总结说，世俗之城永远无法找到和谐和安宁；只有在上帝之城那里，完美才变得可能，物质王国是永远不可能完美的。

　　○　奥古斯丁并没有区分不符合道德的自愿行为和受"野蛮欲望"或者非理性力量驱使的行为。换句话说，他意识到，有时候，人不能真正地控制自己的行为，因此并没有发挥自己的自由意志。

德鲁克所构想的有效运转的社会与世俗之城处于同一层面，因而也永远无法变得完美，人们只能寄希望于找到一个"还算活得下去"或者"尚能容忍的"社会。在这样一个有效运转的社会中，自由并不意味着拥有随心所欲地选择的权利。相反，自由是指奥古斯丁关于自由意志的概念：人由于原罪而不再纯洁，因而无法根据自己的本性而做出正确的选择。相反，人需要上帝的恩典和指引才能正确地运用其自由意志。对于德鲁克和奥古斯丁而言，自由意味着将人与神圣的目的和权威协调起来。

2. 圣保罗（公元前 10 年—公元前 65 年）

塔苏斯的保罗是一个罗马公民，是犹太的法利赛人，法利赛人因迫害基督徒而名声在外。根据《使徒行传》的记述，在前往大马士革去包抄当地基督教派成员的途中，他听到了耶稣与他说话的声音。他后来皈依了，成为一名虔诚的基督追随者和热诚的信徒，走遍中东和小亚细亚地区，并前往马其顿和希腊，在各地建起了许许多多的教堂。在罗马人统治时期，他在耶路撒冷被逮捕了，被押解到犹太支委会那里，关押在巴勒斯坦的凯撒里亚长达两年。保罗后来在罗马被审讯，在尼禄统治期间殉难了。

和奥古斯丁一样，保罗为德鲁克构想一个"尚能容忍的"社会这一理念提供了重要的关于自由的思想。尤其值得指出的是，在保罗关于基督教自由的概念中，人通过自愿地相互做工而服从基督的权威，这体现在德鲁克对个人责任的期待中。

保罗写给各个早期教会的书信反映出他自己对基督教义的独特理解。在几封使徒书信找到的诸多概念中，有一个关于奴役和自由的概念。在给加拉提亚人的书信中，保罗用这种将奴役和自由相提并论的方式来展示其关于基督教自由的看法。和许多早期基督教社区一样，加拉提亚人是由犹太人中的基督徒和非犹太人或非犹太人的基督教皈依者组成的。随着这些社区不断扩大，关于如何将非犹太人融入犹太人生活产生了意见上的冲突。非犹太人的基督徒应不应该遵守犹太的法律，包括饮食禁忌和割礼等规定？在一些社区中，这方面的争论最终发展成为严重的分裂，不同的人之间关于究竟如何解释法律以及究竟谁才是事实上的"真正的信仰者"而争论不休。

正如保罗在大部分书信中所写的那样，他对比了法律和信仰各自在治理加拉提亚社区中所发挥的作用。保罗认为，就本质而言，基督的重要性在于其包容性；非犹太人的基督徒和犹太人同样都被包容在上帝的社区里了："因为在基督耶稣眼中，实行还是不实行并没有任何意义；唯一重要的是信仰，通过爱来实现的信仰。"

就我们讨论的目的而言，重要的是，保罗使用了奴役和自由这样的语言来展示包容性这一概念；他指出，犹太法律对于人类的发展进程而言是必须迈出的一步，但是"现在，我们已经拥有了这一信仰，我们不再受到某一个信仰坚守者的支配了……不再有所谓犹太人或者希腊人之分，也不再有奴隶或者自由人之说，不再有男女之别；因为，你们所有人都因基督耶稣而合为一体"。

根据保罗的说法，基督给我们带来了自由，但是伴随那份自由而来的是责任。事实上，保罗宣称，在加拉提亚人新找到的自由当中，他们也将"各自成为各自的奴隶"。这里所传递的信息是关于做工的信息；尽管人们不再是旧法律的奴隶了，但是自由的新精神却要求大家为了让整个社区的有效运转，"所有人都必须担负起属于自己的责任"。在现实中，保罗证明，事实上基督教的自由所带来的结果就是遵守犹太法律，只是人们遵守的动机各不相同。加拉提亚人必须出于对共同义务的感知和对彼此的爱来做正确的事情，而不是出于对因果报应的恐惧而这样做。这样，信仰就变成了行动的根源；法律就变成了行动的方向。

正如我们已经看到的那样，德鲁克关于人性的假定在他对美国社会的评价以及他关于管理学理论的综合方面发挥了十分关键的作用。尽管德鲁克谈不上是一个空想家，但是仍然将信仰投注到他所界定的负责任的个人身上：为人谦卑，服膺更高权威，承担社区义务，充分意识到其自身的不完美。

3. 戈特弗里德·威廉·莱布尼茨（1646—1716）

德鲁克有一个观点："一件事情正确与否，要根据特定的时间和特定的目的以及是否符合一个特定的组织的特定需求来确定"。这一观点在其著作中被反复强调，他之所以这样强调，是因为其只认同两位先知（莱布尼茨和圣波那文都）关于多样性的观点。

戈特弗里德·威廉·莱布尼茨⊖出生于德国的莱比锡。他的父亲弗里德里希是大学教授；1652 年父亲去世了，莱布尼茨年轻的母亲负责这个孩子的教育，放任他在家庭图书馆里自由地阅览，在那里，莱布尼茨阅读了大量哲学、历史和科学著作。后来，他先后进入莱比锡大学和阿尔特多夫大学深造，1667 年获得了法学博士学位。莱布尼茨并没有把学术研究作为职业，而是效力于几个德国贵族家庭。他于 1672～1676 年担任外交官出使巴黎，后来回到了德国，定居在汉堡，担任布伦兹维克公爵府的顾问。

莱布尼茨是一个博学多才之人。他独立于牛顿发明了微积分（尽管后来有关他剽窃的指责一生都在困惑着他），还曾经尝试设计一个将天主教和路德教教堂统一起来的蓝图，还担任过采矿工程方面的顾问。但是，真正对德鲁克著作产生影响的是莱布尼茨在哲学和形而上学方面的思想。根据传记作家玛利亚洛撒·安托尼亚扎的说法，莱布尼茨的一生围绕着一个"大计划"开展工作，该计划集中体现了其广泛的兴趣。

> 终其一生，莱布尼茨几乎都在追求同一个梦想：梦想着把多种
> 多样的人类知识集中起来，以基督教传统的有神论愿景为中心，以
> 人类共同的利益为目的，形成一个合乎逻辑的带有形而上学和教学
> 法意义的整体。

莱布尼茨写成了一系列著作，这些著作放在一起，涵盖了所有的知识，他把这些知识归拢到单一的神学基础上。这种百科全书式的方法能够给形式多样的所有人类知识带来秩序，并将这些知识与所有善的根源，即上帝，整合在一起。就其本质而言，莱布尼茨的所有努力都是为了把混乱变得统一，或者将多样性注入统一的善的力量之中。

但是，莱布尼茨并非空想家。他在《神正论：关于上帝之善行、人之自由和恶之起源》一书中所表达的"所有可能世界中最佳的一个"这一理念与德鲁克关于"尚能容忍的"社会这一概念有着极为明显的相似性。德鲁克努

⊖ 莱布尼茨改了自己名字的拼写；他的姓应该是"Leubnitz"或"Liebnutz"。

力解决的是恶的（以法西斯主义的形式所表现出来的）问题和个人对于在世界上找到自己生存意义的需要，而莱布尼茨也同样是在试图解决萦绕在他那个时代的神学问题：如果上帝是善的、无比强大的，那么为什么他还会允许邪恶在世界上存在呢？德鲁克说：

> 人们无法否认世界上存在着肉体之恶（痛苦）和道德之恶（犯罪），也不得不承认肉体之恶在世界上并不总是与道德之恶成正比，不像正义所提出的要求那样。因此，自然神学的一个根本问题始终存在，即作为一个唯一的大法则，充满无比善意、无比智慧和无比力量的大法则，却又怎么还能够同时接受恶，尤其是允许原罪存在，它又怎么能做到让恶人常乐而好人常苦呢？
>
> 依靠社会进行救赎这一信念的终结标志着一种内向性的转折。它使个体重新得到强调，即人，变得可能了。它甚至可能引导（至少我们可以这样希望）个体责任的回归。

莱布尼茨有着和圣奥古斯丁一样的观点，那就是，恶只不过是因为善的缺失或匮乏而已。因此，上帝并没有创造恶；恶仅仅是因为作为一种匮乏而存在。莱布尼茨将这一观点又向前推进了一步，他认为世界上存在着三种形式的恶：形而上之恶（不完美）、肉体之恶（痛苦）和道德之恶（原罪）。如果恶因为缺乏善而存在，那么形而上之恶（不完美）就会产生另外两种形式的恶。我们之所以感到痛苦是因为我们在肉体上处于不完美的状态；我们之所以会有原罪是因为我们缺乏合乎道德的理解，而且我们还会犯错误。

那么，为何上帝会创造出这样的一个不那么完美并因此而容易受到恶之影响的世界呢？莱布尼茨对此给出的答案是，上帝从几个可能的世界中进行选择，而他最终所选的已经是可能的诸多世界中最完美的一个了。莱布尼茨将完美定义为多样性和和谐度都得到最大化的世界。由于多样化和和谐度这两者都极为重要，因此上帝不得不在世界每一个属性之中做出取舍决定。因此，在某些情况下，为了实现秩序或者和谐的目的，多样性或差异性的属性就不得不被牺牲掉。一旦上帝做出了取舍决定，他最终就达到了完美的平衡，在所有可能的世界里选择了最好的一个。但是，人总是倾向于只从世界究竟是如何影响到人自身的角度来看整个世界的，而不会从更宏大的视野去考虑问题。结果就是，我们可能看到了不完美，而实际上，上帝在他所面临的所有选择中，已经在各种可能中选择了最完美的世界：

> 在上帝面前，没有任何物质是绝对卑微或者绝对宝贵的……可以确定的是，上帝赋予人的比赋予狮子的要多；尽管如此，我们也无法明确地说，上帝在所有方面都更偏向人而不是狮子种群。即便真是那样，也绝不意味着就应该在考量无数生物当中存在的、普遍的混乱状态之前优先考量一部分人的利益。这样的观点是旧时代的残留物，从某种程度上讲是个可耻的公理，它认为万物都是为人而创造的。

莱布尼茨所谓"所有可能的世界中最好的一个"对人来说显然也不是个乌托邦，尽管有不少人会这样解读。伏尔泰的哲理小说《老实人》的主角潘格罗斯博士就是莱布尼茨的忠实信徒，他宣布，尽管有一个接一个的灾难，但这个世界是所有可能的世界里最好的一个了；老实人（康迪德）对此做了一个著名的回应："如果这就是可能的世界中最好的一个，那么其他世界又是什么样子的呢？"⊖尽管莱布尼茨可能对人的存在抱有乐观的看法，但是他的论文也承认了不完美或者恶的存在。德鲁克也同样意识到了，不完美是为了获得更大的多样性而做出的取舍决定的一部分。对于德鲁克来说，多样性是人性中最清晰可见的特征，把我们每个人区分开来的能力和兴趣方面的差异性就是明证。德鲁克呼吁人们不要试图去"修复"认知到的不完美，而要看到平衡中所体现的优雅：

> 也许，真正的问题在于你们，我的朋友们，总是认为有或者应该有一种所谓正确的方法。反托马斯主义、反笛卡尔主义和反康德

⊖ 德鲁克在为 1982 年写的小说《最后的完美世界》（本书已由机械工业出版社出版）。确定名字时借用了莱布尼茨和伏尔泰的说法。

主义的传统思想，有一个核心观点，那就是，判断一件事情正确与否，要根据特定的时间和特定的目的以及是否符合一个特定的组织的特定需求来确定……我深信，我们在尘世的工作不是试图去改进上帝的工作（不管我们是否可以找出茬儿来），而是为上帝增添荣耀，并把我们自己的活儿干好。

通过自己对"所有可能的世界中最好的一个"的设想，莱布尼茨成了德鲁克在"多样性方面的先知"。德鲁克并没有试图去找到根本不存在的"万无一失的技巧"，也没有试图去"改造老板（或者甚至是下属）"。他建议高管们，"停止无缘无故地抱怨自己不可能做到的一切。要想一下自己究竟能做些什么。"和莱布尼茨一样，德鲁克尽管对人类潜能也抱有乐观的看法，但是他仍然意识到人作为个体做不到万无一失。如果恶被定义为人的不完美或者弱点，那么恶也是这个多样化世界的一个组成部分："人总是倔强地坚持要表现得像人一样，而那……就意味着小气、贪婪、浮夸、充满权力欲，当然，也意味着恶。"所有可能的世界中最好的一个只能是一个"尚能容忍的"社会。

4. 圣波那文都（1217—1274）

德鲁克将波那文都称为另一个"多样性的先知"。出生于意大利中部的波那文都在巴黎大学求学的那一段时期正好是中世纪历史上一个重要的时期。在十二三世纪时期，亚里士多德的作品开始在西欧传播开来，在社会地位不断提升的各个大学里，包括巴黎大学，引发了人们学习希腊古典文学的热潮。与此同时，修道院改革运动的潮流也开始席卷天主教教堂，这一运动是由方济各会的修士们所领导的，他们把清贫和苦行当作一种生活方式。修道院改革运动最终形成了拉特兰议会，推动了教堂改革运动的计划，包括规定每一个天主教徒每年至少接受一次圣餐，进行一次忏悔。最终，修道院，包括方济各会，都成了社会的教育中心，培养修道士，为普通人提供宗教服务。⊖

波那文都在 1234 年加入方济各会之后取了这个名字。他在大学里修的是神学，1254 年获得了博士学位。波那文都在大学和方济各修道院里教书，

⊖　关于波那文都的生活和当时的时代背景，参见 Cullen，2005，p.3 ～ 22。

1273 年他被任命为阿尔巴诺红衣主教。他死于里昂，那时他已是天主教历史上最著名的人物之一了。

波那文都的神学理论所要解决的是西方重新发现亚里士多德著作之后所引发的巨大的思想动荡问题。由于新发现的文本与古典文本存在差异，大家对究竟该如何使用这些新文本产生了不同的意见；有些人试图阻止学校教这些新内容，而另外一些人，比如托马斯·阿奎纳，则比较接受新文本。在研究亚里士多德和其他希腊人的著作的基础上形成了经院哲学，该哲学致力于生成既符合信仰又符合理性的知识。经院学派使用亚里士多德的逻辑来论证上帝的存在，为其他相关的神学观点辩护。经院哲学引发了人们关于知识、上帝和人的本质、神学和哲学的角色和地位等一系列新的疑问和思考。人们究竟如何通过神学或者哲学来研究上帝？亚里士多德的《形而上学》一书引发了这样的争论：是理性还是信仰在理解上帝、理解存在的本质方面扮演了更重要的角色？

归根结底，波那文都把哲学视为一种手段，而不是目的。真理，通过上帝的智慧所理解的不变的真理，乃是人类所有探求的目的。如果没有这一真理，那么任何事情都无从知晓，也无从理解。波那文都对德鲁克思想的主要影响在于其对真理的强调，这里所说的真理指绝对意义上的真理。对于德鲁克来说，波那文都之所以是一位"多样性的先知"，是因为后者提出了这样一个理念：在神圣的真理之中，万事万物都是统一的、能被理解的。德鲁克直接引用了波那文都（他阐释了圣詹姆斯的使徒书信）的话：

> "所有的知识最终都会回归所有光明之源，回到终极真理的知识之中。"我必须承认，我并不是很清楚关于成本会计或者税务漏洞的研究或者品牌营销之类知识究竟如何回归所有光明之源，更不用说回到关于终极真理的知识之中。但是，我很清楚，要想使管理产生任何效果的话，我们必须用圣波那文都这句简洁的话语中所蕴藏的精神来鼓舞我们所做的一切。

对于波那文都来说，所有的知识都通过基督直接地把我们引到上帝那里；学习任何学科，其目标都不在于为学习而学习，而是为了更好地研究上帝和灵魂。波那文都对世人的贡献之一是，他认为人们不仅可以通过《圣经》，还可以通过艺术和科学而发现上帝或真理。这一学习和知识的"精神"（聚焦于更宏大的真理和价值观问题）影响了德鲁克关于管理学作为人文学科的观点。这一影响在德鲁克的所有著作中都有体现，提醒着德鲁克的读者人的理性所具有的局限性。

德鲁克的《新社会》一书是在冷战时期写的，透露出他内心的挣扎。他在该书中说，政治行动尽管在很多情况下都是必不可少的，但是却既不能"解决西方人所面临的、深重的精神危机"，也不能"代替这样一位伟大的先知，他将呼吁我们这一代人要有所悔悟"，也不能"代替这样一位伟大的圣人，他将我们的眼光引向所有光明之源"。波那文都提醒德鲁克，后者所经历的时代危机并不只是政治方面的危机，而是精神方面的危机，这些危机需要大家聚焦到能够将所有力量整合起来的"所有光明之源"。智慧与实际行动相结合，这正是德鲁克关于管理学作为人文学科这一观点的核心内容。

5. 莱因霍尔德·尼布尔（1892—1971）

莱因霍尔德·尼布尔是一位新教神学家，一生致力于将基督教的教义应用于 20 世纪的工业化社会之中。1914 年他毕业于耶鲁神学院，到底特律教区工作，从教区居民那里他目睹了劳工阶层真实的生活状况，这些居民的很多人都是为福特汽车公司工作的。1928～1960 年，他到纽约协和神学院教书。作为美国社会党成员和一名和平主义者，尼布尔积极参与 20 世纪 30 年代方兴未艾的促进全世界基督教大团结的活动。但是，他逐渐从社会福音新教教徒的理想主义那里抽身出来，这一派别致力于在地球上建成上帝之国。和奥古斯丁一样，尼布尔全面地研究原罪的影响和人的腐败堕落问题，研究这些问题给现代社会带来的严重后果。

尼布尔的神学理论很显然与影响到德鲁克的其他神学家，例如奥古斯丁和保罗，一脉相承。但是，尼布尔更明确地将自己对奥古斯丁有关人性本质的诠释与资本主义社会关联起来，公开驳斥许多主流的新教教徒的理想主义。

　　德鲁克晚年在其作品中承认自己曾受到尼布尔的影响，称尼布尔是"我伟大的老师"。关于个体作为个体的存在与个体在社会中的存在二者之间存在着张力这一点，德鲁克和尼布尔持有相似的看法。和德鲁克一样，尼布尔也曾试图解决这样一个问题：尽管人们一直在努力通过教育、科技和政治改革等手段来改进整个社会，但是人性中仍然存在相互之间产生恶意和使用暴力的倾向和能力。尼布尔关于人和社会的结论是发人深省的，与德鲁克的观点相呼应。

　　尽管尼布尔一生中的政治立场发生过改变，而他在个人和社会之间的关系方面所持的立场则始终未变。在 1932 年出版的《道德的人和不道德的社会》一书中，尼布尔指出，尽管个人能够在真正仁慈无私的动机的指引下生活，但是社会作为一个整体永远不可能真实地反映出这些个人特征。他认为，假定有一个更大的力量，包括宗教在内，能够约束每个个人以自我为中心的冲动，创造出一个充满仁爱的社会的想法过于天真。在尼布尔看来，畅想（幻想）一个完美和谐社会的社会福音新教教徒和其他人实际上都忽视了一些重要的元素，"在人们的集体行为中体现的这些元素带有自然的属性，永远不可能完全被置于理智或良知的支配之下"。

　　技术和教育的进步并不能减轻冲突；事实上，尼布尔认为，这些所谓的进步反而在很多方面加剧了冲突。更进一步地讲，宗教所具有的缓和内心争斗的能力也是极为有限的；他指出，宗教倾向于走极端，而两个极端中的任何一端都不利于社会和谐。一个倾向是失败主义，尼布尔使用奥古斯丁的观点建议阐释："通过描绘神圣之光与尘世之暗之间的强烈反差，宗教遮蔽了道德生活的暗面和阴影，这一倾向始终是宗教生活的恒常特性。"如果尘世间的一切都只是恶，被无望地隔绝在上帝之城之外，那么一切试图改善尘世状况的努力都是在浪费时间。尼布尔所指的另一个极端立场是感伤主义，他认为自由主义的新教徒们是持这种观点的，他们是"进化的乐观主义者，对人的美德充满了罗曼蒂克式的过高估计"。宗教对于尼布尔而言是高度个人化的，这一宗教观也让我们回想起德鲁克所认同的克尔凯郭尔关于上帝面前的个人的思想。

像德鲁克一样，尼布尔也不是轻而易举地就能找到不道德社会这一难题的解决方案。他逐渐把自己的信仰寄托在民主制度上；在《光明之子与黑暗之子》一书中，尼布尔提出了另一个看似简单的、对立的道德问题，后来他又进一步把这一问题弄得复杂化了。正如《道德的人和不道德的社会》一书并不只是简单地指出个人是有道德的而社会是邪恶的那样，尼布尔写于1944 年的这本书，尽管主要向大家展示西方的民主制度如何优于德国、苏联和意大利的极权制度，但是并没有轻易地放过光明之子（笃信超越自身意愿之上的道德准则的个人）。尽管尼布尔相信，民主制度为他所发现的社会问题提供了最佳的解决方案，但是他也绝对没有就此认为，与非民主制度下的民众相比，民主制度下的民众与生俱来地体现出更高的道德性。光明之子与黑暗之子一样容易为恶。尼布尔指出，事实上，光明之子"低估了不管个人还是集体的自我利益的力量"，这回应了他早期在《道德的人和不道德的社会》一书所提出的观点。人与生俱来就带有缺陷，因而一定会犯错误；但是，民主作为一种制度具有抑制人犯错的潜力。尼布尔有一句经常被引用的名言："人趋向正义的潜力，使得民主成为可能；但人堕入非正义的倾向，则使得民主成为必需。"

和尼布尔一样，德鲁克一生都在孜孜以求一个能够有效运转的社会，但他同时也意识到尘世的天国是不存在的。他们二人都目睹了极权主义，对之心有余悸，也对现代的工业化进程给人的自由和尊严带来的巨大影响忧心忡忡。他们都希望民主能够成为抵御诸多现代社会之恶的堡垒，但是关于社会究竟应该变成什么样子，二人的结论却不尽相同。尼布尔在底特律的经历使得他对工业资本主义颇有微词，而德鲁克则坚信企业能够通过有效的管理来为人们提供一个实现公司权利、获得人生意义的场所。尼布尔认为民主能够有效地利用人类最好和最坏的两种本性，而德鲁克关于一个由各种组织机构所组成的有效运转的社会这一构想就建立在尼布尔的这一结论之上。

管理学作为人文学科中的判断力和价值观

尽管并不是每一个组织、每一个社会都已经或者即将接受完全相同的美德或者价值观，就算德鲁克不去坚持解决伦理的性质问题，管理学作为人文学科也需要解决这一问题，这就要求我们考虑我们所珍视的东西的历史和来源，考虑何为美德。虽说管理学作为人文学科无法对整个社会、各类组织或者个人价值观的终极来源提供绝对的答案，但是有一件事是不可或缺的，那就是必须将价值观的终极来源问题提出来，并予以深思。

管理学作为人文学科特别强调要不断加深对何为美德这一问题的理解，正是这种强调才使得管理学作为人文学科与商业伦理或者管理伦理中的另外一种做法区别开来。致力于提升私有企业伦理行为的大多数努力似乎都是在强调后果或者规则，而不是价值观或者美德。《商业伦理》是一份以企业责任为主题的出版物；它的使命是"推广合乎伦理的商业实践，即服务于不断成长的专业人士和其他人士的社区，帮助这些人以更负责任的态度进行工作和投资"。

2002 年美国推出了《萨班斯－奥克斯利法案》，对财务数据披露做出了全面规定，并对上市公司的治理提出了更严格的要求，在这种情况下，许多公司推行了伦理培训计划，希望自己的公司不会因公司丑闻而被曝光。但是，这些关于如何阻止洗钱、防范会计欺诈或者其他违法行为的培训大部分都是通过网络来进行的，其效果颇难保证。美国伦理官协会的首席执行董事爱德华·佩特里就指出，多数大企业都没能充分地监督内部伦理问题的管理情况。尽管大多数伦理计划都强调某一行为的正面或者负面结果，或者是指导决策行为的规则所起的作用，但是管理学作为人文学科却总是强调判断力和价值观的作用。需要我们强调的并不在于"合乎伦理的商业实践"或者对一系列规则的培训，而在于将人作为一个整体来发展这一更大的问题。

正如在亚里士多德时代，富有德性的个人的发展是一种理想一样，如今将管理学作为人文学科也是一种理想。管理学作为人文学科有一个根基，那就是克尔凯郭尔、奥古斯丁和其他人的哲学，根据这种理念，我们不应该相信世界上存在十全十美之人这种可能性。因此，管理学作为人文学科，其实践既要解决有关人格发展、美德和价值观之类的宏大问题，还要理解我们作为人无法实现亚里士多德关于德性行为所提出的中道目标。但是，这并不意味着我们不能有所提高、有所进步。

具体情境在对传承和变革进行管理时的重要性

管理学作为人文学科迫使我们直面有关价值观的来源和本质这一问题，同时也要求我们考虑一下这样一个问题：人性中是否存在着适用于不同情境的真正具有普遍性的东西，或者说具体情境起着非常重要的作用。正如我们已经看到的那样，德鲁克的著作中有一个重要的主题，那就是，搞管理需要在传承和断层或变革之间找到平衡。在考量人文传统的相关性及其与管理学的结合方面，平衡这一问题是极为重要的。在人文理想中，到底有多少是属于不受时间或空间限制的概念和思想传承呢？其中，又有多少需要加以调整才能更好地反映当代的现实情况呢？在现代管理问题所涉及的情境中，到底有多少反映着永远不变的人性和人的行为呢？其中又有多少是特定的组织、特定的文化或特定的社会发生的断层造成的结果呢？

在对人文学习的诸多批评中，有一个主要的、有道理的批评是其欧洲中心论的传统。认为西方社会是唯一的美丽标准和文化标准的传承者这一观念已经被视为狭隘的、过于精英主义的了，这种新观念已经存在一段时间了。对西方文献中的"经典"进行重新思考以及将历史研究的范围从西方文明中延展开来，这种做法说明人文学科的现代化，能够涵盖欧洲以外的视角。更加丰富的课程设置有时会对价值观和人性的共同性提出质疑。试问，一个既定社会的价值观中究竟有多少是其特定文化的反映呢？

今天，从宽广的视角来看人文学科，我们就能够更加细致入微地分辨出古代的经典。例如，阿里斯托芬的喜剧具体反映的是公元前 5 世纪古希腊人的特定态度、事件和价值观；难道你真的可以说那个社会中的公民的政治价值观能够普遍适用于当今美国的民主制度，或者普遍适用于印度的民主制度吗？

如果管理学是一种人文学科，那么它就不得不考虑具体情境的问题。在某个具体的情境中，究竟有多少是其组织的历史、传统或者文化所造成的结果呢？有多少是被参与其中的个人的个性所驱动的呢？有多少是受不同参与者之间，或者不同性别之间，或者不同阶级背景和成长环境之间的差异控制的呢？各个不同派别之间有多少是受到了所谓人的普遍动机驱动的呢？正如今天的人文学研究需要考虑到人种、种族、阶级和性别的作用一样，管理学作为人文学科也同样要求对诸如此类的情境问题要有所考虑。

研究断层和变革的哲学家

德鲁克熟读各种哲学著作，从古希腊人一直研究到让·雅克·卢梭和弗里德里希·尼采，同时研究神学的哲学家，我们在本章的第一部分已经提到了。在这里，我们会聚焦于对德鲁克产生断层概念有最显著影响的哲学家。这些哲学家都笃信变革是现实的一部分，因此人们必须接受变革。

1. 亨利·伯格森（1859—1941）、阿尔弗雷德·怀特海德（1861—1947）和过程哲学

亨利·伯格森和阿尔弗雷德·怀特海德是大家广为熟知的过程哲学派的两个重要代表人物。法国人伯格森在 19 世纪晚期开始发展其哲学理论，当时在哲学圈内有两个本质上针锋相对的观点。一方面是以赫伯特·斯宾塞和约翰·斯图尔特·穆勒为首，强调物质的存在和实证性的决定论的方法，漠视人类情感所起的作用。与之对立的是德国唯心论者，例如格奥尔格·威廉·弗里德里希·黑格尔，他们坚信人的意识、意志和想象对于理解何为真实方面起着关键的作用；他们认为，经验和人的解释不能脱离知识和理解。

伯格森则通过发展出自己的哲学理念试图在这两种哲学理论之间架起桥梁。怀特海德是一位英国数学家，在三一学院受过教育，后来在那里以及伦敦大学教授数学。怀特海德对哲学的兴趣是被爱因斯坦的相对论以及其后替代了牛顿物理学体系的新体系的影响激发出来的。怀特海德将相对论的概念从物理学扩展到了有关人的存在领域，将人的经验重新定义为一系列不断变化的事件，而不是恒久和可知的。1924 年，他受邀前往哈佛大学担任哲学教授，尽管他从来没有研究过这一科目。在 1929 年出版的《过程与实在》一书中，怀特海德总结了自己的观点，开启了过程哲学派。

就其本质而言，过程哲学派强调的是变革和时间的流变，认为这是理解实在的关键所在。该流派的理论强调过程的重要性，这一点与其名称相符；

事实上，过程甚至比事情本身更为重要。人类也因此可以被视为其经验或者过程本身的产物。过程哲学已经被运用到了神学中，在过程神学中，上帝不仅仅被看作一个单一的实体，而且也被看作一个过程。因为强调变革和时间，这一哲学中的偶然性就变成了一个至关重要的元素；如果不考虑到人的能动性和创造性，那么人们就无法真正理解现实。

管理学教授托尼·波拿巴认为伯格森的过程哲学理论也体现在了德鲁克的著作中，尤其是在其"有机的方法"中。德鲁克在1959年出版的《已经发生的未来》一书中指出了伯格森和怀特海德对他的影响，强调了变革在社会中的重要性。在其他地方也同样如此，断裂性、短暂性和人的能动性和创造性至少也部分地反映了变革的永恒性，这是过程哲学的核心观点。

德鲁克在《已经发生的未来》的第1章"新的世界观"中就提到了伯格森和怀特海德的名字。在这一章中，他确定了整本书要讨论的议题，那就是，西方世界必须接受完全不同的新视角和新观点。旧的观点基于笛卡尔的哲学理念，强调对事物结构和机制的分析，现在需要用一种新的哲学理念来取代旧的哲学理念，要更加强调定性的因素和事物之间的关系。简而言之，根据德鲁克的说法，这种新的哲学强调的是过程，因为在过程中，"也许存在着与过去300年来一直主宰着我们思想的现代西方的世界观最为迥异的观念。因为在笛卡尔哲学看来，世界不仅仅是机械的，其中所有的事件都是预定和确定的，而且世界也是静态的"。德鲁克在这一章的结尾处指出，尽管我们尚未完全找到这样的新哲学，但是"我们可能已经拥有了新的综合能力，比我们设想的更容易把握"。在该书的其他章节中，德鲁克对这种新综合进行了概述，最后告诫大家，"如果说还有什么事情是我们可以预测的话，那就是变革。在即将到来的岁月里，不论是我们的观点，我们努力的方向，我们需要完成的任务及其优先性，还是我们用来衡量成功或失败的准绳，将发生巨大而快速的变化"。

在上述重要著作中，德鲁克开始发现知识工人和知识社会将会是上述变革的主要方向。在《断层时代》[⊖]一书中，他更为全面地阐述了这种转变，提出了"知识社会"，这将是他主要的研究兴趣之一，也是一个其过程哲学理

　⊖　本书已由机械工业出版社出版。

念反复出现的领域。德鲁克指出，20 世纪的前半叶是一个以 19 世纪后半叶所发展出的知识为基础的经济体现连续性的时代。当展望 20 世纪后半叶的末尾时，他看到的是一个由知识的进步带来的大断层时代，这一时代将会在发达国家内部造成一个知识社会的现实：

> 20 世纪前 50 年的工业化发展衍生于 19 世纪中晚叶科学领域的诸多发现。过去 10 年的工业化发展很可能来自 20 世纪前 50 年或者前 60 年的知识发现……在技术领域，接下来几十年将更可能类似 20 世纪最后几十年，其中，每过几年就会兴起一个基于新技术的重大产业，这种类似性超过了过去 50 年技术和工业方面的连续性。

在一篇名为"从信息到传播"的短文中，德鲁克分析了人类理解语言的过程，他在开头的段落中就引用了怀特海德《数学原理》一书的观点。"断层"的概念整体上需要一种让时间具有意义的感知。在德鲁克关于管理和社会的著述中，不断展开的过程、不断变化的情况以及人的互动性和能动性都是至关重要的组成元素。

2. 扬·史末资（1870—1950）和整体论

尽管德鲁克将其"新的世界观"归功于伯格森和怀特海德，但是在《已经发生的未来》一书中，他指出，"最早理解这一世界观的却可能是一个令人叹服的南非人扬·史末资，他可以说是 20 世纪出现的最接近'完人'的一个人"。史末资是荷兰人，是南非的政治家和将军。他曾经担任过两届南非联邦的总理。他参加了 1899～1902 年的波尔战争、第一次世界大战，在二战中担任过陆军元帅。他在建立国联的架构方面也发挥了举足轻重的作用。在其一生的大部分时间里，史末资都主张由一个联合的非洲精英群体来管理存在种族隔离的南非，尽管他并不支持种族隔离制度。他的政治和军事生涯透露出他的理念，他认为南非应该是谨守西欧文明的英国人和荷兰人的国家。

　　德鲁克对史末资的兴趣来自这位荷兰南非人的哲学理念，而不是他的政治和军事生涯。史末资成长于一个虔诚的基督徒家庭，家人希望他长大后能够成为一名牧师。但是，在进入剑桥大学后，他决定学习法律而不是神学；尽管如此，他仍然感到自己有些分裂：人究竟怎样做，才能在追求一个实实在在的职业的同时实现自己的思想追求，并过一个有意义的人生呢？在一篇名为"法律：一份自由的研究"的文章中，史末资指出法律这门职业在解决个人的自由和广大社区的需要这个问题方面具有独一无二的优势。随着他不断化解其所面临的两难境地，他发展出了整体论哲学，其中他提出了这样一个观点：事物并不只是其组成部分的总和而已。史末资意识到，个人和世界之间存在着深刻的关联，这些关联超越了他所看到的基督教教义的束缚；借用其传记作者的话来说，"他逐渐意识到了，自己的良知就是人类的良知"。

　　在"德鲁克、整体论和史末资"一文中，爱德华·库克和艾伦·查普曼认为德鲁克的著作反映了史末资的整体论，尤其是综合其已有的思想进而形成新思想的做法充分体现了整体论。库克和查普曼分别引用史末资和德鲁克的话，并进行对照，在相关的文本中找到了相似之处。例如，史末资认为，"创新的进化就是通过综合各个部分而获得一个新的实体，该实体不仅仅与这些组成部分有所区别，而且大大超越了这些组成部分"。而德鲁克自己也说过："大部分新技术都不是新的知识；它是一种新的认知。新技术是将过去从未有人想过可以放在一起的很多东西放在了一起，这些东西就其本身而言已经存在很长时间了。"库克和查普曼还指出，德鲁克关于断层的概念可能来源于整体论；史末资曾经说过，"创新的进化似乎是小步或小幅前进的，每次释放一部分创造力，至于为什么会存在这种断层，而不是一种平滑的连续性的进步，我们不得而知"。

　　整体论所体现的综合的特性显然对德鲁克的思想产生了影响。例如，在他有关使用管理科学的技术可能会产生的潜在危害的警告中就可见一斑。在他看来，只是寻求技术性的效率有可能导致"对整体的次级优化"，因为整体与部分的简单相加比起来还是有很大不同的。

　　所有管理科学都不可忽视这样一个极为重要的洞察，那就是，商业企业是一个最高等级的系统：该系统的组成部分是人，是人自愿将自己的知识、技能和专注奉献给一个共同的事业。不管是机械的系统（例如导弹的操控）、生物的系统（例如一棵树木），还是社会的系统（例如一个商业组织），所有这些系统都有一个共同的特征，那就是相互依赖。即使某一个特定功能或特定组成部分得到了提升或者变得更加有效了，一个系统的整体也并不见得一定会有所改进。事实上，该系统很可能因此而受到损害，甚至被彻底摧毁。在有些情况下，要加固一个系统，最好的方法很可能是削弱某一个组成部分，使之变得不那么精确或者不那么有效率。因为对于任何一个系统来说，最重要的是其整体表现；这是成长的结果，动态平衡、调整和整合的结果，而不仅仅是技术效率的结果。因此，管理科学主要关注其组成部分的效率，这种做法肯定是有问题的，殊不知，优化和提高工具的精确性所付出的代价是整体的健康和表现受到了影响。

学习的作用

人文学科的研究需要走这样一个流程：先对假设进行挑战，再来发展经得起时间考验的判断力和价值观，最后利用这种知识来解决工作中所遇到的问题。

德鲁克提到过赫尔曼·黑塞于 1943 年出版的小说《玻璃球游戏》中的那位领导者。借用德鲁克自己的话来说，这部小说描述了"一种知识分子、艺术家和人文学者之间的兄弟情谊，他们过着一种令人惊叹的与世隔绝的生活，全身心地追随伟大传统，追随其智慧，追随其美"。在小说结尾，那位领导者觉得这种生活难以为继，投入了真实的世界——"污染不轻、粗俗不堪、动荡不安、争吵不休、敛财不断的现实世界"，他进而发现，所谓伟大传统，如果没有根基、不接地气的话，只不过是"傻瓜淘金"。毫无疑问，德鲁克认为利用经过时间考验的知识和智慧来解决工作中所遇到的问题是明智之举。

德鲁克著作中还有另外一个重要的主题，那就是在生活中，维持社会意义与个人自由之间的平衡是非常重要的。就德鲁克关于管理学作为人文学科的理念而言，知识除了要带给个人满足感之外，还必须在某种程度上与社会关联起来。但是，正如我们在第 2 章看到的那样，这并不就意味着"真实的世界"一定要远离人文学科的智慧和美；事实上，我们认为人文学科的传统反而能够再次让管理学的实践与社会关联起来。

知识社会中受过教育的人并不认为人文学科根本没有任何实际的相关性，只是装饰物而已。管理学作为人文学科的实践需要人们综合所有知识，以此才能有效地完成某项工作。由于知识处于快速进步、不断分化的过程之中，人必须活到老学到老，才能具备上述综合能力。随着一个人所肩负的责任越来越大，这种持续不断的学习对他来说就会变得更加重要。人们越早具备持续学习的心态、越早在实践中坚持学习，越会有好结果。

在很多方面，这一过程的核心本质完全违背了过去管理实践和人文教育范围之内的传统。如果说管理者传统上被视为一个中立、不偏不倚的履职人员的话，那么管理学作为人文学科就是指以一种非中立的方式来做出判断、运用智慧。因此，学习管理学作为人文学科的过程就迥异于传统的以技能和职能为主的管理学学习方法。管理学作为人文学科并不聚焦于定量分析技能的培养，相反却强调品格的塑造以及我们在前面讨论过的定性的能力，当然也包括我们接下来要讨论到的批判性思维能力。培养这些能力需要在实践中增长经验、提升技能，同时要经常挑战有关领导力和管理长期固有的各种假定和先入之见。

最终，管理学作为人文学科就需要一个系统的终生学习的过程。这种管理学并不是在给定情况下可以使用的一堆工具，也不是关于什么可以做、什么不可以做的一个清单，而是对思维方式的一种训练，是掌握和应用人文学科和社会科学中的知识以解决具体管理问题的一个系统过程。

管理学作为人文学科的不可适用之处

就算把管理学作为人文学科所能做出的所有贡献都算在内，它也并不是解决各类组织或各个人文学科所有问题的灵丹妙药。每当现状似乎处于紊乱状态，人们就倾向于把过去想象得很浪漫；许多人总是念念不忘人文学科的黄金时代，或者已经逝去了的高管有品格、有"真正的"价值观的时代。管理学作为人文学科并不是要试图重新找回那些已经逝去的更加美好的时光。

我们现在应该清楚的一点是，从德鲁克以及影响德鲁克的思想中发展出的管理学作为人文学科这样一种理念和实践并不是一种乌托邦式的愿景。

　　管理学作为人文学科也不是要武断地给出好的经理人或坏的经理人所具备或不具备的一组价值观或品格特征。但是，这样一种管理学确实要求其信奉者将道德上的两难境地考虑清楚，并在思想和品格两方面都有所成长。

　　管理学作为人文学科并不致力于消灭人际冲突；相反，它充分意识到冲突是人之为人固有的一部分。我们将管理学作为人文学科来实践，并不意味着要改变人的本性。相反，我们试图做的是提升愿景和思想的层次，发挥一个组织中所有成员尤其是那些负有责任或者渴望负有责任的高位人士的道德潜能。

　　管理学作为人文学科，尽管既无法成为治愈人文教育之病的神药，也无法成为治愈管理实践之病的神药，但是还是能够使身处权力岗位的人重新关注价值观、伦理道德和品格问题。通过重建管理和各门人文学科之间的由来已久的关联，管理学作为人文学科也许能够既给学术世界也给实际操作的世界注入新的生命和活力。

联邦主义与权力和权威的分配

　　我们在其他地方已经探讨过，在德鲁克的著述中有关人类本性始终存在着一组一贯的哲学假定。尽管德鲁克相信，人类是有潜力为了个人和社会的完善和进步而将复杂的各类机构组织好、管理好，但是他也从未忘记过，人类与生俱来就存在着瑕疵和弱点这一现实。在德鲁克看来，各类组织必须采取有效的结构，以对抗、减少或者校正人类本性中的阴暗力量，包括贪婪和权力欲望。但是，有很多德鲁克的读者没看到他的作品中更为悲观的一面，指责他用一种天真的近乎乌托邦的眼光来看待大型组织尤其是公司在运营过程中所显现的人类本性。

　　在本章中，我们将会讨论到德鲁克著述中有关联邦主义的重要性。关于美国宪法的争论背后有一套政治哲学理念，即通常所说的联邦主义，最早是由约翰·杰、亚历山大·汉密尔顿以及詹姆斯·麦迪逊在《联邦党人文集》一书中正式阐述出来的。尽管联邦主义关于集中化权力的作用与个人权利的性质的看法是复杂但不成体系的，德鲁克仍然应用了其中许多原则来解决在一个民主社会里管理多元化的组织机构时所面临的棘手问题，其中包括权力的组织和分配。他之所以应用联邦主义，是因为他深切地意识到了《联邦党人文集》对于社会上的各类组织机构的主管所面临的复杂问题具有高度的相关性，这些问题是在那些主管通过权威力量的分配和制衡制度的使用来控制贪婪和权力欲望的过程中产生的。

　　联邦主义，包括立宪主义，能够通过认清人类本性中固有的黑暗面、找到有效防止权力滥用的方法，助力打造一个由有效运转的各类组织所构成的制度。分析一下德鲁克著述的联邦主义概念，可以更好地反驳那些将德鲁克看作一个天真的乌托邦主义者的观点。正如启蒙运动的思想家和美国的开国元勋所做的那样，他也纠结于美德在社会中的作用和性质、权力滥用的倾向以及最大化地提升人的自由与保护更大的社会利益之间的取舍问题。

让我们首先来看一下德鲁克和哈佛商学院教授罗萨贝思·莫斯·坎特之间的交流，这可以揭示出联邦主义在德鲁克著述中的重要影响。接下来讨论一下 18 世纪有关美国宪法的争论以及联邦党人支持新政府的理由，然后看看德鲁克是如何将联邦主义原则运用到其管理学理论中去的。之后，我们探讨一下公司联邦主义，也就是联邦主义和其他相关原则在公司管理中的运用。我们还会分析一下通用汽车这个德鲁克用来研究公司联邦主义的对象，加上德鲁克关于目标管理的概念来做进一步的阐述。最后，我们会对如何在当今的各类组织机构中运用联邦主义理念给出建议，包括如何改造首席执行官职位以及董事会中的相关职位。

那么，德鲁克究竟为什么如此倾心于联邦主义原则的实际应用呢？他倡导将管理学视为人文学科去加以实践，即一种在实践中考虑到人类生存的根本面的努力，以及能够在这一实践过程中整合更广泛的观点和原则的能力。对今日的组织机构进行恰到好处的管理所需要的不仅仅是会计、金融和市场营销等方面的技术性训练，更重要的是能够深入地理解人们在从事社会、政治和经济活动方面的成功和失败的历史，以及拥有能够引领人们达到更高智慧的其他知识。通过对政治上的联邦主义和德鲁克有关公司联邦主义的理念和原则进行综合分析，可以证明管理学作为人文学科这一更大的框架确实大有裨益。我们深信，最终的结果是：面对如何管理好今日的组织机构的诸多挑战，我们一定能够找到一个合理、有效的解决方案。

坎特对德鲁克的批评

在德鲁克的批评者中，罗萨贝思·莫斯·坎特可以说是最下功夫的研究者之一。她是哈佛商学院著名的社会学和管理学教授。她对德鲁克著述的批评主要体现在发表于《新管理学》杂志上的"德鲁克：未解之谜"一文。在该文中，坎特先称赞了德鲁克对管理实践所做出的巨大贡献，并表达了自己对其作品的尊崇。然后，她列举了似乎被德鲁克所忽视的诸多管理维度，开始质问道："他怎么能够忽视这些至关重要的问题呢？"

坎特对德鲁克的最主要批评是，她认为后者的著述对现代商业组织的看法过于美妙、过于乐观了，其所描述的"更像是一个理想中的管理世界，而不是一个现实中的管理世界"。坎特指出，德鲁克总是将组织的问题归结为无知，因而单纯依靠教育来解决公司治理的混乱问题。她说，这样的观点是不理解"人或者组织固有的缺陷"这一现实。人是不可能通过教育就变得完美的，而且很多人也并不"只是无知或者被误导了，相反，他们过于贪婪，或者说患有权力饥渴症"。在坎特看来，德鲁克的管理学思想和组织理论并没有考虑到如下一点："在德鲁克展示给我们大家的世界中，罪恶是不存在的。"

德鲁克对坎特的反驳

在同一期《新管理学》中，德鲁克对坎特的批评进行了回应：

> 恐怕罗萨贝思·坎特并不知道的是，我最开始教授的是神学。因此，我对人类永远会表现得像个普通人那样这一事实，其实是了如指掌的，这就意味着人身上充满了偏狭、贪婪、自负和权力欲，当然，也充满了罪恶。不管怎样，我的第一本书谈的就是纳粹主义的兴起。我活跃于咨询界已经四十多年了，我想，可能是太长了，长得不可能像罗萨贝思所认为的那样，我对罪恶还带着天真的看法……很久以前，我就已经意识到，那些重要的思想传统，即罗萨贝思·坎特所承继的思想传统，可以回溯到柏拉图关于"物自体"的第七封信的思想传统，几百年来为人们所熟知的作为"基督教君主的教育"的思想传统，并不能成为帮助人们抵挡罪恶的有效保护力量。真正具有保护力量的是西方政治思想中的其他伟大传统（不过，应该承认的是，其力量也是有限的），该传统同样可以回溯

到柏拉图（或者至少是回溯到亚里士多德），即人所共知的"立宪主义"——通过权力来约束权力，确保权力的单位不大（例如，权力下放），通过遏制力量（例如，形成强有力的董事会或者通过由三人组成的高级管理团队）来防范妄自尊大和权欲熏心所造成的危险，以及最重要的，通过将目标和绩效作为而不是个性和"超凡魅力"（charisma）作为检验标准。[⊖]

最后，德鲁克强调了自己作品的基本目的，以此来调和坎特对自己的批评：

> 我一直试图做到的就是首先建立标准（应该成为什么样），然后再建立基本原则，这些原则可以帮助那些本意良好和拥有美德的人达到这一标准，这至少可以减缓或者阻止腐败和邪恶。

坎特和德鲁克之间的思想交锋为我们提供了其他地方不可能获得的有价值的洞见，而且难能可贵的是，这种洞见是如此简明。双方的陈述都非常准确，但是要真正理解德鲁克所做的反驳，恐怕还必须理解他的所有作品。很明显，坎特是在仔细阅读了德鲁克在管理、领导力和创新等方面的一些重要著作（例如《管理的实践》《卓有成效的管理者》[⊖]《管理：使命、责任、实践》以及《创新与企业家精神》）之后，做出上述批评的。

德鲁克早期的作品，例如《经济人的末日》，对极权主义的兴起进行过分析，他还有社会分析方面的作品，例如《新社会》。对这些作品不熟悉的读者可能会轻易地得出这样一个印象，那就是，德鲁克的管理学著作没有触及"影响到理想实践的人性弱点"问题。而由于德鲁克并没有在其每本著作中都明确地介绍其哲学和思想框架，因此，坎特和其他人，例如亚伯拉罕·马斯洛，就指责德鲁克在关于人的本性方面的假设过于乐观了。

⊖ 联邦主义是宪政主义诸多概念中的一个概念。宪政主义同样体现了德鲁克所描述的组织对制衡制度的需要和利用制衡制度的情况。

⊖ 本书已由机械工业出版社出版。

德鲁克和坎特在《新管理学》杂志上的交锋中，坎特提出了很多重要的问题，这些问题是德鲁克有意选择不包含在他有关管理学方面最为大家熟读的著作和文章中的；这种有意的回避确实让很多读者无法掌握其著作的全貌。德鲁克对此的回应让大家了解到，他的作品事实上并没有忽视人性中的弱点和罪恶的影响力。这一解释表明，德鲁克相信通过一定的治理结构可以有效地限制各种权力，从而让具有美德的人们能够完成自己的目标，并"至少可以减缓或者阻止腐败和邪恶"。

坎特的批评和德鲁克的反驳直接将我们引入了本章的主题：联邦主义在提升治理有效性方面所起到的作用。联邦主义作为一种政治意识形态来自美国，支持美国的宪法，我们将使用"公司联邦主义"这一术语，它是指在处于中央地位的组织及其各个运营分支机构之间将权力和权威进行合理分配的做法。[⊖]

由于联邦主义起源于 18 世纪关于美国政府的性质和结构的争论，公司联邦主义反映了始于 18 世纪的那些历史性辩论中的若干关键元素，其中包括立宪主义原则、中央和地方各自的行为规则以及组织宪章中特别规定的权力集中制。权力集中制设定了关键性的决策权，留给组织中央的高管们。组织宪章和分支机构章程中约定的政策为各个分支机构划定了运营范围，并确定了处于中央地位的组织及其分支机构之间的权力制衡制度。

德鲁克对坎特的回应也清楚地表明，他视联邦主义为遏制权力滥用、将组织内部的腐败可能性降到最低的关键所在。但是，还有一点也很清楚，那就是，德鲁克并不认为联邦主义一定能够阻止权力滥用和腐败问题。

德鲁克的目标

德鲁克全部著作的目的是为建立一个由有效运转的各类组织所组成的社会创造必要条件。读者需要记住的是，他从来没有试图创造一个由各类机构所构成的乌托邦式的社会，他希望的只是一个"尚能容忍的"社会。

早在 1985 年，这对德鲁克来说就已经并不是一个新的课题了；在他早

⊖ 我们使用"公司联邦主义"这一用语来描述在公司治理中运用联邦主义原则。这一点不应该混淆于关于另一种公司联邦主义——联邦政府对公司行为的监管。

期的作品中，他不断地提到要建立一个有效运转的"尚能容忍的"社会，而不是要建立一个理想化的社会。在他 1942 年发表的《工业人的未来》一书中，德鲁克就给由工业组织所组成的"有效运转的社会"下了定义，但他并不因此就认为任何国家能够实现下述目标："人作为社会性和政治性存在必须有一个有效运转的社会，正如人作为生物学意义上的存在必须有可以呼吸的空气一样。但是，说人必须有一个社会这一事实并不就意味着他拥有这样的社会。"几年之后，他再次指出，"我们并不是在追求完美或者理想化的东西，而是在寻求可能性……没有一个社会真的能够完全实现对每个公民许下的诺言；完美并不存在于人的王国"。而后，在 1949 年发表的"不合时宜的克尔凯郭尔"一文中，德鲁克指出，最终，人生只能通过信仰的力量，"获得意义，从而变得能够容忍"。

咨询师和作者彼得·帕舍克是德鲁克的老朋友、同事和学生，他曾经向 2007 年 6 月在克莱蒙特举办的首届全球德鲁克研讨提交过一篇论文。在这篇论文中，帕舍克引用了许多德鲁克在接受其直接访谈、与其交流时说过的话。其中很多话透露出，德鲁克对于社会能够实现什么样的目标，其实是持悲观看法的。对于社会上各类机构中领导人的权力使用状况，德鲁克还表达出了很强的不信任感：

> 对于所有所谓通过建设社会来拯救这个世界的承诺，我变得越来越怀疑了。我想，在过去 50 年间所发生的一些重要事件之中，有一个就是我们不再迷信"制度让人变得幸福"（"volksbegluckung"）这种宣传了，而且越来越相信世界上根本不存在所谓的完美社会，一个社会只要尚能容忍，能够改善，就不错了，不可能达到完美。这是一种保守的看法，但是由于这种看法强调的是个人以及个人的信仰，这种信仰在本质上是一种宗教式的看法，其看到的终点不在这个世界上，将超越这个世界。因此，我认为，我称自己为一个保守的基督徒、一个无政府主义者，因为我对权力越来越怀疑。作为一个哲学家（尽管我自己从不装成哲学家），我总是把权力看作最核心的问题，把权力欲看作人基本的原罪。

在其一生中的大部分时间里，德鲁克在不断寻找各种办法，以期调和人类作为个体的存在与作为社会中的存在之间的紧张关系。一个自由社会，如何才能在保护个体自由的同时还能够时刻关注所有人的共同利益呢？特别是，一个由大型组织所组成的现代工业社会，如何才能既提供个人成长和发展的自由又确保个人作为社区一员过上有意义的生活呢？对于这些问题，德鲁克给出的答案就是建立一个由管理有序的各类组织所组成的社会；而联邦主义则在思想和实际操作方面提供了一条通向有效管理的道路。

联邦主义的历史沿革

尽管说美国宪法的制定者们将联邦主义概念变成了一种创新的新政治哲学，但是联邦主义的萌芽要远远早于美国的开国元勋起草这个新国家的最重要文件。在十六七世纪早期，欧洲的知识精英就发展出一系列相互独立而又相互补充的关于国家的政治理论。让·罗丹提出了君主政体（Les Six Livres de la Republique，1576）的理论，约翰内斯·阿尔特胡修斯提出相反的主权模式，即依靠人民而不是一个神圣君主的意愿建立的主权；这两种理论对18 世纪美国的联邦主义产生的影响与卢梭的"社会契约论"和孟德斯鸠的"三权分立"理论的影响一样大。

在美利坚共和国成立的初期，联邦主义逐渐发展成为一套复杂的政治哲学理念。1777 年，作为英国前殖民地的各州根据邦联条例联合起来。这一邦联并不是一个统一的共和国，而更像是 13 个州之间"紧密的友谊联盟"；正如历史学家戈登·伍德所注意到的那样，这一当时占主导地位的政治意识形态受到了法国哲学家孟德斯鸠的影响，他提出这样一个观点：只有一个不存在分裂也没有利益分歧的小型社会才能作为一个共和国生存下去。在当时，每个州都有自己的政府机构，有自己的独有利益，并且根据主权概念而不屈服于任何超越自己的更高权威。考虑到这个全新的美利坚合众国曾经被英国统治的过往经历，我们也就不难理解它为什么不相信任何一个庞大而又专权的中央政府了。

到 18 世纪 80 年代，越来越多的人清楚地意识到这种松散的邦联制度并不是一个管理新共和国的有效手段。经济状况极度不稳定，缺乏一个中央集权的政府，以至于无法协同各种努力来缓和这种状况。1787 年在马萨诸塞州西部爆发的农民和其他穷人所参与的武装起义——谢斯起义，更是揭示了新共和国的不稳定性以及邦联在处理这些社会冲突方面的无能。许多人开始认识到，人们时时提防的对象也许不应该是可能会侵犯下面利益的中央政府，缺少一个有效的中央权威恰恰是令人担忧的。

那年夏天，各州代表齐集费城，准备制定一部宪法。关于这份文件究竟应该包括哪些内容，代表们各持己见，当然这不足为怪。关于究竟有哪些权力应该归州所有，哪些归中央政府所有，国家是继续使用各州的军事力量来抵御外敌，还是建立并依靠一支国家层面的常备军队，以及每一个州如何来解决自己的财政问题（例如债务承担问题）这几点，分歧尤其大。隐现在这些细节性争论背后的是真实的哲学理念上的分歧，涉及人的本性以及权威和权力的作用。这些分歧在下述争论中表现得尤为明显：一方（联邦党人）主张建立由称职的精英团队来管理的强有力的中央政府，一方（反联邦党人）担心各州主权会因此而受到损害，权力被集中到一小部分人手中。

为了回应反联邦党人的关切，约翰·杰、亚历山大·汉密尔顿和詹姆斯·麦迪逊分别撰写并发表了很多文章，到处传播，这些文章后来被称为《联邦党人文集》。这些文章集中反映了联邦党人与反联邦党人的争论焦点。《联邦党人文集》集中讨论了五方面的问题：不受制约的多数人权力可能造成的危害、领导力中美德的必要性、权力的合法性、主权的性质和三权分立。这些问题直接影响了德鲁克关于建立一个"尚能容忍的"社会的管理学理念。接下来，我们首先会讨论一下 18 世纪美国人关于这些问题的争论，随后来分析德鲁克是如何将这些联邦主义概念运用到组织管理学中去的。

派别和"多数人的暴政"

18 世纪的美国知识精英们对于政治对立的概念深恶痛绝。那个时代尚未出现任何派别或者政党，人们认为党派之争会分裂国家，并且难以挽回。正如历史学家理查德·霍夫施泰特所认为的那样，人们态度上的改变是随着联邦主义和反联邦主义的兴起而开始的，但是在展开关于宪法的争论的过程中，论辩双方都认为派别林立会对社会造成危害。在《联邦党人文集》第10篇中，麦迪逊声称："在一个组织良好的联邦所允诺的众多优势中，没有哪一个利益比该联邦打破和控制分裂的暴力这一倾向更值得准确发挥的了。"麦迪逊提出了一个著名的论点，那就是，派别是社会的基本组成部分，也因而"分裂的潜在原因其实早就植根于人的本性之中了"。只有一个更大、更多样化的社会才能避免某个派别或者特定的利益群体来主宰整个社会。相对于一个小规模、同质化的联邦，由多种利益群体组成的更大规模的共和政体，不仅能够阻止具有暴力倾向的少数派别垄断政治舞台，而且能够阻止麦迪逊所说的"多数人的暴政"，或者说是多数人利益占主导地位，牺牲持不同意见的少数人的利益。麦迪逊发现，这就是拥有更大的代议制政府的利益所在："各派别领导人的影响力可能在特定的各州煽风点火，却不可能将这把火烧到其他州去。"

在《联邦党人文集》第10篇中，麦迪逊还提到了反联邦党人最主要的担心之一，那就是，掌控联邦政府的少数利益团体可能会压制了大多数美国公民的利益。针对反联邦党人的人口统计特征、态度和属性所进行的大量学术研究表明，他们并不是一个同质的群体，但是他们对于任何一种可能威胁到承认特权继承的已有制度的任何新的权力和影响力显然都深怀疑虑。有很多历史学家，比如斯坦利·埃尔金斯和艾里克·麦基特里克和戈登·伍德，都曾经指出，反联邦党人特别担心的是社会的流动性和与此相关的独立战争所造成的社会动荡。反联邦党人的"农村"反对派担心崭露头角的商人和中产阶级的专业人士所造成的影响，这些人会威胁到反联邦党人关于阶级结构和社会秩序方面的农业理想。麦迪逊勇敢地面对着这一真切的忧虑，他告知大家，新宪法不仅会保护少数人的利益不受大多数人意愿的侵害，而且会保护国家避免受到容易冲动的少数人的随心所欲的影响。

一个美德尚存的社会

毫无疑问，联邦党人和反联邦党人都认为国家必须由具有美德的人进行管理，按照定义来说，就是由少数人组成的一批精英团体来管理。在美国独立战争如火如荼进行的那些年，有道德的、公正的民众一直是一个极为重要的主题，知识分子们把这场革命既看作一个政治问题，也看作一个道德问题。新的共和国不得不时刻牢记历史的教训，不要再次陷入罗马衰亡的陷阱。对于新的共和国来说，自我克制变成了美德的象征；正如戈登·伍德所指出的那样，"为了更为崇高的整体的利益而牺牲个体利益，正是共和主义精神的本质，也是美国人所理解的革命的理想主义目标"。

谢斯起义和其他事件一起表明美国民众已经失去了自我控制，自那之后，许多政治领导人开始质疑美国人民的道德。在麻省起义爆发 6 个月前，乔治·华盛顿在弗农山庄给约翰·杰写信，他哀叹道："在我们组成这个邦联的时候，我们对人的本性的判断可能是过好了。经验告诉我们，如果没有一个强制性力量的干预，人就算面对通过精心考量而找到的最佳措施，也不会采纳，不会付诸行动。"因此，在《联邦党人文集》中，"道德高尚的领导者"这一主题反复出现也就不足为奇了。例如，在《联邦党人文集》第 57 篇中，麦迪逊提到反联邦党人指出，由一批精英分子组成的众议院是无法理解普通民众的需求和愿望的。麦迪逊说，这一点"触及了共和政府的要害"，该政府需要"为统治者找到最高智慧来辨别以及最高道德来追求社会公益的人；而且当他们继续能够赢得民众信任的时候，采取最有效的预防措施促使他们保持廉洁奉公的美德"。

在有关宪法的辩论中，关于政治领导人的美德的本质的争论仅此而已。联邦党人最终做出的让步包括在美国宪法中包含了《人权法案》的内容，这表明麦迪逊和其他人已经意识到，宪法需要增加一些内容来保护个人权利不受权力滥用的侵害。联邦党人对人的本性有所怀疑。尽管反联邦党人所担心的是一批新兴的富贵精英分子手中拥有过多的权力，而包括麦迪逊在内的联邦党人则对不受制约的权力所具有的危险了然于心，不管这种权力是在少数派手中还是在大多数民众手中。最终形成的美国宪法反映了人们对拥有美德的领导人（有能力做出明智的选择，以社会利益为重，用中国人的话说，能够做到"先天下之忧而忧，后天下之乐而乐"的人）的强烈信念，但同时也意识到人类本性有这样一种倾向：以牺牲公众利益为代价来追求个人利益。

权力的合法性

美国人是在刚刚结束被大英帝国统治和发生过革命战争的时代背景下参与关于宪法的辩论的。在辩论过程中，权威的合法性成为一个重大问题，也因此影响到了新政府如何才能恰当地行使权威之类的相关问题。这一问题与主权密切相关，但同时也与美国人对品德高尚的精英领导人的信念有关系。在围绕宪法中所明确的新政府的结构来争辩的时候，联邦党人极其关心如何建立一个有序的政府，使之既体现人民的意愿又保持人民所看重的领导人的美德。因而，他们也需要说服反联邦党人接受宪法的合法性。换句话说，"这一新政府必须有能力、有权威，并能赢得人民的尊敬，而这一切还都必须为人民所相信"。

为新政府提供合法性的最重要因素之一是对绩效的强调，而不是对地位和特权的强调。为政府服务被认为是一种责任，而不是应得的权利。许多历史学者都提到过乔治·华盛顿作为美国首任总统起到的独一无二的作用。他平和、理智的气质，长期服役的经历，在弗吉尼亚州众议院任职，所有这一切使得他成为那个时代一个有"品格"的人。华盛顿本人就给新政府带来了合法性，原因是，作为首任总统，他是一个"很自然的"选择。他拥有担任该职位的一切境界和声望，同时又没有任何浮夸之气，也没有任何非凡的个人魅力，如果有的话，会让人们怀疑其动机不纯。华盛顿体现出了公共服务的所有美德，也体现出了联邦党人和反联邦党人共同推崇的自我克制力。

正如戈登·伍德指出的那样，"华盛顿体现了革命一代人渴望在领导人身上看到的一切特性。他有品格，是一个真正品德高尚的人。这一美德并不是天生的……华盛顿是一个自我成长的英雄，这一点深深地打动了18世纪世界上所有被启蒙了的人，那时人们特别看重那些既能够掌控其激情又能够掌控其命运的人。华盛顿似乎拥有一种自我养成的贵族气质"。在刚刚脱离英国而获得独立的美国，几乎没有人会担心乔治·华盛顿会变成当时的英国国王老乔治。

宪法的制定者们小心翼翼地将总统的内阁成员定义为其助手，而不是占据各部门的竞争对手。华盛顿和其他人都担心这些助手的任命方式；对于照顾问题，即任命自己的朋友和家人来担任诱人的政府职位，他们有所了解。华盛顿根据候选人的公共服务记录和声望，极其慎重地挑选内阁成员。事实上，正如埃尔金斯和麦基特里克所看到的那样，华盛顿其实并没有太多选择；他需要他们认可和帮助的那些掌权者并不是来自"第一家庭"，而是在各自社区中不负众望的优秀公民。华盛顿在自己的任内拒绝给自己的外甥安排任何职位，其根本原因在于："他不是根据贵族出身，而是根据公民美德来做人事安排的。"

主权

主权的性质问题一直以来是美国革命背后的主要争议之一。主权的概念是在 1688 年光荣革命之后进入英国的政治思想当中的。其信念是，世界上存在着一个单一的、不可分割的、高于一切的权力根源；所有的实体都需要服从于这一终极权威。尽管传统上这种主权属于君主，但是在 1688 年光荣革命之后，英国人将议会视为终极的主权。但是，随着英国议会所颁布的法律日益增多，有些法律显得随意而不公正，导致各个殖民地都被激怒了，他们开始挺身而出，挑战英国不可分割的主权概念。有些殖民主义者指出，议会只具有对外监管的权力，而没有对内征税的权力。最终，美国革命者开始争辩说，真正的主权是属于人民的，政府权威必须被限制在某些领域之内。⊖

当联邦党人提议建立一个统一的政府来统管所有 13 州时，反联邦党人重新提出了独立战争之前就已经提出过的观点。反联邦党人警告说，英国人在关于议会主权方面也曾说过同样的话。美国革命归根到底已经从事实上反驳了下述这一根本原则：一个政体是可能代表许多不同的利益群体，并且能够处理好税收等问题的。反联邦党人所问的是，如果主权事实上是不可分割的话，那么两级主权政府（州和联邦）如何才能平等地进行统治呢？关于主权的问题同样也促使反联邦党人重视《人权法案》；如果不能确定联邦政府的权力的边界，那么谁又能保证新的主权力量不滥用其权威，不重蹈英国的覆辙呢？

⊖　关于民众自主权的起源的全面探讨，参见 Bailyn（1967，pp.198 ～ 229）。

联邦党人不断地改变立场，努力将人民主权这一革命观念纳入宪法：真正的权力属于全体人民。最终的结果是，但凡是宪法中没有明确提及的权力都要交到人民的手中。麦迪逊在《联邦党人文集》第46篇中对这点进行了清晰的阐述，他指责反联邦党人没有能够看到："不管其衍生形式归属于谁，终极的权力必须归属于人民；而且，两级政府之间是否有哪一级政府能够牺牲另一级政府的利益来扩大自己的管辖权限，这一点不仅仅取决于不同政府在目标或技能方面的差异。"

亚历山大·汉密尔顿在《联邦党人文集》第84篇中对人民主权做了阐述：

> 因此，依其原意，凡此种种均不适用于宪法，宪法是公开宣称建立在人民权力的基础上的，由人民最直接的代表和仆从来贯彻执行。严格地说，人民不必交出任何权力；而当他们获得所有权力的时候，他们自然没有必要保留某些权力，"我们，美国人民，为确保我们自己以及子孙后代永享自由，特受命制定美利坚合众国宪法"。这是对民众权利更大的承认，远胜于一些州所通过的警句连篇的《人权法案》，殊不知，这些警句更适合出现在伦理学论文中，而不是政府宪章中。

尽管《美国宪法》最终也包含了《人权法案》，但是上述争论揭示，联邦党人在有关主权方面的态度有过明显的改变。面对新兴的联邦政府，人民主权是克服不可分割的主权这一两难困境的一个手段。正如伍德所指出的，"只有让人民自己，而不是任何立法机构的代表，成为所有权力最后的、不受限制的、持续不断的行使者，联邦党人才能解释得清楚新兴的联邦主义理念有别于18世纪的主流思想，该理念认为各州的立法机构和联邦的立法机构能够同时、平等地代表人民"。

三权分立

尽管人民主权这一概念早在美国革命初期就已经产生了，但是大多数美国人都对人渴望获取更多、更大权力的本性有着清醒的认识。将权力分散给不同的单位，以此来防止权力过多地集中于某一个人或者某几个人手中，这可以说是早期美国政府的重要特征。弗吉尼亚州、马里兰州、北卡罗来纳州和佐治亚州的宪法都含有将权力分成立法权、行政权和司法权并且各自独立的条款。

关于美国宪法的争论还包括对新成立的联邦政府三权分立的性质所展开的激烈讨论。考虑到美国人了解这一概念有着相对较长的历史，反联邦党人特别关注宪法的这一方面就很好理解了。反联邦党人针对的是三个权力部门之间的关联。例如，行政和立法机关同时拥有缔结条约的权力，因此持反对意见的人士担心这一例子以及其他例子中的权力混杂现象可能会有损美国早期三权分立的政治理想。

麦迪逊用《联邦党人文集》第 4 篇直接回应了这些批评意见。他指出，尽管所有州的宪法都包含了确保三权分立的条款，"但是，我们在任何情况下，都找不到不同部门的权力确实是绝对分开、井水不犯河水的"。简单地说，仅仅因为宪法中有这些内容，并不就意味着政府真的能够依法行事。

在《联邦党人文集》第 51 篇中，麦迪逊提出了一些确保三权分立原则能够在实际中得以贯彻执行的具体方法。麦迪逊给出了一连串清晰的指令，每个权力部门都可以保有"自己的意愿"，但同时"在其他部门成员的任命上尽可能少发挥作用"。但是，能够真正防止权力滥用的最佳手段是将个人的抱负与整个组织的目标结合在一起，同时还要认识到人的本性：

> 为管理每个部门的主管提供各种必要的合法手段和有效的个人动机去抵制其他人的侵犯，这是避免多种权力逐渐集中于同一个部门的最有效措施。在这种情况下，与在所有其他情况下一样，防守之条款必须与攻击之危害相匹配。应对人的野心，必须借力打力。人之利益需要与其所在地之合法权利相关联。采取措施控制政府中的权力滥用现象实属必要，这也许反映了人的本性。但是，政府本身是什么？难道不是对人的本性的所有反映中最集中的一种吗？如果人人都是天使的话，那么政府就完全没有必要存在了。如果是天使来管理人，那么对政府的内外控制也就都不需要了。建立一个由

人来管理人的政府，有一个很大的困难，那就是：你必须先帮助政
府控制住被统治的人；然后，再让政府控制住其自身。

由于美国很早就有实行三权分立原则的经历，联邦党人将这一原则写进
了宪法。但是，他们关于这个概念的看法有发生过变化，从最初线性的制衡
这种静态观念转变为更加现实的看法，认识到其中存在人的本性问题而不仅
仅是组织的结构问题。

联邦主义和德鲁克的目标

美国人有过在 18 世纪围绕宪法展开争论的经历，当时面临的问题仍在
困扰现代的各类组织。正如美国宪法制定者们一直担忧"多数人的暴政"可
能会影响到社会中少数群体的利益，或者一个热情过度的少数群体可能会引
发社会混乱一样，今天的组织也关心如何鼓励不同的意见，同时又不会导致
恶意攻击。公司伦理方面的培训和领导力技能的发展似乎在努力给今日的
高管们灌输管家精神的价值观、智慧，与此同时，我们必须明白组织有责任
对不良行为的产生保持最基本的警惕。民众对于高得惊人的高管福利和不符
合伦理的金融交易活动的谴责，使管理者权力的合法性这一问题浮出了水
面；这些高管们真的是因为自己的才能和成就而身居高位，还是仅仅因为拥
有某种特权？在当今架构更为扁平的公司中，权威和权力在整个组织中更为
分散；正如美国的开国元勋在界定与联邦政府和各州政府有关的人民主权时
费尽周折一样，今天的各类组织也经常要考虑，遇到问题，谁来做出最后决
策？在团体性项目中，究竟谁对最终结果负责？最后，现代组织中的共享型
领导力使权力分立的灵活性更大，结构化程度大大降低；与汉密尔顿和其他
人所遇到的问题一样，组织所遇到的问题更多的是关于如何管理人的本性，
而不只是构建一个由事业部或各部门组成的正确的组织结构。

正如德鲁克在针对罗萨贝思·莫斯·坎特的反驳中所显示出的那样，如
果我们的理解是对的，我们就会发现，德鲁克的学说是非常实用的，既考虑
到了人的本性，也考虑到了组织的现实。这一结论，只要深入地分析一下联

邦主义在德鲁克有关管理和社会的著述中的地位和作用，就不难得出。跟联邦党人一样，德鲁克致力于为社会规划一幅蓝图，他希望建立这样一个社会：既能遏制人性中最丑恶的倾向，又能释放人为善的潜能。美国宪法制定者们是在一个相对同质化的社会中努力设计治理框架，而德鲁克却试图为现代的工业化世界找到一个"尚能容忍的"社会的模式。

德鲁克谈"多数人的暴政"

在其早期作品中，德鲁克承认了麦迪逊的"伟大创新之举"就是写出了这样一篇论文，认为，"任何一条原本符合伦理的权力意志原则都有可能变成专制主义，即如果没有一个与之对抗性原则的制约、控制和限制，都会变成一种暴政式的原则"。德鲁克接受了麦迪逊以"多数人的暴政"形式体现的不受制约的权力概念，并用这一概念来帮助他研究建立一个由各类组织构成的有效运转的社会所必需的各种条件。在麦迪逊时代的美国，多元主义是一件令众人担心的事情；当时没有人听说过政治多元主义，很多人，尤其是那些富裕的地主阶层，看不惯新共和国中势力不断增长的新富阶层。但是，在德鲁克生活的20世纪的美国，人们已经能够容忍（如果说还不能完全接受的话）多元主义了。在德鲁克所说的多元主义社会中，不同的组织之间也会争权夺利。对于德鲁克来说，麦迪逊提出的"多数人的暴政"和派别问题已经变成一个各种大型组织在其中运营的不同领域：私有企业、政府 / 公共部门和社会性 / 非营利部门。麦迪逊当时所担忧的是任何类型的特殊利益群体，不管是少数派还是多数派，拥有不受制约的权力，而德鲁克所担忧的是某一部门（尤其是政府）拥有不受制约的权力，没有任何挑战它的力量。德鲁克对组织中和社会中由于权力不受制约而引发的诸多问题一直忧心忡忡，致使他寻求联邦主义（或者是分权的做法）来制约公司的权力，寻求多元主义来制约政府的权力。

德鲁克对于企业所具有的制约政府权力扩散的能力尤其感兴趣。因为亲身经历了极权主义的威胁，尤其是在冷战时期，德鲁克意识到"工业企业的兴起"能够成为挑战"国家成了社会唯一的中心、唯一的焦点和唯一的权力这一趋势"的主要力量。后来，德鲁克还将其他一些部门视为挑战政府权威的力量；这种新的"社会多元主义组织是非政治的、以绩效为核心的承担单一任务的各类机构之一"，包括医院、教堂以及在德鲁克所称的"社会部门"发挥作用的其他实体。正如麦迪逊希望不同州之间的多样化能起到稳定的作用一样，德鲁克也相信不同利益群体之间的多样性能够更好地服务社会，防止"多数人的暴政"。

但是，就德鲁克而言，他更聚焦于制约社会中的各类机构的权力，而麦迪逊更主要地考虑去限制各个政治派别的权力，这些派别往往会在没有一个强有力的中央政府的情况下、在由各州组成的联邦还松散的状态下快速崛起。

德鲁克的组织多元主义体现了麦迪逊关于共和政府的观点，是其在组织中的意味深长的应用。在德鲁克提出的 20 世纪的多元主义中，每个组织机构都有自己的使命，有自己的世界观，有着自己的议程；这一切可能会存在某些共同点，但是在更多的领域中，各个组织机构则是针锋相对的。根据德鲁克的看法，多元主义并不只是针对政治权力的，而是针对不同职能的："社会上新的多元化组织对于政府和治理并无兴趣……它是社会的一个'器官'。因此，其结果更多地依靠外部因素……这些新的组织机构不会像旧的多元化组织机构那样去侵犯政治权力。"

这样一种视角忽视了政治说客在争取政府资助或者推动立法方面所发挥的作用，但是德鲁克的观点还是值得肯定的：现代的组织机构应该聚焦于自己的活动范围内，而不是去追求所谓宏大的公共利益。尽管如此，正如麦迪逊惧怕 18 世纪美国社会的自我利益团体拥有不受制约的权力一样，德鲁克也担心 20 世纪美国社会中所存在的以自我为中心的各类组织机构拥有不受制约的权力。而多元主义，尤其是以多个社会领域中多个有效运转的组织机构的形式所体现出来的多元主义，恰恰是德鲁克给"多数人的暴政"这一疾病开出的解药。

德鲁克谈美德

德鲁克的管理学著作是写给品德高尚的人的。因此，他所意指的听众是有限的，主要是那些严格遵守根本的伦理道德准则的领导者——"绝不有意做坏事"。德鲁克非常积极地指出，管理学的真正核心所在就是领导力所体现的正直与诚信。尽管如此，他也说过，即使是最优秀的领导者也可能会在自己不知情的情况下做出有害的事情。品德最高尚、动机最纯正的管理者，有时即便是出于最善良的意愿，也可能引发最严重的伤害。

不管是对美国的联邦党人来说，还是对德鲁克来说，美德都是用意图或者动机来界定的。和美国的开国元勋们一样，德鲁克认为，美德就是把他人的更大善行的需求放在个人的自我利益之前的一种能力。就管理者而言，这就需要将个人的自我放在一边，聚焦于组织及其利益相关方的需要。管理者不仅必须认识到自己的行为，还必须认识到组织的价值观：

> 最直接的结果总是最先出现。在关注和培植一个组织时，这些直接结果起到的作用就如同卡路里在人体所需的营养中所起到的作用。但是，任何一个组织都需要员工信守并不断明确其价值观，这正如人体总是需要维生素和矿物质一样。"一个组织一定要代表"某种东西，否则它就会堕落为无序、混乱甚至瘫痪的状态……对价值观的坚守，跟结果是一样的，容不得模棱两可。

德鲁克非常看重结果，即人或组织当初设立的目标的最终成果。但是，管理者的意图也是同样重要的；一个高管可能在工作中取得了耀眼的成绩，但是如果这一结果是靠错误的动机（例如，是自吹自擂和夸大其词，而不是满足组织及其员工的需要）来驱动的，那么这个管理者并不能被视为品德高尚的典范。

尽管对美德颇为推崇，德鲁克关于人性有缺陷的假设并没有让他完全放心地将社会上的各类组织机构托付给诚信的领导人，从此就听之任之了。因为管理总是会牵涉到人，因此德鲁克很坚定地认为，管理必须要考虑人的本性问题，考虑到人为善和作恶的潜能："正是因为管理的对象是一个因为一个共同的目标而通过工作纽带结合在一起的由人组成的社群，所以管理必须时刻应对人的本性问题（正如我们所有人在现实生活中都经历过的那样），应对善与恶的问题。"

管理者必须意识到，在涉及人的事务中，善与恶总是同时存在的，管理者还必须永远对即使是品德高尚的人也会犯错这一可能性保持清醒的认识。联邦主义为避免权力滥用而建立的保护机制也为德鲁克提供了一个有效的办法，可以阻止组织中随处可见的品德并不怎么高尚的管理者心中的阴暗倾向。

18世纪美国的邦联时期所发生的社会动荡显示，即使是一个基于美德而建立的共和国仍然需要一个更大的能够起到引领作用的制度框架，来尽量降低失序和腐败的倾向。德鲁克也意识到，即使是那些品德最高尚的领导者也需要一个有效的结构设计使自己时刻保持自己的品德。他深信，解决商业世界里的伦理问题的唯一有效办法是高度强调存在于组织内外的各种关系之间的相互依赖性；通过强调这一"相互依赖的伦理准则"，领导者就能够理解自己的行为给他人造成的影响。而只有通过真正理解了大的治理结构和秩序，各类组织才能开始抗衡人类本性中的负面因素。正如麦迪逊已经意识到的那样，只有天使才能在没有来自内部或外部的指导的情况下治理好自己。

德鲁克谈权力的合法性

从某种意义上说，德鲁克和联邦党人都试图将一种新的权力之源合法化。联邦党人不得不说服各州通过宪法，一旦宪法通过了，各州就要接受一个新的联邦政府，该政府将拥有超越各州政府的某些权力，只不过这些权力是有限的而已。德鲁克意识到大型工业化组织是构成现代社会的新实体，但是他担心这些组织所拥有的权力未必都具有合法性。因此，德鲁克在设计一个由组织构成的有效运转的社会时所采纳的方法，其关键一点就是各类组织的领导者所行使的权力必须具有合法性。

那么，什么才是合法的权力呢？合法的权力又是如何形成的呢？德鲁克是如此阐述的：

> 合法的权力起源于这样一种社会信念：该信念是关于人的本性和人的价值实现问题的，个人的社会地位和社会职能都建在这些问题上面。事实上，合法的权力可以被定义为一种统治关系，这种关

系能在基本的社会思想道德中找到其存在的合理依据……除非公司中的权力能够按照一个被普遍接受的合法性原则加以组织，否则的话，这一权力将不复存在。它可能被中央政府所替代——这倒不是因为政府想要该权力，而是因为消费者会迫使政府来行使该权力。

德鲁克指出，在美国，组织的权力只有在其反映出被一个民主社会所普遍接受的价值观的情况下才具有合法性，这些价值观包括机会平等和个人自由。如果管理者行使权力的方式方法有悖于美国民主的大原则，那么社会就不会承认这些管理者或者其组织是合法的权力机构。

包括滥用权力在内的各种公司丑闻是不合法的权力的例证。许多领导者和渴望成为领导者的人身上都具有一个显著特征，那就是，渴望行使权力。德鲁克担心的正是这种不受制约、不负责任的权力："任何人，不管他多么善良，多么智慧，或者多么审慎，一旦得以行使不受制约、不受限制、不负责任或者不合理性的权力，用不了多久就会变得独断专行、冷酷无情、丧失人性、任意妄为——换句话说，变成一个暴君。"

合法的领导力一定包括责任在内，这种责任是对组织使命及领导者属下的人所负有的责任。德鲁克关于领导力的概念与美国宪法制定者们的概念如出一辙：领导力是一种责任，而不是地位或者特权。

为了"使我们的工业制度中的统治权和决策权变成一种合法的权力"，德鲁克尝试了很多办法，其中一个办法是为行使职权的领导者的职能做界定。德鲁克指出，领导力意味着努力工作，领导力是达到某种符合期望的目的的手段。领导者负责招聘、组织和培训普普通通的男女，把他们聚集起来，去完成不寻常的事业。根据德鲁克的观点，有效的领导者根本不担心手下人有能力，反而主动鼓励和帮助这些人进一步提高能力。联邦党人，尤其是华盛顿，意识到，基于才能和成就而不是家庭背景来遴选内阁成员是极其重要的。德鲁克一脉相承，也强调普通管理者和高级主管们通过自己的努力，而不是通过政治手段来争取到职位，其认为这是极其重要的。

德鲁克用任务来定义领导力。领导力一开始需要确立目的和目标。高效的领导者树立有力的价值观，包括有助于提升组织中的团队精神的价值观。领导者为自身和他人树立很高的行为和绩效标准。他们为整个组织设定优先任务。他们会通过个人观察，并使用及时的绩效评估标准和控制措施来时刻关注事情的进展。领导者也要确保组织当下的使命，不管是在面对环境的变化方面，还是在提升组织的能力方面，都是适当的、有效的。

一个高效的领导者靠自身努力来赢得追随者的信任。信任是诚信中的一个核心要素。领导者如果能做出正确有效的人事决策，包括招聘、安置、晋升和解雇等，就能够展示出诚信。只有为了组织的使命，不懈努力，以身作则，率先垂范，领导者才能赢得信任。高效的领导者都是楷模。

值得注意的是，德鲁克关于领导力和其多种任务的定义中并没有包含领导者必然会表现出来的特定的个性类型。德鲁克鄙视认为有权者都拥有"个人魅力"或者某些个性特征的看法："领导力并不是指有磁性的个性特征，那可能不过就是巧言令色。那种特征不是'交朋友和影响人'，而是溜须拍马。"在我们对联邦党人有关法定职权的模式所进行的比较研究中，乔治·华盛顿的案例发人深思。华盛顿绝对谈不上是一个潇洒的人物；事实上，正是他那颇为平淡的个性提升了其行为可靠、举止庄严的声名。华盛顿身为国家元首的合法性建立在其所取得的成就之上，而不是在其所拥有的某些所谓领导力特征之上。

德鲁克谈主权

从美国独立战争开始，权力的归属就从各州转移到了人民手中，美国的开国元勋们继续推进这一转移过程。从本质上说，德鲁克坚持认为人在工作场所也能获得尊严和成就感是非常重要的，这样做是把大部分权力赋予了个人。更为突出的是，德鲁克关于知识工人将成为世界经济驱动力的观点也反映了权力的转移，从董事会中的高管们那里转移到了工人自己身上——这也是人民主权的一种形式。

德鲁克在很多场合都强调知识工人的性质是不同的，其独立性和自主性带来很多内在的挑战。这些工人掌握专门化的技能和知识，这些技能和知识只属于他们自己，并且可以从一个组织转移到另一个组织去；因此，知识工人是高度流动的，忠诚度低于非知识工人。正如德鲁克意识到的那样："知识工人有工作做正是因为他们可以在其中工作的组织。就这个角度而言，这些知识工人对组织具有依赖性。同时，他们掌握着'生产的手段'，那就是，他们自己所拥有的知识。"知识工人拥有只属于自己的资产，这些资产是通过教育和经验获得的。相比体力劳动者，知识工人则体现出更大的流动性，因为他们拥有自己的资本，即知识资本。

在发达的经济体和社会中，共享型领导力和自我领导力是管理好这部分日益壮大的员工群体的新兴模式。有大量的证据表明，通过发挥自我领导力和共享型领导力能够大大提高知识型工作的绩效。要更成功地激励知识工人这一员工群体，垂直型领导力显然已经不那么奏效了。比起体力劳动者，知识工人更加追求工作中的意义和目的。这些知识工人的动机和绩效需要共享的远景、共享的价值观以及集体的回报。

由知识工人构成的组织倾向于更加扁平化，更多地建立在信息的基础上。交响乐团可以说是以知识为基础的组织的最佳案例之一。交响乐团的组织是以一种放权的方式进行的，权力一直分到一个个团队，甚至是一个个人那里去。交响乐团是由指挥和乐谱或者使命而凝聚在一起的。指挥的目的是确保大家共享乐队的使命，使每一个乐团成员都从内心认同乐队的使命。这一内化了的乐谱成了自我领导力的基础。

联邦党人提倡人民主权这一概念是为了缓解大家对联邦政府和州政府之间争夺权力的担忧，而共享型领导力的理念是为了使权力从内部得到认同。在以知识工人为主的更加扁平化的组织中，用汉密尔顿的话来说，"人们其实并没有放弃什么"。

德鲁克谈三权分立

德鲁克将联邦主义的理念延展到工业化组织，以期制约其中的权力；他认为，权力分立，加上关注公司内部各个有权单位的经营结果，可以防止权力和权威的滥用。正如美国开国元勋们所理解的那样，德鲁克也认识到了人的本性在人们寻求更多权力的过程中所起到的作用。通过将权力分到不同的部门，组织就可以把权力授予各部门的领导者，帮助他们有效地"抵御来自其他部门的侵犯"，这也是麦迪逊所提示过的。德鲁克指出，部门（或者用他自己的话来说，"联邦的单位"）应该是独立存在的，而且"部门与部门之间应该有竞争关系"。当它们相互之间没有竞争关系反倒是相互依赖的时候，德鲁克就认为这些部门应该有"放弃权"。例如，汽车部门应该拥有从外部供应商而不是内部部门那里采购零部件的权利，当然前提是外部供应商在成本或者品质上有竞争力。这种"放弃权"是从美国政治历史中借用过来的表述，能够有效地阻止某一部门凌驾于另一个部门之上。

尽管美国宪法的制定者们在宪法中包括了有关三权分立的表述，但是他们还是意识到了（反联邦党人也同样意识到了），有些时候政府三个分支机构所承担的责任之间还是不可避免地有某种重叠。但是，麦迪逊认为，所有这三个部门都必须在为美国人民的利益服务这一目标上团结一致。同样，德鲁克也意识到，"权力分立……需要组织内部存在一个共同的公民关系。这种关系是在多样性中体现的统一性"。出于本性，人会不断寻求个人权力，增强个人权威。权力分立的目标，不管是在政府里还是在企业里，都希望通过借力打力来抑制人的野心，降低上述可能性，从而实现同一个更高的终极目标。

公司联邦主义的原则

有好几个管理学者都看到了联邦主义原则在公司里得到越来越广泛的应用。公司联邦主义原则的来源不仅包括美国宪法、《联邦党人文集》、文艺复兴时期的国家理论以及前面我们已经讨论过的启蒙运动中的观念，还包括大卫·休谟和埃德蒙德·伯克⊖的启蒙运动哲学思想，还包括一些值得我们注

⊖　埃德蒙德·伯克和美国联邦党人都坚信，在制定民主的宪法时，需要将共同利益置于派别利益之上。美国宪法获得通过之后，伯克《法国大革命感想录》一书中提出了有重大指导作用的政治理论。美国的宪法是仿效英国宪法的，伯克则是英国宪法的最主要的诠释者和拥护者。在 Idea of a Perfect Commonwealth 一书中，大卫·休谟论证了中央政府和下级政府之间的权力分配。他对联邦主义者的影响是无远弗届的。

意的当代思潮。[⊖]

辅助性原则[⊖]

辅助性原则这一概念在天主教教堂中有一段很长的历史，可以追溯到1891 年教皇列奥八世所颁布的教皇通谕，该原则又在 1991 年教皇约翰·保罗二世所颁布的教皇通谕中有了进一步发展。该原则主张，任何一种职能，如果能够由下一级的实体承担，就应该由该实体承担。这是有关授权的反面假定。根据辅助性原则，权力和权威应该归属于组织中能够行使该权力和权威的最低层级。当然，这不包括那些会影响到整个组织生存的重要决策，这些决策必须留给更高层次的权威。

德鲁克将英国人在印度次大陆长达两个世纪的管理实践作为管理方面的楷模，其组织就是扁平的，建立在信息基础上的。这一经典案例也生动地体现了上述辅助性原则。

只通过采用三层管理制度，英国当局就做到了对整个印度次大陆所有事务的有效管理：9 个邦级官员，100 个地区官员，加上 100 名左右向地区官员汇报的公务员。英国人之所以能做到这一点，是因为建立了一个信息流动制度，确保每一个地区官员都能做到以下几点：

- 明确过去一个月对自己所管辖的地区的期望。
- 描述过去一个月有哪些任务半途而废了，有哪些任务，其实际执行情况与期望的不一致。
- 给出对下一个月的各项任务的期望。
- 把报告提交给相关邦里的主管，后者会向地区官员进行详细的反馈。

现代的信息技术和管理手段能够让辅助性原则体现出比印度这个案例更

⊖　在这些更多有关公司联邦主义的原则方面，我们尤其需要感谢查尔斯·汉迪的贡献。他在"平衡公司权力：新联邦党人文集"一文中对这些原则进行了详细的阐述。

⊖　人们总是将辅助性原则与宪政联邦主义错误地关联在一起，但是前者其实更多的是天主教社会思想的独特原则，与美国宪法的制定者并没有什么关联。参见 Carey，2004；Grasso，Bradley；Hunt，1995。

大的效果和更高的效率。但是，这一案例仍然提供了一个有力的证据，证明该原则在实际操作中完全行得通。

相互依赖原则

相互依赖涉及前面讨论过的主权分裂问题："联邦和邦联是不同的，在邦联中，每个州并不把主权交给中央，也不试图从邻近的州那里获取什么。"而相互依赖则为一个实体中的不同单位进行整合提供了合理依据；这些单位"跟需要中央一样相互需要"。而且，除非联邦能够对下属的各个有权单位有所贡献，为其提供服务，而且这些服务只有由该组织的中心（总部）来提供才能既有效果又有效率，否则，各个有权单位没有任何理由去成为整个联邦的一个组成部分。

协同控制与公司治理制度

汉迪所列举的公司联邦主义的最后一个原则是建立协同控制和公司治理制度的必要性。协同控制既能使经营各个独立单位的高管们对其绩效负责，又能使经营整个的高管们对其绩效负责。正如汉迪所确认的那样，对一个企业的"监理和治理"，其目的在于找到一个等同于民主政府中三权分立的制度和做法：

> 管理是一种行政职能，负责出成果。监理是一种司法职能，负责监督在出成果的过程中遵守国家法律、符合各种标准、秉承伦理原则。治理是一种立法职能，负责管治管理者和监理者，最重要的是，负责企业的未来发展，负责战略、政策和方向。

通用汽车：公司联邦主义的尝试

德鲁克在《公司的概念》一书中，将通用汽车的组织和运营描绘成"联邦主义的尝试，总体而言，这一尝试可算是非常成功的"。那么，这一联邦主义尝试的成功要素是什么呢？德鲁克说："通用试图将最大的公司统一性和最大的部门独立性和责任结合起来；和每一个真正的联邦一样，其目标是通过各地的自我管理和自我负责来实现统一。"德鲁克意识到公司里的分权不只是另外一种工业化的组织方式。由于这种分权的做法，其根源是政治上的联邦主义，而且还运用到公司内部的各部门和经销商以及其他外部合作伙伴那里，因此，被德鲁克视为一个新的社会秩序模式。

通用汽车公司是由威廉·杜兰特创建的，它是一个由"许多分散的制造和销售汽车、零部件和配件的公司"所组成的集团企业。杜兰特本身是一名销售员，他看到了低价汽车这一市场不断发展的机会，但是当时的他却没有想出任何组织结构或流程能够帮助他抓住这个机会。由于缺少一个统一的结构和流程来有效地管理通用汽车旗下多个有权的"分公司"，杜兰特的公司在第一次世界大战之后成了经济萧条的牺牲品。公司差一点儿就破产了，好在在摩根公司的帮助下，该公司和杜邦公司之间达成了一笔交易，由后者给通用注入一笔资金，从而使其免于破产。皮埃尔·杜邦成了通用汽车公司的首席执行官；最终他采纳了由阿尔弗雷德·斯隆制订的公司重组计划，斯隆当时是联合汽车公司（通用汽车公司的配件分公司）的副总裁，也是通用汽车公司的董事和执委会成员之一。斯隆在 1923 年成为通用公司总裁，在 1937 年成为其董事长。

斯隆为通用公司设计了一个联邦式的组织架构，既有分得权力的运营部门，也有集中的控制。在给杜兰特的报告中，斯隆描述了由各分公司的独立性原则和联邦的相互依赖性原则之间的冲突所形成的模糊性：

- 每一个组织的主管所应担负的责任不应受到任何限制。这样一个由其主管所领导的组织应该具有所有必要的职能，有条件全面地、合乎逻辑地推进各项措施和业务发展。
- 为了公司活动能够合乎逻辑地发展，并处于适当的控制之中，某些集中的组织职能也是绝对重要的。

某些职能的规模经济、对专门化技能的需求以及对法律风险的评估是将某些服务职能（比如财务和法律）集中起来的主要原因。而且，有关业务拓展和业务推出策略的制定和执行、高管接班政策、关键的财务和人力资源的获取和分配等权力则必须留给高级管理层。有些要求遵守整个组织的价值观和做事标准的行为，包括如何为错误的解职决定进行修正等，也必须留给高级管理层。

斯隆进一步地阐述了相互依赖的原则和政策：

- 明确地确定完成公司所有活动的不同部门的职能定位，不仅确定其相互之间的职能关系，还确定其与组织高层之间的职能关系。
- 确定组织高层的地位，协调组织高层的运转与整个组织之间的关系，使组织高层能够处在合理的位置上，并发挥必要的作用。

斯隆的公司联邦主义模式对整个商业世界产生了巨大的影响。德鲁克对联邦式的分权制度的深入研究推动了这一模式的发展，第一份研究成果是关于斯隆领导下的通用汽车公司的，写进《公司的概念》一书并得以出版，另一份研究成果是拉夫·科迪纳和彼得·德鲁克一起完成的，是对通用电气公司的研究，收录在德鲁克的《管理的实践》一书中。

在《公司的概念》中，德鲁克提出了一个关于通用汽车公司所推行的联邦组织问题，这一问题长期以来一直困扰着联邦政府，这一问题是联邦党人詹姆斯·麦迪逊提出的支持建立强有力的中央集权这一观点的核心所在："我们如何才能克服需要协作的各个部分之间的僵局，如何才能摆脱分裂主义中组织分裂的危险，如何才能消除各种争权夺利的阴谋和斗争？"德鲁克听取了麦迪逊的忠告："我们由此推断说，我们无法摆脱消除分裂的根源，唯一的办法是采取措施，控制其后果（创造一个强大的中央政府）。"

在通用汽车公司，通过推行集中的监理制度，在联邦式分权制组织中经常会发生的具有潜在破坏效果的分裂现象有所缓解。有助于缓解的另一个措施是坚持以事实为基础来衡量绩效——用成本会计法来衡量效率，用营销的方法来衡量市场份额、衡量效果。对于斯隆而言，好的管理这一概念"建立在集权和分权的调和上，或者说建立在'采取协同控制措施的分权上'"。通用汽车公司内部众多分公司之间的协同，很多都是由高层管理者以负责政策制定和执行的工作委员会的形式，以及靠开发和利用正式的控制制度来完成的。因此，斯隆为通用汽车公司设计的组织结构体现了汉迪关于公司联邦主义的三大原则：辅助性原则、相互依赖原则和协同控制与公司治理制度。

正如德鲁克在他自己对通用汽车公司的分析中所指出的那样，该公司的组织结构也在很多方面体现了 18 世纪美国政治中的联邦主义思想。斯隆的分权架构使通用汽车公司避免了"多数人的暴政"这一错误，或者阻止了管理层中某一特定的个性和风格特征蔓延到整个企业，造成更大的危害。德鲁克认为，所谓"通用汽车氛围"或"通用汽车类型"是不存在的。他专门指出不同分公司的主管背景各异，差距悬殊，他说："这种多样性不仅仅是公司所允许的，而且高层管理还对此大加鼓励；有一点是很清楚的，当每个人都能够按照自己的方式来做事的时候，这个人就会把事情做到最好，而当每一个分公司在都为自身所拥有的传统、行为方式和社会氛围感到自豪的时候，这个分公司就能最出色地完成任务。"

尽管德鲁克在其他著作中提到过美德在管理中的必要性，但是他在《公司的概念》一书中并没有过多地强调人的道德观的重要性，他认识到了人的本性所具有的局限性。事实上，德鲁克也指责通用汽车过多地强调了"管理者的个性或者……公民的善意……如果说通用汽车公司的制度真的建立在个人善意的基础上的话，那么它显然持续不了几十年"。

和麦迪逊一样，德鲁克深知人并不是天使。通用汽车的分权结构给了各个分公司充分的自主权（例如，没有人会阻止奥斯莫比尔试图取代其低价位的别克汽车的计划），而且也给工人充分的自主权，让他们在工厂建立自己的社群，其中每个工人都拥有某种权力来掌控自己的工作。德鲁克指出，斯隆的分权架构从很多方面来看都有助于权力的合法化，特别是公司废除了"没有人明白上面要求你做什么事、为什么要做这件事的'命令式管理'，这一点具有特别重要的意义。取代这一管理方式的是讨论式的管理，是公开的政策，根据所有相关人员的经验制定出来的政策"。

正如德鲁克所注意到的那样，通用汽车公司进行清晰的权力分立工作，在集中的管理者和每个分公司的主管之间建立起清晰的界限。尽管并没有多少证据表明，"政府组织的理论或者历史上的先例对通用汽车公司的组织管理制度的发展产生过明显的影响"。但是，公司架构体现出的分权性质与美国联邦主义所体现的原则有着千丝万缕的联系。

让目标和绩效成为检验标准

联邦主义理念中固有一种张力，那就是每个州或者每个部门的自主权与中央政府或者高级管理层之间的紧张关系。在德鲁克看来，这种张力体现着一个"尚能容忍的"社会中的生活现实，在这样的社会中，人们必须在成为一个独立的、自主的人与成为某一大型机构／社区的成员之间转换角色。最早在《工业人的未来》一书中，德鲁克就开始解决这一问题，即在一个工业化的社会中，在公司和管理者权力占据主导地位的情况下，个体的自由如何才能得以维持呢？德鲁克研究通用汽车公司的联邦式分权制度时，曾经这样评论公司管理层所享受的自由："我通过分析通用汽车公司组织策略的目标获得了这样一个印象，即个人享有很多自由是指每一个人都被赋予了与其愿意承担的责任一样多的责任——这里所说的每一个人，是指至少 300 个或者 500 个一级和二级高管。"

通用汽车公司通过推行联邦式的分权制而给高管们提供了自由，与这种自由相伴的是他们要对结果负责。对此，斯隆有过详细的阐述，但是其关键方面总结如下：

> 既放权又进行协同控制这一管理方式，其最后一个必要条件在财务方面。原则上讲，这一关键原则是指这样一个概念：如果我们能够很好地评估和判断各运营部门的成果，我们就可以安心地让其主管来处理日常的运营。我们发现，这种方法就是一种财务控制手段，将投资回报这一比较宽泛的原则转化成评估各运营部门运营状况的一个重要工具。通用汽车公司内部的基本财务控制要素是成本、价格、销量和投资回报率。

尽管德鲁克从未具体地评估通用汽车公司的财务控制原则，他更倾向于其由目标管理和自我控制组成的综合性系统，但是，他也坚信，为了在联邦组织中确保自主权，管理者必须对结果负责。"要赋予他人自主权，管理者必须有自信。这要求控制措施不带任何个人意见。要做到目标管理，管理者必须了解目标是否已经达到，这就需要清晰、可靠的衡量手段。"

在研究通用汽车、出版《公司的概念》一书之后不久，德鲁克提出了目标管理和自我控制理论。在哈罗德·斯米迪和通用电气公司其他人的帮助下，德鲁克将目标管理发展成为一种管理哲学，并将之应用到通用电气公司从部门林立转化为联邦式的分权单位的重组活动中，使之成为该公司日后组织管理内在的一部分理念。系列出版物《通用电气公司的专业管理：一个职业经理人的工作》第 3 卷中有两段饶有趣味的文字，描述了目标管理和自我控制理论的最初起源及其与公司联邦主义的关系：

> 一个管理者不需要"被控制"或"被命令"，如果他知道自己要做什么以及为什么要做；如果他通过对结果的持续衡量了解到了工作是否已经按照原计划完成了，是否是按进度进行着，如果没有按进度进行，是因为什么原因。
>
> 分权式的管理决策要求建立客观的目标，并对相对于这些目标的进展进行客观的衡量，以此来取代主观的评价和个人的监督。管理者利用客观的衡量办法能够充分地聚焦于相关的事务，聚焦于趋势，聚焦于未来。因此，在一定程度上，我们能够针对业务绩效建立客观、有效的衡量手段，而我们将管理权力和责任下放的理念也会变得更加有效。

目标管理和自我控制相结合是德鲁克在《管理的实践》一书中提出来的管理哲学，用来缓解个人自由与个人在成为公司雇员时必须服从的权威之间的张力。即使是在当下的知识社会，目标管理和自我控制相结合仍然是我们所能找到的解决德鲁克所担忧的问题的最佳解决方案，他担忧的问题是：如何通过让个人对其工作结果负起应负的责任来保护其在组织中的个人自由？

在公司和其他社会机构中，获得自由需要每一个层面都有人负起责任。目标管理和自我控制相结合的这种管理哲学整合了设定目标以及对每个组织单位或者每个个人的绩效进行监测等方法。如果目标管理过程设计得好的话，能够让组织中的所有个人都明确责任并争得自由。

在接受杰克·贝蒂的采访时，德鲁克精确地定义了目标管理所需的个人责任的性质：

> 责任既是外在的，也是内在的。说是外在的，是指它隐含着对其他人或者其他机构负责，对具体的绩效负责；说是内在的，是指它隐含着承诺。"负责任的工人"不只是一个能够对具体结果负责的人，而且也是拥有采取所有必要措施以获取这些结果的人，是最终将这些结果视为个人成就的人。

与目标管理相关的一个特性是向上沟通，每一个管理者都要清楚其上司的目标是什么，然后再来设定该管理者能够完成的、与其上司的目标相协调的目标。德鲁克提议用半年一次的"管理信函"的方法，每一个管理者都给其上司写一封信，沟通一下其目标如何对接其上司的整体目标。这封信可以包括适用于评估该管理者的绩效的标准，以及该管理者为达成这些目标所必须完成的工作。该管理者还要明确指出，他希望从其上司那里获得哪些帮助来达成自己的目标。如果上司接受了这封信所提出的建议，那么这些建议就变成双方认定的该管理者在这段时期内的目标和行动计划。

接下来，上司会审核所有的目标，并与每个管理者达成一致。因为上司的绩效取决于其下属目标维度上的绩效，所以他必须把下属的目标整合起来。在这一过程中，上司希望每个管理者都能积极地接受并承诺大家共同认定的目标。如果上司做得好的话，这一沟通和参与过程就能够激励下属将这些目标内化为自己的目标。理想的情况是，组织目标的实现与个人目标的实现完全合二为一。

上司接下来就要知道下属逐步达到目标，帮助扫除一切影响绩效和成功的障碍。最后，上司要确保下属掌握及时而又准确的信息，能够对相对于目标的进程进行评估，在不受上面干扰的情况下采取修正性行动。最后这一步试图完成的是目标管理中的"自我控制"维度。

但是，目标管理和自我控制相结合，做起来难度相当大。它要求组织中每一层面的管理者都有高超的技能，组织中的所有人对其目标都全力以赴，同时还要对管理信息系统和各种控制措施进行合理的规划和应用。对德鲁克来说，这些都是理想的状况。德鲁克充分地认识到，在组织中既赋予个人自由又赋予个人责任是很难做到的，而且困难还远不止这些，看到这里，我们应该完全抛弃这样一种看法：认为德鲁克针对管理实践提出了一个"乌托邦式"的方法。

尽管如此，明确的目标加上适当的绩效衡量手段还是能够帮助高管层独立地评估那些具有非凡说服力和个人魅力的领导人的绩效表现。但是，绩效评估手段本身，在做到最好的情况下也是不精确的，为了完成"不精确"的评估仍需要正式的控制措施和适量的、有益的人为判断。

联邦主义给出的未来教训：一支有效的高管团队

国际知名咨询公司博斯公司推出了《波峰：2005 年首席执行官接班》报告，该研究用充分的证据表明，2005 年，全球 2500 家大型上市公司的首席执行官变动率创下了新纪录。平均每 7 个首席执行官中就有一个离职了，是 10 年前的 4 倍。而且，2005 年首席执行官被辞退的比例也达到了最高点。这么高的失败率以及长期的趋势表明，首席执行官这个职位已经不堪重任了，迫切需要改革。

至于首席执行官职位的改革究竟应该朝着哪个方向进行，还是有一些线索的。例如，通用电气的杰克·韦尔奇在高管层中建立了一个三人小组，每个人担负一部分责任。韦尔奇的两个同事在担任这一高管团队职务之前答应，不争取韦尔奇退休后留下的首席执行官位置。这就使得这一高管团队中的每一位成员都能够提出坦诚的建议，制衡韦尔奇所采取的行动，并相互制衡。这一首席执行官团队在通用电气公司董事会面前的公开性确保三个成员中的每一位在评估其他人的绩效以及各个分权运营部门的管理者的绩效时都坦陈己见。这种方式建立了用权力对抗权力的流程，在规范人的行为方面形成了有效的制衡机制，而这种机制是联邦主义原则得以推行必不可少的要素。

有效的董事会

董事会必须承担起受托付的责任，有效地开展工作、履行职责，对于这一点，彼得·德鲁克一向极为坚持。但是，正如美国的首席执行官这个职位一样，美国上市公司的董事会成员这一职位也变得不堪重任了，必须加以改革。早在 30 多年前，德鲁克就敏锐地意识到了这一问题，1976 年发表在《沃顿》杂志上的一篇文章中，他这样写道：

> 当一个组织机构运转失灵，而且一直失灵，就像董事会成员在过去四五十年在几乎每一个大的公司灾难面前所表现的那样时，将罪过推到人的头上是无用的。真正失灵的是这个机构。大型、复杂的组织，不管是企业、大学，还是医院，都已经发生了翻天覆地的变化，以致按照法律和习俗设立的传统的董事会已经不再管用，也无法管用了。

为了让董事会有效地运转起来，董事会自身必须对自己的责任和任务有一个清晰的理解，并能担负起这些责任和任务。艾拉·米尔斯坦、霍利·格列高利和里贝卡·格拉帕萨斯对董事会的工作和任务进行了详细的描述，并对董事会在确保一个组织的管理者和董事会成员的诚信加以高度强调。一个组织努力做到在其日常活动中保持诚信、促使其管理者保持诚信，这本身就有助于实现德鲁克"给予善意和美德来达到这些标准"的使命做出贡献。

米尔斯坦、格列高利和格拉帕萨斯等人对董事会工作的建议是全面而精炼的。为了简单起见，我们将他们的建议分为以下 10 条：

- 为董事会设定议事日程，聚焦于有助于公司成功的关键领域。
- 采取措施，确保信息的合理流动，使董事会得以设定日程，对工作进行组织和管理。
- 评估高管和每个董事会成员的绩效。
- 制订薪酬计划，相对于预先设定的高管责任，对其绩效进行激励。

- 成立提名委员会，聚焦于与关键岗位的继任相关的问题。

- 在确保报告合规性的基础上更进一步地坚持在全公司范围内保证绩效的道德性。这本质上是文化和诚信问题，需要从高层抓起，正如俗语所说的："鱼是从头往下腐烂的。"换句话说，管理者，尤其是高级管理者，要为整个组织设定基调。而且，企业领导者个人的私下行为也折射出其道德信仰，在对其诚信进行评估的时候不应该被忽视。

- 积极参与对高管层所制定的重要战略的审查，即监测高管层对这些已被批准的战略的执行是否到位。董事会成员在评估这些策略应该从组织外部的视角出发，以专业的眼光给出批评意见，对管理层提出必要的质疑。

- 在批准战略之后，董事会应该找到关键的成功驱动要素，推进战略的有效执行，推进绩效结果的达成。在董事会休会期间，董事会要确保获得充分的信息来评估成功驱动要素的状况，识别组织当下所面临的风险或者潜在的风险因素。

- 董事们要确保企业财务报表准确地反映了公司及其各组成部分真实的经济状况。换句话说，财务报表必须向其投资者、监管者和全体公众准确地反映该企业真实的财务现状。

- 当薪酬水平确定之后，董事会的薪酬委员会和董事会本身都要帮助股东、评估机构和监管机构理解高管薪酬背后的逻辑性和公平性，为高管们的激励和薪酬提供合理的解释。

网络和联盟中的联邦主义

与本章所提及的众多问题一样，管理网络和联盟的挑战如今变得越发复杂了，远胜于德鲁克最初意识到的程度。不断分裂出众多专业领域是知识原本的属性。以知识为基础的组织难以保证其所需要的所有专才都达到规模经济的程度。结果，组织与组织之间建立合作关系，成立跨组织团队，这些团队自身嵌入多个组织之中，要求建立共享型领导力实践系统。

这种联盟和网络是分权的联邦主义的一种极端形式。中央的权威非常薄弱，管理这些组织的重任落到了一个由多个领导者构成的系统之上，这些领导者来自组织中的不同部分，代表了一个组织之间的团队。德鲁克将这一类型的组织称为"多系统组织"，他还列举了管理好这些网络型和联盟型组织、使之获得成功的必要条件和潜在困难：

> 多系统组织是团队设计原则的延伸……多系统组织横跨多种不同的组织来组建团队。它们可能包括政府机构、私有企业、大学和个体研究者，也可能包括母体组织内外的各种组织……使用这种多系统架构的组织有一个共同点，那就是，它们都需要整合不同的文化、不同的价值观和不同的技能，使之变成统一的行动。该系统的每一个组成成分都要按照自己的方式来工作，按照自己的逻辑和自己的标准做出成果。否则，它是无法取得任何成果的。但是，所有的组成部分又都必须围绕一个共同的目标来努力工作。每一个部分都必须接受、理解并且完成自己的使命。要做到这一点，必须借助人与人之间或者一群人与另一群人之间所建立的直接、灵活、定制的关系，在这些关系中，是靠人际纽带和相互信任来填补人们之间因观点不同，对何谓"正确"和何谓"适当"的看法不同所造成的鸿沟。在系统性结构中，产出与为内部整合而付出的努力之间的比例是很差强人意的，是所有的组织结构中最差的。

管理多系统组织架构的必要条件

成功管理一个以多系统架构为基础的组织有着非常严格的必要条件。首先，要完成某个计划，必须有一个愿景，该愿景要由来自组织中多个部门的成员以及来自组建跨组织团队的组织成员所共享。这一愿景必须转化为对多系统组织中的每个成员来说都非常清楚的目标。参与者之间的人际关系必须是建设性的、足够紧密的，因为这些关系将填补正式权威缺失所造成的空白——不同组织内的人要向伙伴组织的上司汇报工作。为了应对来自不同组织的人，必须用人际关系来替代不复存在的正式权威。

由于多系统架构里的责任和权威比较松散，而且通常不够清晰，每个成员必须为整个计划的成功担负起责任，并且在整个计划进行过程中时刻待命，准备填空补缺。没有共享的愿景、价值观、目标、责任和个人忠诚，要想让计划取得成功显然是不可能的事情，这也使得多系统的架构极其脆弱，容易失败。

尽管如此，多系统架构还是取得了显著的成效，例如美国国家航空航天局的阿波罗登月计划。"但是，该计划需要清晰的目标、贯穿整个队伍的高度自律以及能够在各种关系和沟通中承担个人责任的高级管理团队。"

结　论

德鲁克对联邦主义原则的接受体现了他自己有关管理学作为人文学科的观念，也体现了联邦主义在建立一个"尚能容忍的"社会这一过程中所发挥的作用。通过分析过去的人们是如何处理今天的我们也同样遇到的问题——在领导力方面所表现出来的人性问题、调和个人权利与和众人需求之间的冲突的问题、权力和权威的滥用问题，德鲁克为公司和其他类型组织的管理提供了实际的解决方案。他最终倡导的理念是建立一个由分权的多样化组织构成的有效运转的社会。政府和商业领袖长期以来在建立一个由有效运转的组织所组成的社会这一目标时遭遇到许许多多的困难，这使得德鲁克变得悲观起来，转而创造条件来建立一个"尚能容忍的"社会，而不是一个乌托邦式的社会。

建立一个由多元化的各类组织所构成的"尚能容忍的"社会需要解决一个关键的问题，那就是对权力进行有效的组织和分配。联邦主义提供了组织和分配权力一种模式。但是，在许多企业和政府中，联邦主义并不是没有缺陷的。正如我们已经看到的那样，美国宪法的制定者们把主权交到了人民手上。这样，他们就避免了各州政府和联邦政府之间原本不可避免的冲突问题。亚历山大·汉密尔顿承认这样的冲突仍然会存在，但是他也指出，总是陷于无休止的猜忌也是毫无益处的；更好的方法是，"将我们的注意力完全转移到宪法所界定的各种政治权力上，既要与其性质相符，也要与其程度相符。除此之外的每一件事情都必须依靠人民的智慧和决心来解决；由于他们的手中握有天平，所以我们希望他们能够永远审慎行事，努力在宪政上保持中央政府和各州政府之间的平衡"。在漫长的历史中，美国的最高法院审理了大量公共和私人案件，其中做出了很多针对联邦和各州权力的判决，这些判决都明显地带有美国宪法所遗留下来的上述模糊性。

联邦主义在全球范围内的应用和推广更是为我们处理权力分配和个人自由这类复杂问题提供了更加深刻的教训。正如丹尼尔·埃拉扎尔所指出的那样，欧盟已经采纳了联邦主义概念来强调经济一体性，同时保持各民族国家的主权。像印度这样的多民族联邦在努力平衡针对联邦政府到底应该以什么为优先任务的不同观点的时候，既面临多文化主义所带来的挑战，也面临其所带来的机遇。商业机构曾经纠结于，还将继续纠结于权力的模糊性问题。在当今这个网络化、联盟化的世界里，究竟该由谁，在哪些决策上，拥有何种程度的权力呢？撇开其他不谈，联邦主义的经验教训告诉我们，试图将个人自由和中心凝聚力都最大化的各类组织，其权力模糊性通常都是内在的，不可避免的。

从德鲁克所有作品总结出来的管理学作为人文学科的实践，为管理社会上的各类组织机构提供了一个可以实现的实用模式。管理学作为人文学科考虑到了人性的现实情况，考虑到了下述事实：人类是不完美的，即使在表现最好的情况下也需要监管、指导，需要更大的道德基础将其行动引导到预期目标上去。将管理学作为人文学科来践行，并不能完全避免未来不再发生丑闻，也不能完全避免做出错误的决策。但是，它确实可以为我们提供一种现实可行的办法，来管理好个人、组织和整个社会的行为。或许，它真能把我们引向一个"尚能容忍的"社会这一方向上来。

人的维度与作为人文学科的管理学

就其本质而言，管理作为人文学科所要解决的是人的境况问题。人文学科研究的是人的行为、创造力、情感、决策和道德价值观等问题。管理学必然会涉及为了生产目的而将人组织起来的活动，因此需要理解做人意味着什么。在本章中，我们将讨论人的维度在管理学作为人文学科中的作用，尤其要讨论人的尊严这一概念。

德鲁克提出了有效运转的社会这个模式，其基础是犹太-基督教关于人的观念，认为人根据上帝的形象所创造出来，因而应该享有尊严，得到善待。德鲁克关于人的尊严的思想沿着关于人权的讨论，尤其是美国人关于人权的讨论一路下来的。正如我们即将看到的那样，在今天这样一个多元化的社会里，德鲁克带有犹太-基督教痕迹的权利观在将管理学作为人文学科来推行的时候面临着相当大的挑战。尽管在人的维度上并不是所有人都持有与德鲁克相同的观点，但是他关于人的权利和尊严的来源和性质所提出的问题确实是有道理的，这些问题在美国长期以来就是关于自由的历史性辩论的一部分。如果我们希望管理作为人文学科起作用的话，那么就需要毫不含糊地直面人的权利和尊严的问题。

正如我们在第 4 章中所看到的那样，罗萨贝思·莫斯·坎特认为德鲁克在其管理学著作中体现出其"对人类完美性盲目乐观的乌托邦式的看法"。在由各类组织构成的社会中，德鲁克试图消除其中个体性存在和集体性存在之间的对立，难道这注定是黄粱一梦吗？他努力为领导和管理社会上的各类组织所建立的实践规范，也都是无法实现的吗？

本章的大部分内容是对两家公司的分析，这两家公司表明德鲁克关于领导和管理的实践是可行的。关于人的权利和尊严，德鲁克秉承的是犹太－基督教思想，而这两个组织都采纳这一思想，并且将它运用到具体的管理实践中去。这些例子也展示出了在实践中推行德鲁克的世界观所面临的诸多挑战，同时表明，德鲁克关于一个由有效运转的各类组织构成的"尚能容忍的"社会这一愿景并不是一个乌托邦式的美梦。

德鲁克的世界观：犹太－基督教基础

世界观问题与我们所有人的工作以及我们所工作的组织的管理息息相关。这些问题对于彼得·德鲁克来说也是极其相关的；它们构成了他关于人的本性、人生的目的和组织的目的的理解。

人对世界观问题的回答，对于理解自我和理解如何管理人来说都是至关重要的。正如心理学家、哈佛大学教授阿尔芒·尼科勒所指出的那样：

> 我们的世界观影响我们的个人生活、社会生活和政治生活。它也影响了我们对自己的看法、与他人的关系、如何面对困境以及什么才是人生的目的。我们的世界观帮助我们确定我们的价值观、伦理观以及追求幸福的能力。它帮助我们理解我们来自何方，即我们的传统；理解我们是谁，即我们的身份；我们为什么会存在于这个星球上，即我们的目的；理解是什么力量在驱动我们前进，即我们的动机；理解我们将去往何方，即我们的命运……我们的世界观比我们个人历史中的其他任何方面都更能透露关于我自己的信息。

德鲁克对个人的看法受其世界观的影响，正如我们在第1章和第3章中所看到的那样，其世界体现了来自犹太－基督教传统的原则，尤其体现了与上帝造人的神圣性相关的原则：

> 社会生态学在价值问题上并不是中立的。如果社会生态也算是一

门科学的话，那么它也是一门"道德科学"，在这里，我用了一个200多年以来一直非常流行的旧词。自然生态学家相信，而且必须相信自然创造的神圣性。社会生态学家相信，而且必须相信精神创造的神圣性。

德鲁克的世界观为个人提供了两个方面的启示：

　　a）正义的承诺，或者，像我们通常所说的，机会平等的承诺……
　　b）……个人自我实现的承诺，"美好生活"的承诺，或者说，也许可以冠以更为精确的说法，对个人的地位和作用的承诺。

地位和作用是相互关联的，但是它们不是按照完全相同的方式实现的。根据犹太－基督教的传统，地位是个人与生俱来的——人是按照上帝的形象塑造的，因带有容易堕落的天性而不完美，但是仍然拥有与生俱来的尊严，并且不断追求人生的意义。另外，作用只能在社会中实现。但是，地位和作用在管理行为的影响下，有可能都得到显著提升，也有可能都受到极大的损害。

德鲁克的世界观：人的尊严和权利

以犹太－基督教思想为基础的德鲁克思想影响到了他对人的看法，他认为人拥有与生俱来的价值属性。所有人都是按照上帝的形象塑造出来的这一观念转化成了一个信念，认为人无论其行为如何，都具有与生俱来的价值。这一信念也形成了有关自由和权利的讨论的基础，这一点在美国的建国过程中体现得尤为明显。考察一下德鲁克对联邦主义的理解，我们可以看出他对人的尊严的看法是对美国开国元勋们的观点的回应，这不足为奇。德鲁克关于人的尊严以及人在工作场所的作用和角色的看法折射出了早期美国人关于人权的来源和构成所展开的争论。对当代人来说，理解这些历史关系可以更清晰地理解德鲁克关于人的维度的观点。

德鲁克关于人的尊严的观点很显然衍生于自然权利理论。自然权利理论认为，所有人作为神圣创造的产物在诞生之时就拥有了上帝赋予的一些权利。该理论早在启蒙运动之前就已经存在了，但是约翰·洛克在1690年发表的《政府论》一书中才第一次正式地讨论这一概念。美国的开国元勋们对自然权利理论显然烂熟于胸；他们，还有其他殖民者，并不仅仅阅读洛克的著作，同时将基于洛克自然法则理念而制定的英国习惯法视为其殖民特征的一部分。因此，他们接受了"天赋人权"的理念，将之作为人类生存的基础。

但是，正如伯纳德·贝林所指出的，随着殖民者逐步推动美国从英国独立出来，他们开始争辩上述理念。如果说权利是天赋的，是由造物主赋予每一个个人的，那么还有什么必要将这些权利写下来，或者制定法典呢？但是，如果没有任何记录或者法典，殖民者又如何确保这些权利得到保护呢？而且，这些权利具体包括哪些内容呢？早期，人们对自然权利的认识其实是非常模糊、非常概括性的。约翰·洛克将自然权利定义为"生命、自由和财产"的权利，而杰弗逊提出将"生命、自由和追求幸福"作为人的权利，二者同样模糊不清。

有关人权性质在通过美国宪法的争论中变得格外热烈。有关宪法的争论除了涉及中央控制权的性质和程度问题之外（请见第 4 章），还包括针对权利性质以及宪法是否应该包含《人权法案》之类问题而展开的大范围的对话和讨论。支持《人权法案》的主要是反联邦党人，他们担心一个强势的中央政府会滥用权力。这一群体努力通过明确属于所有人的权利来保护个人自由（尽管开国元勋们所指的"所有人"只包括拥有财产的白人男性）。而反对将《人权法案》纳入宪法的联邦党人则利用自然权利理论来反对该法案，他们的自然权利理论与德鲁克的权利观颇为相似。他们认为，如果上帝是这些权利的原创者，如果人类已经拥有了属于自己的自然权利，那么也就没有必要再搞出一份正式的法案来宣布早已存在的事实。在一次反对《人权法案》的演讲中，本杰明·拉什表达了下述看法：

> 既然自然权利早在社会产生之前就已经存在了，而我们大家在进入社会时又都在享受所有的自然权利，那么，试问，这些自然权利究竟来自何处呢？用一份正式的宣言宣布我们的自然权利来自我们自身，这听上去难道不是很怪异吗？而要说这些权利是我们创造出的统治者给我们的礼物，而他们所拥有的所有权力又都是我们给予的，这难道不显得文理不通，显得十分荒谬吗？

对此，反联邦党人的反驳是，如果宪法不能明确哪些权利受到保护，那么总有一天，政府自己就会来确定这些权利，按照有利于自己的方式来确定。正如贝林所说的：

> 反联邦党人始终认为政府不可避免地会侵犯个人的权利，而如果权利不能被明确，而只是简单地被假定为存在的话，那么，最终，就有可能是由政府中的某个人站出来说在何种情况下哪些具体权利应该受到保护；那样的话，就意味着控制政府的人可以以宪法之名，通过拒绝持不同意见者主张的权利，来压制他们的意见。

我们应该感谢那些反联邦党人，是他们给了我们《人权法案》。殖民者从 1689 年英国的《人权法案》中汲取了该法案的思想，也汲取了其中某些具体的权利。英国也曾纠结于自然权利观念，纠结于如何更精确地确定这些权利的内涵外延和赋予对象。我们在第 1 章和第 4 章中讨论过政治理论家埃德蒙德·伯克反驳了上帝赋予的自然权利概念，认为它定义模糊，伯克声称，英国人（广而言之，也包括受英国习惯法保护的美国殖民者）是从制定英国宪法和《人权法案》的前辈那里继承了其权利，是前辈给英国人留下了这样一个特定的民族遗产。

美国殖民者的经历以及光荣革命后英国人的经历都表明，天赋人权的观念在特定的历史时刻推行时存在着一些固有的困难。因此，自然权利理论在定义上帝所赋予的权利时使用的都是很宽泛的术语，例如"生命、自由和追求幸福"。

在任何时间、任何文化中，定义自由或者幸福的努力都不一定会得出相同的答案。我们已经看到，人文理想也碰到同样的问题，对一个受过教育、有道德的人的定义会有变化，因为其文化和参与社会实践的人的价值观会有变化。很显然，美国宪法也面临同样的问题，在后来的时间里不断加以修正，将权利保护延伸到非白种人男性和所有女性那里，当然，还进行其他方面的修正。

天赋之权实际上是借助人的力量来解释的。因为这一事实的存在，权利

会随着社会的变化而变化。没有什么比亚伯拉罕·林肯的例子更能清晰地说明这一点了。他用独立宣言中的理想来确立关于联邦的愿景，在其所处的社会发生剧烈变化的时候，其内心也充满了关于人权的道德挣扎。

因此，如果有人一开始像德鲁克一样，相信人拥有上帝所赋予的必须得到承认和尊重的权利，那么，到了某个时间节点，他就必须得界定这些权利具体是指哪些内容，必须理解对权利的定义必然会受到时间和文化情境的影响。换句话说，正像美国的开国元勋为了使宪法得以通过而不得不对一系列权利加以明确界定一样，以德鲁克为核心的管理学作为人文学科这一模式也必须对人与生俱来的权利加以界定，不管不同的人在绩效方面有什么差别。这一模式并不要求你一定是犹太人或者基督徒，或一定有某种信仰。但是，该模式需要解决几个世纪来人们在讨论人的权利时一直深受困扰的问题：作为人，我们的权利来自哪里呢？人，不管是做什么工作的，应该享受到哪些权利呢？我们如何才能确保这些权利得到保护呢？或者用德鲁克的话来说，如何保持人的尊严呢？

接下来，我们会介绍德鲁克对人的尊严的定义以及在他的世界观看来人类所独有的特征。我们还会介绍德鲁克如何将这些特征与组织关联起来，他认为，在现代的工业社会中，组织是人找到地位、发挥作用的地方。根据德鲁克创立的模式，"尚能容忍的"社会是由管理有序的各类组织构成的，这些组织能够满足人对地位和作用的需要，简单地说，能够维持人的尊严。

德鲁克的世界观：人的本性和工作

人类具有多重特性和维度。人不仅是生物性和生理性的存在，还是社会性、精神性和道德性的存在。个人拥有属于不同的世界观，在生存目的、最终响应对象和责任目标方面拥有不同的信念。工作中的人是一个生理意义上和精神意义上的人，人的这些维度合在一起，指导其每天的行为。管理意味着对人的多重维度都要有所认识。

因此，要理解德鲁克作为一个社会生态学家的方法论，其关键一点在于掌握其人性的本性的假定。正如第 1 章中所讨论的那样，德鲁克深受克尔凯郭尔的影响，关于人的存在他得出了与这位丹麦哲学家相同的看法：人是处于张力之中的一种存在。人的存在包括时间之内的存在，即在社会中的存在，和永恒之中的存在，其中社会已不复相关。上帝处于时间之外，就像人的灵魂那样，是永恒的存在。因此，关于人为存在的真正生态学必须考虑到上帝存在这一问题，从而才能使人"正面向上地飞升"。每个人都需要对这些有关生命存在的问题给出自己的答案，从而在社会中完成人格，解决面对死亡这一现实所引发的各种问题。

尽管关于个人精神性的表述各有不同，但是承认人具有精神性却是德鲁克管理哲学一个必不可少的特征。他认为，这种承认能够帮助人们更好地理解人在工作中究竟靠什么来激励自我、实现自我：

> 我们雇用一个人就意味着雇用了他的全部……我们不可能只
> "雇用一双手"：手的主人总是相伴而来。事实上，很少有什么关
> 系能像人与其工作之间的关系那样，如此完整地接纳这个人的全
> 部……在人与其工作之间的关系之前，只存在过人与其创造者以及
> 人与其家庭之间的关系；这些关系才是更根本的关系。

在"不再流行的克尔凯郭尔"一文中，德鲁克说，在关于存在的存在主义之维度，人有责任做出他们自己的决定。他认为，所谓的人格，即人与他人之间的关系，要求对人的存在的超验主义之维度或存在主义之维度有所认识。尽管德鲁克经常说人的精神性的一面是极其私密的，但是他也指出，这一私密领域会影响到工作场所的公共领域。人对终极存在或者存在主义张力的看法，可能在工作场所反映出来，这是因为工作场所接受一个人的方式是整体接受。人在精神方面的看法也能帮助人更深入地理解自己和同事。用德鲁克自己的话来说：

> 如果你接受你自己是上帝的造物之一这一事实，不优于也不劣于
> 其他造物，这不说明你谦卑，"谦卑"是个错误的词，但是你要接受
> 你自己是上帝的造物这一事实，那么，和你并肩工作的人是否拥有工
> 商管理硕士（MBA）学位就不再是一个相关的事实了……兄弟情谊

德鲁克不仅关注人的精神性的一面，也关注人这一存在的生理性的一面、物质性的一面和心理性的一面。所有这些领域在工作场所汇聚成一个相互交织的网络，以至于其中一个领域的行动可能会影响其他领域。例如，一名工人，如果处于离婚过程中，他在工作中可能无法像其他人表现得那样好。一位主管，如果其家庭成员中刚有人过世，他可能无法抑制情感的创痛，因而给工作带来负面影响。由此，管理工作中客观的方面与管理工作中主观的方面有很大的区别，前者只要提升劳动生产率的标准，而后者需要经理们创造条件，让员工能够体验到成长感、成就感和满足感。

工作地位和作用

人并不是天生就要到组织里工作的。组织是为了实现预期目标而人为的结构。一个组织的目的是利用其成员的强项来提升劳动生产率，并且在工作中促进个人的成长和发展。要想让组织做到既提高其成员的劳动生产率，又能实现自我发展，就得精心地建立一个流程，选择合适的人员，将其优点与组织的任务匹配起来。要对这些人员所在的岗位加以合理的设计，使人在履行职责的时候能够充分地发挥其长处。

人和其他生产性资源之间的主要差别在于人是能动的，能积极地参与到工作过程中来。人有相当大的自由来掂量自己究竟应该做多少工作，多么投入地去做——能自己决定精力集中的程度、付出的努力和发挥的想象。一个雇员可以做出多种选择：只是把工作完成，把工作做得很好，或者连完成工作的方式都预计改善。工作的产出量或多或少都是人努力的总和。德鲁克说："只有在道德的领域内才有可能发生产出大于投入的现象。"

让人得到地位、发挥作用所面临的障碍

失业（或者说非充分就业）是人失去作用和地位最明显的体现。根据德鲁克的看法，失业是"经济灾难……同时是社会灾难，意味着公民权的丧失"。失业工人是"被抛弃了的人——这个人不再有地位、有作用，其对社会而言，已经一无是处、无能为力了，他被彻底遗弃了"。失业是对一个人

的尊严的公开侮辱，如果失业无限延期的话，那么这个人就会丧失自尊，这种丧失与这个人的行为毫不相关。

但是，在职的工人也可能丧失地位和作用，只不过这种丧失不那么明显。在职的工人，如果被当作一种"人力机器"，被视为工作的物体的话，那么也经常会缺失地位和作用。德鲁克借用流水线上的工人做例子，生动地展示了一些工人缺乏地位和作用的命运，他们在工作中被当作物体看待：

> 生产性劳动是指处于流水线的工人的劳动，他们整天毕恭毕敬地站立着，伸长着手臂，手中握着油漆刷子，自动地在缓慢流过的汽车车体侧面画一道红线。他既不明白汽车的原理是什么，也没有掌握别人在短时间内无法掌握的任何技能。他并不是社会中的一员，而是一架虽然有效率但却是非人化的机器上的一个可以随意替换的齿轮。

在生产性工作和服务性工作领域最常见的这种现实情况，是对但凡为人就应该得到尊重的人类与生俱来的尊严的一种践踏。知识工作领域的现实情况也一样，只不过程度更轻一点儿而已。这也是对机会的浪费；未能将每个人独一无二的长处利用好，未能使之成为组织强大力量的潜在来源。

管理的职责

根据德鲁克的世界观，管理是指在人和社会的组织中，将人作为一个整体来雇用、组织和发展。组织是一个有效运转的社会的核心器官，是个人和社会之间的结构性联结。一个组织整合人的力量去实现预期的目标。因此，组织所带来的问题和机会不只是技术层面的问题，而更多的是如何管理人的关系的问题。德鲁克指出："借用一个现代心理学的隐喻，一个组织就像是一段曲调；它并不是由一个个单个的声音组成的，而是由这些声音相互之间的关系组成的。"

人是构成组织的基本单位。因此，组织的绩效就取决于人的绩效。一个企业可能是生产高科技的产品，但是设计、组织和评估工作的还是人。管理的任务就是让人提高劳动生产率，同时又能够发展人的能力、培养人的品格、提高人的思想。人的劳动生产率和人的发展放在一起，反过来又会促进组织的长期成功。

管理实践与工作中的人

在工作中管理人、发展人方面，有五个相互关联的实践领域。德鲁克的想法是利用这些领域的实践、为实现共同的目标而将人的潜能最大限度地发挥出来。本章会讨论到前四个实践领域，我们讨论的顺序与本章后面介绍的ServiceMaster 公司的四个目标是一致的。

这四个实践领域是：

- 诚信和价值观
- 人及其发展
- 优点和机会
- 绩效和结果

第 7 章将会详细讨论第五个实践领域，即自我管理，也会讨论到自我管理如何与本章介绍的四个实践领域整合在一起。

1. 诚信和价值观

德鲁克认为，个人的诚信和组织的价值观对于人的管理来说是极其重要的。保持个人的诚信，或者让人信守自己的价值观，对于许多人来说，都是符合伦理的有意义的生活不可或缺的关键。而将这种奉献精神转移到组织中去的价值主张则是一个更大的挑战。管理者如何才能确保自己的价值观与组织的价值观是相辅相成的呢？他们如何才能吸引并留住持有相同价值观的人呢？谁坚守诚信原则呢？

诚信　德鲁克称诚信为管理的"试金石"，是管理的核心本质。诚信所包含的是合乎道德的行为准则。领导者要想拥有诚信的力量，就得在整个组织面前以身作则，正如俗语所说的那样："言传不如身教。"①阿尔弗雷德·斯隆为德鲁克提供了一个诚信管理者的楷模，我们这里将要提及的许多品性都折射出了斯隆对德鲁克的影响（参见第 1 章）。

负责任是诚信之人的特性之一。如果没有一个可以用来建立意义和范围的道德基点的话，责任本身是不可能存在的。但是，我们并不因此就建议说，要在法律或者伦理准则的基础上来建立道德基点。如果是那样的话，那么德鲁克就可能会认为，只要分权就有了制约人的权力欲的手段。正如第 1 章所谈论的那样，德鲁克（和斯隆）并不认为，光靠架构或者准则本身就能够形成好的管理决策。相反，他们都觉得，处于管理职位的人拥有强大的道德指针是非常重要的。

亚历山大·索尔仁尼琴为不能光以法令作为人们道德行为的唯一准则的这一点做出了强有力的论证：

> 一个缺乏任何客观的法律准绳的社会确实是一个极为可怕的社会。但是，一个除了法律准绳再也没有别的准绳的社会也并不值得人们向往。一个社会，如果只是一味地遵循法律文本而从来没有任何超越的话，它几乎就没有发挥出人在更高层面的诸多可能性。法律文本实在是过于冷淡、过于正式了，无法对社会产生有益的影响。倘若生活花布是由法律关系织就的，那么社会就会呈现出一种道德平庸的氛围，麻痹了人最崇高的冲动。

德鲁克很早之前就令人信服地指出，一个有效运转的自由社会需要道德上的绝对真理来指导人做出负责任的行为："自由的本质……是做出负责任的选择。还有……为获得自由，我们必须假定绝对真理和绝对理性的存在。"

但是，德鲁克的观点也受到了不少挑战，其中之一是，随着时间的流逝，不同社会中的道德价值观会发生变化。奴隶制曾经被许多"自由"社会所普遍接受，妇女的屈从地位也是如此。女性和有色人种生理上的弱势这一所谓"绝对真理"早就已经被粉碎了，在同性恋婚姻等问题上体现出来的不

---

① 出自 14 世纪德国教士 Saint Ivo，他以身作则地给教区的教徒传教。

同的宗教观点也显示，在视自身为价值观守护者的社区内，道德立场的范围有多么宽。我们也看到，尽管有人试图通过能够涵盖所有文化的全球通行的人权宣言，但是这一努力却听到了相当大的杂音（见第 3 章）。在美国的工业化组织中，直到 20 世纪早期，童工仍然被认为是可以接受的，而像 1911 年发生的纽约三角内衣工厂火灾事件则表明，早期的工厂主很少会关注移民劳工的健康和福利。德鲁克的观点还是非常恰当的：为了践行诚信原则，组织必须确定一系列的道德价值观，让大家认同和遵守。就德鲁克而言，这些价值观有的是非常清楚的，这些价值观反映的是他个人对人的尊严概念的信仰。因此，诚信意味着认同每个人都有其内在的价值，并用行动来支持这一认同。例如，德鲁克非常推崇斯隆的地方包括他公平对待员工的情怀、倾听他人意见的意愿以及对人优点的强调。简单地说，斯隆成为诚信的楷模的原因在于他对待他人的方式以及他承担自己职责的方式。

诚信体现在用人的决策中　要定义诚信是很困难的，但是用人决策中有没有诚信却是显而易见的。用人决策，而不是正式的价值陈述，体现了一个组织及其管理者的价值观。有五种方法可以显示用人决策中是否体现出诚信原则：

- 聚焦于人的缺点而不是优点说明缺乏诚信。诚信是指更多地看到人身上的优点，聚焦于人能够做好的方面。
- 将个性放到至高无上的地位是腐败的表现。这样做，会唆使人们搞政治动作，迫使人们变得谨小慎微，最终造成平庸，一事无成。对"谁是正确的"比对"什么是正确的"更感兴趣的人往往缺乏诚信。
- 在用人决策中将绩效或者智力至于一切之上也表明缺乏诚信。"这其实是一种幼稚病——通常是无法治愈的。"
- 因为担心能力强的人会带来威胁转而提拔能力弱的人也是缺乏诚信的表现。有能力、表现好的下属只会帮助整个组织提升绩效，并使其上司的表现变得更加闪亮。一个组织中有能人恰恰说明其管理者很强大。
- 对个人缺乏尊重的管理者也是缺乏诚信的。管理者必须尊重组织中每个个人的独特性。

　　总之，诚信对于一个组织的有效领导力来说是无法替代的。符合伦理的行为准则无法取代个人诚信，因为诚信要求在决策过程中表现诚实、体现道德。因为，"没有任何一种对某一法则或者标准的解释可以替代一个人身体力行的诚信"。

　　价值观　管理针对的是人组成的社区；管理人要有一定的价值观、承诺和信念。价值观能够推动组织未来的持续发展，对抗前进道路上断层和剧变所带来的颠簸。那种纯粹机会主义、贪得无厌和自私自利的价值观，那种只知攫取不知奉献的价值观，最终会导致组织无法取得理想的绩效。在时运不济时，人必须依靠原来积聚的能量，付出超常规的努力，而要做到这一点，人们必须对自己正在做的一切深信不疑——换句话说，必须接受组织的价值观。

　　德鲁克坚持认为，组织的领导者所坚守的价值观应该体现对人的深切同情。这种价值观中最重要也是最根本的一点是对个人尊严和内在价值的尊重。这一价值观是一种基本的人权。在组织中，如何将这一自然权利转化为真正的尊严和尊重是一个更大、更复杂的难题。正如美国的开国元勋们试图确定美国人的自然权利（例如，生命、自由和追求幸福）一样，德鲁克也试图帮助管理者认识到，他们有必要清晰地界定组织的价值观，树立能够遵守这些价值观的组织架构和管理实践。

　　要想将价值观注入一个组织，就要在该组织结构中创造一种文化。要将人团结起来，大家共同努力来建立组织的文化——所谓文化，就是组织里的人解决该组织重复发生的各种问题的方式方法。一个特定区域、一个国家，其历史、政府、风俗和政治制度在影响一个组织履行其各项管理职能方面会起到很大的作用。管理层可能会影响组织的文化。有能力影响和塑造文化给管理层提供了重要的机会，同时也带来了挑战，正如德鲁克所观察到的那样：

　　　　管理是（也应该是）受文化影响的；反过来，管理过程和管理者也塑造了文化和社会。因此，尽管管理是以一种组织起来的知识，因为如此可以到处应用，同时它也是一种文化，但是其并不是"与价值观无关的"科学。

　　但是，也有不少案例表明，有不少人将管理和商业看成与价值观无关的事业。很多时候，人们会用市场制度是非道德的这一事实作为一种借口。例如，乔治·索罗斯就自己在引发 20 世纪 90 年代末的亚洲金融危机方面起的作用发表了如下评论：

> 我到那里去，纯粹就是为了赚钱。我不能考虑，也不会考虑我的所作所为所造成的社会后果。我也并不因此就有犯罪感。因为我所做的一切都是无关道德的，因此，怎么会和犯罪有关呢？……我也没有理由不去那里，因为事实上，有趣的是，那就像是在市场上，如果我不去那里的话，别人也会去拿走一切的……不管我去不去那里，我不过就是一个投机者，那些财产总是会被人拿走的……那些财产被拿走，可不是我的错。因此，我压根就没有任何犯罪感。

还有一个关于市场行为无关道德的案例，波音公司的首席执行官哈利·斯通塞弗因为和公司内部的一位女性员工发生了不正当关系而在 2005 年 3 月 7 日辞职。在说明斯通塞弗辞职的原因时，波音公司董事长卢·普拉特说："董事会认为这些事实说明哈利做出了糟糕的判断，因此会影响到他领导公司的能力。"但是，接着普拉特又继续解释："这一事件并没有违反公司的行为准则，但是董事会认为这种关系违反了有关损害公司声誉的准则。"公司在潜在客户心目中的形象遭到了侵犯，而不是首席执行官的行为给其他员工造成了负面的道德后果。换句话说，该行为本身是没有什么问题的，只不过是其对波音公司的声誉造成的损害是不可接受的。由此，我们可以清楚地看到，个人道德行为和企业道德行为之间是相互分离的——斯通塞弗的行为是可以接受的，只不过是判断上出了点偏差，当然这一行为的确危害到了波音公司所在市场上的声誉。

如果说上述行为并没有触犯波音公司的行为准则，那么波音公司的行为准则到底是什么呢？其董事长的回应听上去很像法律辞令，根本不是伦理或者道德语言。如果根据《萨班斯－奥克斯利法案》，一个管理者做出的某一可疑行为不算违法的话，那么它并不是违法的行为。但是，为规范伦理行为而制定的规则和制度，例如《萨班斯－奥克斯利法案》，显然永远不可能替代企业管理者必须坚守的更高的诚信标准。

波音公司这一事例让我们理解了，德鲁克为什么要批评所谓"商业伦理"的趋势，批评商业中不再强调诚信和道德行为的趋势。德鲁克坚信，一个商业组织是不可能存在所谓伦理的，只有人才有伦理，而认定什么才是符合伦理的个人行为并不是什么困难的事情：

> 伦理只有一条规则，那就是个人行为的规则，这一规则既适用于王子也适用于贫民，既适用于富人也适用于穷人，既适用于强势人群也适用于弱势人群。在犹太 – 基督教传统看来，伦理原则承认所有人都是相同的造物——不管其造物主被称为上帝、自然，还是社会。

要真正理解德鲁克的价值观，必须理解作为其思想根基的犹太 – 基督教传统。对于德鲁克来说，对个人而言是不道德的行为对组织而言也是不道德的行为——世界上并不存在脱离个人道德行为的所谓商业伦理。

2. 人及其发展

认为人具有与生俱来的尊严和价值，这样一个世界观将引领管理者将人视为资产，并且尽力发展人所拥有的优点。德鲁克观察到："通常而言，那些最成功最持久的组织机构总是能够引领其成员超越其自身的能力而获得思想上和道德上的成长。一个组织一旦能提供成长和发展的机会，而且其使命也能与个人的成长和发展结合在一起，那么工作就成为组织和员工生活中一个有意义的不可或缺的组成部分。因而产生的思想上和道德上的成长也体现在员工的生活中，这既包括员工在组织内部的生活，也包括其在组织外部的生活。"

让人为达到既现实可行又充满挑战的目标而努力工作，对于人的发展而言是个必不可少的要素。"我能做出什么贡献？"这一关键问题为自我发展指明了道路，德鲁克认为：

> 个人的自我发展在很大程度上取决于其贡献。人们会扪心自问："在组织绩效方面，我能做出的最重要的贡献是什么？"这一问

　　题其实是在问："我需要什么样的自我发展？我需要获得哪些知识和技能，才能做出我应该做出的贡献？我有哪些长处可以在工作中发挥？我应该给自己设定什么样的标准？"

　　人的发展是双向的，需要个人和雇主之间相互合作、相互激励。管理的作用就是提供成长和发展的机会，这既需要让个人聚焦其所能做出的贡献，又需要在个人进一步发展方面加大投入。

3. 优点和机会

　　管理者要为卓越确立标准——体现在雄心、志向和影响力上。当一个管理者提升了对自身的要求之后，围绕在其身边的人也会效仿。个人的发展与他人的发展就能够紧密地联系在一起，形成长存不废的活循环。

　　着眼于优点　德鲁克认为，"让人的优点产出成果是组织的独特目标"。着眼于人的优点，这种做法表达这样一个信念：上天赋予每个个人独特而具体的能力。自觉地着眼于一个人能做什么而不是不能做什么，这完全符合关于人的社会生态学——考虑到了人的物质性、生物性和精神性特征。着眼于人的优点既是一种态度，也是一种实践。这样做，能提高工人的劳动生产率，又能帮助工人取得成就。着眼于人的优点会给管理者提供一个机会，参与到工作中的众人的转变过程——参与到人所实现的工作成果中去。管理者能够见证，人完全有可能大大地超越原来的想象，拓宽视野、成就梦想。

　　为了促成这种转变，一个管理者必须向人提供培训、提供机会，使他们有可能达成更高的绩效目标，这样人的优点也得以发挥。聚焦人的优点，有助于建立高标准，这种高标准一旦实现还可以引发人的成就感，给人带来"是的，我能"的良好感觉。而这种感觉会激励达成更高的绩效目标。相反，如果一味盯着人的缺点，那么就会让大家感觉沮丧和羞愧。这样的话，就会放大人们做错了的地方，绩效水平也就差强人意，从而引发诸多不良情绪，比如疲惫不堪、愤世嫉俗、消极怠工乃至麻木不仁。

　　事情的关键是要找对人，要找一个在对组织来说非常重要的领域中表现优异的人。一旦找到了这样一个人，管理者就有理由期待这个人做出与已知的能力相匹配的成绩。管理者要想方设法把不同人的优点叠加起来，使个人的缺点变得无关紧要，这样就能使整个组织不受个人缺点的影响。

着眼于优点的用人原则 着眼于优点的用人原则有哪些呢？正如德鲁克在《卓有成效的管理者》一书中所指出的那样，首先，要时刻提防不可能完成的任务。要意识到，所有的任务都是人设计出来的，因此永远不可能设计得完美无缺。一项让两三个优秀员工都深受挫折的任务显然是一个不可能完成的任务，因此需要重新调整，或者干脆取消。这样一种任务在纸面上可能很有道理，但是却经常需要一个人身上很难齐备的禀赋和能力加在一起才能完成。这样的任务过去也许存在过，是为天赋异禀的人设计的。

其次，让每一份任务都有一定的大小和一定的难度也是很重要的。大小适当的任务能够激发人发挥其优点。如果一项任务足够大、足够有难度，会给人提供机会，让他加倍努力，去迎接全新的要求和挑战。人就是这样成长起来的。一项要求较高的任务对于一个初涉职场的人来说显得尤其重要，因为它能够让这个人了解自己擅长什么、表现如何、归属何处。而一项任务，如果太小的话，并不能给人提供这样的经历，也许会让这个人悲观失望、愤世嫉俗、一事无成。最糟糕的是，这还可能阻碍这个人发挥其全部潜能。

再次，在绩效评估时要先看人的优点，先看他擅长做什么、做好了什么。有些绩效评估制度有一个缺点，那就是，过多地着眼于一个人不擅长做什么，而不是擅长做什么。或者说，该评估制度可能过于看重潜力而不是绩效。德鲁克建议，绩效评估制度应该更多地强调正面行为和结果：

> 好的评估应该问："他哪些方面做得很好，还有哪些方面有可能也做得好""要想让他的优点全部释放出来，他还需要学习什么或者掌握什么"以及最后，"如果我有一个儿子或者女儿，那么我愿意让他或她在这个人手下工作吗，为什么愿意或者为什么不愿意"。

在选拔领导者的时候，着眼于一个人的优点是非常重要的。领导者在一个组织中的曝光度是相当高的。领导者应确立标准，以身作则。通过提升其领导者的绩效来提升整个组织的绩效，相对来说是比较容易的，因为领导者是标准的确立者，为整个组织建立绩效目标。因此，领导者应该安排在其长处能够得到充分发挥的地方。

着眼于机会和未来　一个着眼于机会的组织是指总是处于进攻状态的组织。这样的组织有一个显著特征，那就是，对于能做成的事情有兴奋感，对于所完成的一切都有成就感，对于全力以赴创造未来有满足感。着眼于机会能创造出一种人在其中奋力前冲的组织，创造出一种人在其中干劲冲天、挑战极限的组织。在这样的组织里，所有的能量都将被聚集起来，前进道路上所有的问题都能解决，所有的障碍都能克服。

一个着眼于机会的组织与完全着眼于问题、充满忧虑和防御心态的组织相比，有着天壤之别。当然，问题从来不应该回避，但是过于聚焦问题就会遮蔽机会。一个总是着眼于问题的组织"就算事情没有变得更糟糕，也感觉不到自己表现得不错"。

在着眼于机会的组织里，人们总是在寻找机会，虽然难免遇到风险，但是却更有可能产生对于个人和整个组织来说都非常重要、非常有意义的结果。而且，这些人会问："有哪些机会，一旦被捕捉到了，将会极大地影响到公司和我所在的部门的绩效和成果？"他们拒绝中庸，拒绝自满。

一个着眼于机会的组织并不把过去的岁月当作黄金时代而沉溺其中，更不花精力去保存过往的记忆。仅仅维持过去的绩效水平，怎么能让人满意呢？保持稳定是不值得庆贺的，不比过去做得差也一样，更不能将规避问题作为终极目标。相反，组织要着眼于迈向未来的机会；要把这些机会都变成结果。组织要投入资源（时间，最重要的，是人）来抓住机会。要停止向问题领域投资，尽可能地把资源投给各种机会。

因此，着眼于未来，首先就要告别过去。将资源用在虽然那些过去有结果，但是今天已经无法有产出、未来也不可能有产出的产品和服务上，绝对是一种浪费。真正关键的问题是："还值得这么做吗？"要问："如果我现在不这么做，那么我今天还会下决心去做吗？"如果答案是否定的，那么就放弃这个有问题的活动，或者大大缩小其规模。

确定优先性是着眼于未来的一个至关重要的工作。机会永远比追求机会的资源多。关键是要决定究竟哪些任务是最重要的，哪些是最不重要的；

然后将精力和资源集中到最好的机会上去。要么是外部压力要么是管理者，来做关于聚焦点在哪里的决策，如果压力是赢家的话，那么组织就是输家了。

着眼于未来，要求组织着眼于一个最重要的任务，一旦这个任务出色地完成了，那么整个组织的绩效就会发生大变样。组织一直聚焦于这一任务，直至其完成，不达目的誓不罢休。然后，再进行新的评估，选择下一个最重要的任务，把它作为重中之重。

明确地着眼于未来的组织对各项任务有着清晰的优先排序，并在组织上上下下展开全面沟通，并投入适量的资源推进这些任务的完成。这样，人可以充满自信地去做他们认为对组织最重要的事情，抓住有所激励、有所成就、有所贡献的机会。

4. 绩效和结果

一共有三个结果领域：直接结果、价值观的发展和人的发展。对于一个银行来说，直接结果就是销售和利润。对于一个医院来说，直接结果就是病人得到了医治和照顾。对于一个学校来说，直接结果就是学生受到了教育。直接结果要保证是清晰可见的，不可以模棱两可。价值观是对特定信仰的追求，将每个人凝聚到同一个方向上。人的发展是组织更新人力资本的方式，能克服因组织成员生命有限而无法永远为组织做贡献这种局限。人的发展要求是持续不断地更新人力资源，从而达到更高层次的绩效。人的发展是组织根本大计之一。

只有人人都着眼于贡献，绩效和结果才会产生。着眼于贡献的人能够将个人的技能、关系、特长和作用与整个组织的工作和目的紧密结合起来。他们会问："我做成什么样，才能显著地影响到我所服务的组织的绩效和结果？"着眼于贡献能够让人对照真正影响绩效和结果的因素，来检查一下还有哪些尚未发挥出来的潜力。

培养着眼于绩效和结果的习惯是建立和维持一个士气饱满的组织的重要一环。但是，一个正确的绩效定义要给失败留有余地，要意识到失败也是绩效本身的一个组成部分。绩效的定义是："在很长一段时期内，在各式各样的任务中，持续产生结果的能力。"因此，绩效更像棒球的安打率，是用击中的次数和击球总次数之间的比率计算出来的，其中包括犯规和失误。一个人越是卓有成效，所犯的错误就越多，其总体贡献也就越大。绩效评估中真正需要关注的是相对于总体努力的贡献有多大，而不仅仅是成功的次数与总次数之间的比率。

总之，德鲁克在工作中管理人、发展人的思想，总共有五个实践领域。本章讨论了其中四个。我们接下来将用两个实例来阐述这四个领域的实践。

践行德鲁克思想的实例：
ServiceMaster 公司和 Dacor 公司

威廉·波拉德于 1983～2002 年担任 ServiceMaster 公司的董事长和首席执行官。在那段时间里，ServiceMaster 公司扩展了服务范围，从最初的居民区和商业区清洁服务、设施维护、医疗护理、教育和工业客户扩展到一个由公司化、连锁经营的服务中心和业务单位组成的大型集团公司，其旗下品牌包括 TruGreen-ChemLawn，TruGreen-LandCare，Terminix，Service-Master Clean，Merry Maids，AmeriSpec，Furniture Medic 和 ServiceMaster Management Services。该公司旗下大部分业务都以美国本土为主，另外在 45 个国家有业务，到 2001 年年销售额超过 60 亿美元。[⊖]

波拉德继承其前任三位领导人（玛丽昂·韦德、肯·汉森和肯·韦斯纳）的做法，坚守并进一步发展了 ServiceMaster 公司的价值观体系。该公司的领导和管理方式基于下列四个目标：

- 不论做什么工作，都要称颂上帝。
- 帮助人发展。
- 追求卓越。
- 实现盈利性成长。

⊖ 2007 年 3 月，Clayton，Dubilier and Rice 私人基金公司收购了 ServiceMaster。本部分所描述的 ServiceMaster 管理系统从 1947 年开始形成，直到 2007 年被收购结束，在这段时间里不断创新、不断变革。

然而，实际上，1947～2002年，让ServiceMaster公司与众不同的并不是上述四个目标；相反，是对这些目标的深刻理解以及其背后的思想最终被引进到了工作中去，引进到了对人的管理实践中去。也正是那一点使这家美国上市企业和这个案例，成为美国商业史上一个独特的故事，值得我们加以系统的研究。

该公司的大部分员工都是没有什么技能的普通劳动力，主要从事服务工作，例如打扫医院的病房和机场的候机厅。⊖这种类型的工作与知识工人所从事的工作（第7章会详细讨论）截然不同。德鲁克所发现的挑战之一是，如何让从事这些工作的员工得到地位、发挥作用。这样一个组织如何才能够避免将这些服务人员视为只是"工作中的物体而已"呢？服务人员如何才能够使工作变得更重要、要求更高，并使自己的优点得以发挥呢？组织如何能够为这些缺乏足够教育、难以获得晋升的员工提供成长和发展的机会呢？组织如何才能够让这些员工积极地参与到改善其工作环境的努力中去呢？

ServiceMaster公司这一案例之所以有启发，是因为它证明，就算有些工人很难掌控自己工作中的日常活动，收入也很低，对于管理层试图改变其行为的努力也许采取抵抗或者怀疑心理，但是德鲁克关于人的发展的理论还是能够在他们身上得到应用。

ServiceMaster公司的四个目标是正好与上文介绍的德鲁克总结的四个领域的管理实践相吻合：

- 诚信和价值观。
- 人及其发展。
- 优点和机会。
- 绩效和结果。

目标1：不论做什么工作，都要称颂上帝

ServiceMaster公司的第一目标，"不论做什么工作，都要称颂上帝"，

⊖ 根据德鲁克思想建立的ServiceMaster模式，只应用于该公司管理层直接管理的员工中，并没有延展到授权经营的连锁机构。

回应了德鲁克的第一个领域：诚信和价值观。这一目标为 ServiceMaster 公司提供了一系列集体认同的价值观，该组织中所有层级的员工行为都要遵守价值观。这一目标将公司建立犹太－基督教的人类尊严观基础上，正如先前讨论过的那样，这种观念假定每个个人与生俱来地享有某些权利，这些权利是造物主赋予的。ServiceMaster 公司的第一目标是其中最不寻常也最容易引发争议的；正如波拉德所指出的那样，"正是其中'谈论上帝的语言'引发了大家的关注"。波拉德明确地承认，这一价值观反映了他自己的基督教信仰。但是，在践行德鲁克的世界观和犹太－基督教关于工作和人性的假定时，他又指出："我的信仰的确是我个人的私事，并不是公司的信仰，也不能强迫大家接受。但是，我们对于人性的假定会深刻地影响到我们对于如何做管理工作的假定。"

波拉德在 ServiceMaster 公司时面临很多挑战，其中之一是，在不强制推行某一信仰体系的前提下提出关于人性和工作的假定。正如第 1 章所讨论的那样，德鲁克认为宗教信仰纯粹是个人的事情，但是为了建立一个有效运转的社会，人需要有某种信仰。对于德鲁克来说，希望就是把能够给人们提供意义和地位的管理得当的各种组织机构当作某种信仰。ServiceMaster 公司秉承了德鲁克的理想，同时更加明显地受到了犹太－基督教的影响。第一目标旨在通过信仰将人紧密地团结在一起。最终，在 ServiceMaster 公司，通过尊重"每一个人——每一个工人的尊严和价值"，上述信仰在实际运营中得以体现。

从本质上看，波拉德和他的三位前任找到了一条在一个世俗的经济组织里践行其个人信仰的道路，将他们对个人化的上帝的信仰与公司大使命结合了起来。关于上帝的存在和性质的假定深刻地影响到了他们对人性以及如何做好管理工作的假定。只要组织中的个人能够理解正确与错误之间的差别，愿意展现正确的行为，愿意服务他人，那么，他们是否认同波拉德的个人信仰其实并不重要。波拉德认同德鲁克为组织中的价值观体系所规划的蓝图，只不过他也更明显地将这一蓝图与德鲁克（以及波拉德自己）的犹太－基督教传统关联了起来。

德鲁克的诚信观要求管理者着眼于什么是正确的而不是谁是正确的。尽管随着社会的变迁以及在不同的文化中，关于"正确的"定义会有所变化，德鲁克对诚信观和价值观要求人更充分地思考自己的价值观以及这些价值观的根源问题。

对于波拉德和 ServiceMaster 公司来说，其根源是非常明确的。"不论做什么工作，都要称颂上帝"就是试图提醒公司里的所有人，在他们之上有一个比他们更高的权威。一直有这样的提醒：不管是如何去工作，还是如何去生活，人最终都表现出对上帝的责任。这第一目标也为人们评估行为建立了一个基准点，那就是，任何人的行为要根据正确和错误的标准来衡量。以 ServiceMaster 公司为例，该组织中人的行为的对与错是根据对犹太－基督教传统的理解来定义的。

将这第一目标付诸行动可能是比较复杂的。首先，在当今美国这个多样化的社会中，根本不能保证组织中的每一个员工都能够认同同一个宗教传统（或者就此而言，任何传统）。纵使员工都信奉同一个宗教信仰，对于宗教经文或者传统的不同解释也会有冲突，在特定情况下的对和错问题上持有不同的看法。例如，有些人会主张，根据犹太－基督教的价值观，必须实行生活工资制，而不是最低工资；其他人则主张，就算价值观相同也不一定要这样做。还有，一些基督徒在诠释《圣经》内容时强调传统的性别角色，比如正在抚养小孩的女性不应该外出工作。如果一个公司认同这样一种价值观，那么就会给在其中工作并寻求职业发展的妇女造成深远的影响。

那么，一个组织如何才能在价值观方面达成一致呢？需要自上而下地强制推行，还是先达成共识？ ServiceMaster 公司是一个很好的例子，该组织成功地在自己的使命中包含了宗教传统。德鲁克和索尔仁尼琴都主张为确立责任建立一个道德的标准，而第一目标就提供了这样一个标准。但是，德鲁克的理论面临很多挑战，其中之一是执行问题：一个组织怎样才能形成一系列共同认可的价值观，这些价值观并不是全然模糊的，可以作为标准来执行？正如十七八世纪的英国人和美国人针对自然权利的定义进行过辩论一样，现代的组织也需要处理好这一问题。

德鲁克还强调，诚信和价值观体现在用人决策中。第一目标明确了组织应该如何对待人，明确了人与人之间应该如何相处。高层管理人员的信仰贯穿于提升人的尊严和价值的过程，将整个 ServiceMaster 公司团结了起来，也确保了德鲁克所主张的负责任的自由。正如波拉德所说的："一旦公司的目的与以上帝为原型的人的成长和发展联系起来，工人的思想和精神深处就会释放出强大的力量。"因此，ServiceMaster 公司这一案例为我们提供了一个历史性的管理制度方面的样板，这一制度将信仰（个人性和永恒性融为一体的信仰）深深地植入工作场所中，帮助工人（他们接受上述信仰植入）认识并解决人生中的存在主义的张力问题。第一目标是让 ServiceMaster 公司将其价值观注入用人决策中。

ServiceMaster 公司的第一目标促使人们在其所作所为中诚实做人、坚持真理。这也促使 ServiceMaster 公司宣布说"品质就是真理"。如果个人或者组织在有意提供低水平的服务的话，那么真理就会被贬损。⊖

ServiceMaster 公司关于其第一目标的诠释同样要求其领导者承担责任，并服务于他人。ServiceMaster 公司的管理哲学，其字里行间都在强调服务和仆从式领导——做服务的主人（大师）、为主人服务。这是基督教所倡导的仆从式领导的一个鲜明例证。

波拉德赞成德鲁克关于领导者的观点——认为领导者要成为对组织使命负责任的仆从。但是，波拉德关于有效管理者的观点更鲜明地体现在精神方面。他认同亚里士多德的理论，认为自我控制是领导力的一种必备品质。但是，对于波拉德来说，耶稣关于"交出你自己"的信条显得更为重要："他教育自己的信徒说，没有任何领导大于其所领导的人，因此，即使是最为卑下的工作也值得领导亲力亲为。"尽管波拉德和德鲁克都信奉仆从式领导的管理理念，波拉德的信念中带有更为强烈的宗教意味。对于波拉德和诸如罗伯特·格林利夫之类人来说，仆从式领导需要做到以下几点：

⊖ ServiceMaster 承认它也经常不能达到预期的目标。在组织生活中，寻求谅解是必须经历的一个过程。但是，正是 ServiceMaster 的 Terminix 运营部门的质量不过关，给该公司造成了很大的损失和困扰。《财富》杂志曾经报道："该公司承认其在肯塔基州的经营中给客户造成了很大的损失，也曾经污染了宾州的一条河流。"当时公司董事会主席波拉德则指出："对于一个拥有 75 000 名员工和多达 175 000 个由 ServiceMaster 管理的连锁机构员工的公司来说，偶尔偏离神圣的标准显然是不可避免的。"在同一篇文章中，波拉德也承认，"世界上并没有一个尽善尽美的管理控制系统能够保证员工总是做正确的事情"。对一个大量依靠连锁经营来提供服务的公司来说尤其如此。

- 全心全意地服务于员工的最根本利益，并时刻展现出服务于他们的热忱。管理者意志要坚强，以结果为导向，同时做到热情高涨。
- 以身作则，让自己对所服务的对象时刻怀有一颗仆从一般的心。让管理者将这一点付诸实践的方法之一就是要做到真正自觉自愿地做最下等、最乏味的工作。这么做不仅能够让管理者有机会理解公司所设计出来的工作的性质，而且还能让他对第一线服务工人的体会感同身受；这有助于让公司的所有工作不失尊严。这样，领导者就会成为真正的楷模。
- 接受员工，同情员工，聆听员工意见，并向员工学习。德鲁克说过："聆听并不是一种技巧；它是一种行为准则。任何人可以做到聆听他人。你所需要做的就是停止说话（认真倾听）。"
- 不要总是把眼光投向领导者，而要把眼光投向跟随的人，投向其工作和生活前行的方向。

也许不出所料的是，仆从式领导者的力量，有一部分源于他们带给追随者的尊严感，他们对追随者的人生发展和经验承担着很大的责任。受到善待的追随者更愿意听从这样一位领导的召唤。[⊖]仆从式领导使组织得以推行德鲁克所提倡的良性的用人决策的关键原则之一是，避免对绩效或聪明程度做出虚高的评估。一旦领导者愿意从事枯燥乏味的工作，就能告诉大家这样的工作并不"低下"。

仆从式领导还能够帮助波拉德和 ServiceMaster 公司解决德鲁克提出的领导的合法性问题；仆从式领导有助于为行使管理权力找到合理的依据。组织要达到目标，权力和权威是必不可少的。但是第一目标同样为组织行使权力和权威提供了道德准绳。正如波拉德所说的："除非领导者能够自己赢得掌握权力的权利，而且所掌握的权力被认为是合法的，否则，他们就会陷入通过权威和蛮力而硬性行使权力的陷阱。"

第一目标既体现了德鲁克指出的使权威得以合法化的方法，也体现了他对信仰的重视，可以说将二者完美地结合了起来。ServiceMaster 公司的使命

⊖ 这与巴纳德对权威的定义非常吻合："权威是一个正式组织中的沟通（指令），该指令被该组织的参与者或'成员'所接受，用以规范其所参与的活动；也就是说，权威出于该组织的考虑决定或规范一个人做什么或不做什么。"

有一个观念上的根基，那就是，认为个体的人的发展是造物主上帝的副产品。这一使命将管理者和员工团结到一个更大的目标之下："人们希望能够为了一项事业而工作，而不仅仅是为了维持生存而工作。"波拉德说："每当公司的事业与员工的事业紧密关联，公司就能进步，因为你将看到非凡的绩效。"

尽管在任何组织中，直接评估仆从式领导的效果都是很困难的，但是波拉德在其《公司的灵魂》和《服务于两个主人》两本书中所提供的诸多例证都清晰地表明，ServiceMaster 公司致力于让其员工得到发展，使其在公司内外能够承担更大的责任，实现更高层级的自尊和个人发展。这些人包括了那些最开始只是做低层次工作、拿低水平工资的人，他们通过自身的激励和努力，加上来自管理层的支持和发展，一路前行，最终晋升到了 ServiceMaster 公司的管理团队中去。

该公司除了实现了个人发展这一结果之外，还不断地给股东增派现金红利，1970 ~ 2000 年的 30 年间从未间断过。1963 ~ 1988 年的 25 年间，该公司每股收益的年度复合增长率为 18%；1976 ~ 1996 年的 20 年间，净资产回报率平均达到了 50%，这一时期 ServiceMaster 公司的股价从每股 1 美元上升到了每股 28 美元。

对于 ServiceMaster 公司来说，称颂上帝、尊重个人既包括关心员工，也包括关心其家庭。这一点在美国现在显得尤其重要，因为如今越来越多的家庭不再是传统型的原子核式的家庭了。随着越来越多的美国家庭需要两个人工作来支撑家庭开支，还有越来越多的家庭是单亲家庭，工作场所的变化不仅仅对员工本人，对仰仗该员工来生活的家人来说都会产生巨大的影响。一个致力于提升个人尊严的公司不能无视工作给员工家庭生活所造成的影响。但是，有许多公司对于这些影响仍然不予考虑。美国的家庭真的需要帮助：

- 在其孩子小于 1 岁的母亲中，超过 50% 在外工作。⊖
- 1/3 的孩子出生在单亲家庭中。
- 一半以上的美国人已经生活在，或正生活在，或将要生活在，离婚后再婚的家庭中。

⊖　这一由伯杰学院推动的趋势似乎会继续下去，不会消退。

公司所做出的任何决定，比如说工作调动或者业务活动变化，不仅会影响到员工本身，也会影响到员工的家庭。例如，计划外的轮班变化会严重地影响到单亲父母的照顾孩子的费用，也会影响到他们在家与孩子相处的时间。工作调动可能意味着更高的收入，但同时也使得孩子的监护问题变得更困难。公司应该通过主动采取措施，努力在公司的价值观和个人的价值观之间达成一致，从而支持而不是损害员工整个家庭的利益。例如，ServiceMaster 公司在工作调动时总是会考虑到员工的家庭。这么做，公司不仅支持了员工的家庭，而且还借此过程通过协调员工的工作和家庭使得员工的生产率不降反升。

总括一下，要问 ServiceMaster 公司的第一目标为管理学作为人文学科的实践所做出的贡献中，最重要的一条是什么？答案就是对仆从式领导的重要性的强调。其根基可以在德鲁克的思想中找到，那就是，德鲁克关于责任、诚信和价值观的原则。

目标 2：帮助人发展

ServiceMaster 公司的第二目标，"帮助人发展"，清楚地反映了德鲁克概括的与人相关的第二类管理实践（人及其发展）。第二目标仍然体现着犹太 - 基督教的传统，并自然地与第一目标相关联；根据这一传统，上帝在其造物中的形象得到发展之时，即上帝得到称颂之际。在 ServiceMaster 公司，这一点被具体定义为是尊重人、发展人、为人服务、支持人员多样化。在 ServiceMaster 公司的模式中，工作被视为这样一种过程，人借助它做正确的事情，同时成为其能够成为的人。

许多公司对发展人的价值观都持支持态度，它们还会采用诸如"人是我们最重要的资产"等口号。但是，发展人并且将人视为资产的激情和力量究竟来自哪里呢？本书作者之一约瑟夫·马恰列洛曾经向长期担任美国女童子军的领导，同时是德鲁克的弟子的弗朗西斯·赫塞尔本提出过这样的问题："是什么力量驱使你去做有助于年轻女子发展的事情？"她回答："内在的精神。"

由此可见，人的世界观是多么重要。波拉德的世界观，或者推而广之，德鲁克的世界观，都包括对上帝的信仰，而这一信仰需要最终对上帝负责。对于管理者来说，必须做到以下几点：

- 确保受自己领导的人的尊严，因为他们也是按照上帝的形象塑造出来的，他们有权利使这种地位得到认可和促进。
- 只要公司的利润允许，就尽可能将公司的资源投入到人的发展上。
- 认识到个人对社区的需要，作为一个组织的成员、一个社会的成员充分发挥作用的需要。
- 为了树立负责任的行为这一目的而坚守是非标准。
- 在组织中让权力和权威服从于有道德的责任标准。

如果一个人的世界观并不包括对上帝或者某种神圣力量的信仰，那么又靠什么力量来激励他去做发展人的事情呢？正如我们已经看到的那样，确实还存在其他一些力量让人们决定来去做发展人的事情。整个哲学领域，尤其是道德哲学，已经为犹太－基督教信仰系统之外的人类激情提供了颇多解释。我们在第3章中已经提到了其中一些理念，包括亚里士多德的哲学。不管怎么说，管理者需要真正搞清楚是什么力量推动他们去做发展人的事情；他们还需要建立能够真正反映其自身信仰和价值观的目标。

ServiceMaster公司如此深入地致力于人的发展和人力发展系统的应用，以至于彼得·德鲁克将人的发展看作ServiceMaster公司业务的本质和核心。实际上，这回答了德鲁克所提出的那个重要问题："你的业务究竟是什么？"要搞清楚一个企业究竟为什么而存在，以及究竟在从事什么业务，并不是一件简单的事情。但是，要搞清楚这一点却是极为重要的。

相应地，德鲁克在会见ServiceMaster公司的董事们时问了他们一个问题："你们究竟是在做什么业务？"

听完了大家给出的各种不同答案后，德鲁克做出了如下回应：

你们的业务就是人的培训和人的发展。你们把你们的业务用不同的形式包装起来是为了满足客户的不同需求，但是你们最根本的

业务是人的培训和人的激励。你们是在提供服务。没有人，服务就
无从谈起。如果不能很好地激励和培训人，你们就不可能为客户提
供高品质的服务。

董事会对此深表认同，而德鲁克这段话的第一句则一直悬挂在公司总部
的培训基地的墙上。⊖

随着各个公司将某些业务外包出去，ServiceMaster 公司作为一个承接
外包业务的公司处在一个独特的位置上，有能力消除业务外包给人及其发展
带来的负面影响。无论什么时候，一个公司一旦外包了一项主要的功能，就
丧失了发展其业务被外包了的员工的能力。如果这些组织"丧失了发展人
的能力，事实上就等于和魔鬼做了一把交易"，要想避免这种交易，只有一
种办法，那就是，外包公司仍然把发展人放在重要的地位。根据人的发展理
论，人不能仅仅被视为用来完成某项任务的"会被耗尽的"生产要素，而应
该是能够"增值的"资产，在服务客户的过程中得到发展；人将会成为工作
的"主体"而不是"客体（物体）"。

人有与生俱来的尊严（用德鲁克的话来说，就是地位），这一认知正是
制定第二目标之目的的核心，是在管理实践中经常被忽视了的一点。因此，
如果人们被问道："如果在管理作为人文学科的实践中不引入第二目标的话，
会造成什么伤害呢？"这一问题的答案是，人会在工作中丧失原本所拥有的
尊严。

在关于发展人的实践的探讨中，德鲁克强调，设计出范围更广、要求更
高的工作从而让人们的能力得到扩展，给人们提供成长的机会，是十分必要
的。这一要求对于 ServiceMaster 这样的公司来说无疑是巨大的挑战，因为
他们的绝大部分工作都是由没有什么特殊技能的体力劳动者来完成的：如何
让一个家政清洁工的工作变得范围更广、要求更高呢？波拉德采纳了分权的
理念，并将之与熊彼特有关创造性破坏的观念（第 1 章中介绍过）和德鲁克
有关业务剥离、持续进步和创新等实践箴言相关联。正如本书第 1 章所探讨

⊖　这一说法引自波拉德。最主要的培训中心位于道纳斯格罗夫，后来被迁移到位于田纳西
　　州公司的新总部。

的那样，熊彼特关于创造性破坏的概念指的是，经济上的断层时期不仅破坏了过去稳定的企业经营，也给全新的商业机会创造了空间。作为熊彼特的追随者，德鲁克也坚信，组织必须未雨绸缪，面对不可避免的引发创造性破坏的断层。这样看来，德鲁克呼吁人的发展一定要着眼于未来、机会和优点，而不是缺点，就很好理解了。

波拉德认为，官僚习气会使创业精神和创新窒息。一种能够支持，促进人的成长和发展这一更宏大愿景的更加扁平的组织架构有助于提升创新水平，带来持续进步。更重要的是，创新应该由更接近客户的人来领导，这些人是组织中最前线的员工。这些最前线的服务员工帮助推动变革，确保公司的生存和继续发展，公司的发展反过来为他们提供了进一步成长和发展的机会。也许，更为重要的是，给类似于ServiceMaster公司员工的服务型员工赋予权力，让他们自主地掌控工作中的重要事项，可以为他们提供一种责任感和权威感，最终使他们的自尊程度得到提升。工人自身往往处于最佳的位置上，可以更好地设计和改进自己完成工作的方式、方法，因为他们拥有与工作相关的特定知识和技能，因而能够以类似于知识工人的方式来管理好自己。

在ServiceMaster公司这一案例中，头两个目标被视为"目的性"目标，第三目标和第四目标则是"手段性"目标。换句话说，波拉德认为首要的目标是在一切作为中都推行上帝的标准，以及尽最大努力去发展公司里的人。这一点不应该轻描淡写，一笔掠过——该公司存在的目的就是通过第一目标和第二目标反映出来的。第三目标和第四目标则是达成这些目的的手段（称颂上帝、发展人），而其本身并不是目的。而且，正如已经讨论到的那样，第一目标是通过第二目标付诸行动的；在ServiceMaster公司，员工注重人的发展，以此来称颂上帝。

目标3：追求卓越以及目标4：实现盈利性成长

第三目标反映了德鲁克与人的维度（优势和机会）相关的第三种管理实践，而第四目标则反映了第四种实践（表现和结果）。追求卓越要着眼于优点，而不是缺点，要为员工提供作为工人、人得以成长的机会。实现盈利性成长需要绩效和结果进行衡量，不过德鲁克同时还强调把价值观的发展和人的发展当作两个同等重要的衡量结果的维度。

正如早先提及的，第三目标和第四目标是第一目标和第二目标的附属性目标。在 ServiceMaster 公司，第一目标（"不论做什么工作，都要称颂上帝"）为全力以赴地实现第二目标（"帮助人发展"）提供了精神和能量。第三目标（"追求卓越"）和第四目标（"实现盈利性成长"）是达成第一目标和第二目标的手段。目的性目标和手段性目标合起来构成了一个"多目标系统"。所有的目标可以作为动态的系统发挥作用。

以下是这个多目标系统的理想运作方式：坚定执行第三目标就要给员工提供必要的工具和培训，使他们能够为客户提供优质服务。一个公司如果能为客户提供价值，并且管理有方的话，该公司就能够盈利（第四目标）。有了利润，公司就可以为人的发展提供必要的资源，为人提供工作机会、提供更先进的工具、提供扩展责任范围的机会。而这转而又有助于实现第一目标：称颂上帝。

第一目标和第二目标通过人、工具、工作和服务员工的尊严会产生某种互动，关于这种互动，波拉德提供了一个非常有说服力的例子：

> 1989 年，我在前往列宁格勒[⊖]的旅途中，碰到了一个名叫奥尔加的家政服务人员。她负责清洁一家大型宾馆的大堂地板。我对她的工作很感兴趣，就和她攀谈了起来。奥尔加的工具就是一根 T 型拖把，一块脏兮兮的抹布，还有一桶脏兮兮的水。她压根就不在真正地清洁地板，只是把灰尘从一个区域扒拉到另一区域……对自己所做的一切，奥尔加毫无自豪感而言。她的工作并没有让她感受到任何尊严，当然，更谈不上她会对结果负责。但是，奥尔加未被开发的潜能是巨大的……没有人想过要花时间去教奥尔加一点儿技能，或者给她配备更好的工具，或者将她当作一个人来关心。
>
> 相反，我几天之后去参观了英国伦敦的一家由 ServiceMaster 公司服务的医院。当我告诉那里的一个家政服务员我是 Service-

---

⊖ 现圣彼得堡。

Master 公司的董事长后，她给了我一个拥抱。她很感谢我让她得到工作培训和各种工具。然后，她向我展示了她清洁病房时所做的一切，非常详细地描述了 ServiceMaster 公司服务前后的效果对比。她为自己的工作深感自豪。因为有人愿意教她怎么做，而且每当工作完成后，都有人承认她所付出的努力，所以她对结果深感满意。她对下一个工作成就充满期待，而且，她很感恩。

这两个工人中没有一个表现出从工作中独立地寻求更受尊重的待遇的倾向。在上述这两个例子中，这两个工人都需要管理者给予帮助，为她们指明道路。

工作中人的发展可能还包括为工人提供更高效地完成任务的工具。在服务员工例子中，这可能会包括寻求来自工人的意见。管理者必须意识到他们的需要，并且果断地采取行动。

ServiceMaster 公司将人、工具和工作整合起来的案例是提升工作效率和帮助工人获得成就感这一双重过程的典范，也是实现第三目标必需的各种措施和步骤的力证。德鲁克是如此描述上述双重过程的：

> 让员工获得成就感的第一个步骤是提升劳动生产率。我们对工作本身的要求理解得越透，将人和工作整合在一起的程度就越深。我们对工作本身的要求理解得越透，能够给工人的自由就越多。科学管理与工人有成就感之间没有任何对立的地方，因为前者不过是理性的、非个人化的工作方法而已。二者尽管相差悬殊，却可以互补。

提升工作效率，帮助工人获得成就感，正是这两个方面使得 Service-Master 公司的管理系统既提升了劳动生产率（第三目标），又提升了服务工人的尊严（第二目标）。德鲁克指出，发达经济状态下管理者面临着两个最重要的课题：

> 如果说发达国家中有比服务工作的劳动生产率更为重要的问题的话，那就是服务工人的尊严。而这两者又是紧密关联在一起的。

事实上，这两个问题需要同时得到解决……ServiceMaster 公司为工人及其工作提供了一种目的和终极目标，有助于恢复对人的尊严来说至关重要的因素，而在过去这种尊严一直缺乏。

对"手段性"目标的追求最终使得"目的性"目标得以实现。每一个行动都做到了卓越的程度，那也就能提升盈利。利润为人的发展和称颂上帝提供了资源和机会。被视为手段的利润成为很好的绩效标准，这是一种合乎道德的衡量标准，是对社会需求满足度的衡量标准。正如德鲁克汲取了熊彼特思想的精髓（参见第 1 章），将利润诠释为一种合乎道德的力量，波拉德将利润和上帝关联在了一起：

> 在上帝的世界里，利润是被利用、被投资的一种手段，而不是被崇拜的目的。对于我们所投入的努力的价值来说，利润是一个合理的衡量标准……对于个人、家庭和社会中的任何一个组织，不管是营利性公司还是非营利性组织，要生存都需要利润……上帝和商业其实是有交叉的，利润则是决定我们所有的投入是否产生了效果的标准。

通过将利润与人和社会的价值观关联在一起，波拉德明确地把自由市场的资本主义描述成上帝的一个潜在手段、一种可以行善的力量。这样看来，利润就不仅确保组织的持续发展，也为发展人的潜力提供了手段。ServiceMaster 公司的盈利能力因此就能真正地与前三个目标关联起来；盈利能力体现了对上帝的称颂，因为它能够为人的发展和追求卓越提供必需的资源。正如我们已经看到的那样，在波拉德的领导下，ServiceMaster 公司的盈利能力一直没有降低过。

但是，尽管利润是衡量一个公司将资源转化成满足客户需要的能力的很好的标准，但是 ServiceMaster 公司管理系统中的四个目标也不可能自动地推动公司盈利能力的提升。事实上，更多出现的可能是相反的情况。著名投资人沃伦·巴菲特令人信服地提出了这样一个看法："我可是看到有不少坏人生意做得很成功。"

关于利润并不总是在称颂上帝，并不总是体现人的尊严和道德价值观这一点，可供巴菲特引用的最近一个实例就是本书导言中提及的高盛公司的可鄙行为。高盛的一个员工与一家对冲基金公司狼狈为奸，开发了一种抵押贷款方面的衍生性投资产品，由高盛卖给其客户，而高盛自己还参与同一类产品的卖空交易，换句话说，高盛通过牺牲其客户的利益赢得了巨额利润。⊖

ServiceMaster 公司是一个极不寻常的组织，它在设定企业目标中完全采纳了德鲁克所秉承的犹太 – 基督教关于人的尊严的观点。非常清楚的一点是，ServiceMaster 公司的模式并不能适用于任何一个组织，它不可能完全被复制，因为每个组织都有其自身独特的文化和历史。但是，有些机构也许能够通过借用"服务利润链"的概念将德鲁克从人的维度提出的四种实践与ServiceMaster 公司相类似的目标关联起来。

通过 ServiceMaster 公司的四个目标
推行德鲁克的四个实践

哈佛商学院的三个教授试图回答这样一个问题：为什么少数服务型组织总是能够年复一年地比竞争者做得更好呢？他们访谈了一些高绩效的服务型组织的服务主管，其中包括 ServiceMaster 公司的管理者。他们所找到的答案包含在他们后来称为"服务利润链"的一组关系中：

简单地说，所谓"服务利润链"的思维就是坚持认为利润、成长、客户忠诚度、客户满意度、交付给客户的产品和服务的价值以及员工的能力、满意度、忠诚度和劳动生产率之间存在着直接而紧密的关系……从有关服务利润链的早期试验中收集来的数据中可以

⊖ 具体而言，美国证监会指责高盛公司及其手下员工 Fabrice Tourre 制造了一个股票交易骗局，而且针对公司 Abacus-207-AC1 这一贷款交易提出了民事诉讼，美国政府认为这笔交易注定要失败。美国证监会指责高盛没有披露对冲基金 Paulson 公司，属于欺骗客户。该公司不仅帮助客户选择了包含在该交易中的贷款，而且又在暗中反押该交易。这项针对高盛公司的诉讼最终和解了。

看出一些最紧密的关系，它们是：①利润和客户忠诚度之间的关系；②员工忠诚度和客户忠诚度之间的关系；③员工满意度和客户满意度之间的关系。这些关系表明，在服务领域内，这种关系能够相互强化。也就是说，满意的客户有助于员工满意度的提高，反之亦然。

在高绩效的服务型组织中的服务利润链中，有一个不断强化的"（员工）能力循环"。不断强化的能力循环将"严格拣选员工"，为员工提供高质量的培训、工具和各种基础设施以及为良好绩效设立适当奖励这些措施与员工满意度和客户满意度关联起来。

由此，服务利润链将人的拣选和人的发展（德鲁克提出的第二种实践和 ServiceMaster 公司设立的第二目标）与发展员工的能力以更好地服务客户（德鲁克提出的第三种实践和 ServiceMaster 公司设立的第三目标），与利润（德鲁克提出的第四种实践和 ServiceMaster 公司设立的第四目标）都关联在了一起。推动员工发展的力量来自领导者的价值观和诚信（德鲁克提出的第一种实践和 ServiceMaster 公司设立的第一目标）。

詹姆斯·赫思克特、厄尔·萨瑟和列奥纳德·施莱辛格将 ServiceMaster 公司作为一个有效运转的服务利润链的范例。他们看到 ServiceMaster 公司以及其他公司所推行的仆从式领导所发挥的作用，这种作用主要体现为将那些从 ServiceMaster 公司的第一目标中衍生出来的价值观和领导力实践传播开来：

> 管理者能够成为"仆从式领导者"，这一点是非常重要的，山姆·沃尔顿总是不厌其烦地向沃尔玛公司里任何一个愿意听他讲话的人唠叨。管理者不仅要聆听，还要将沃尔玛推向零售世界的顶峰。这一概念和 ServiceMaster 公司的管理思想是非常吻合的，在后者的公司里，前首席执行官波拉德在寻找接班人时最看重的特征就是"拥有一颗仆从的心"。在西南航空公司，管理层致力于达到赫布·凯勒所称的"精神光芒"的境界，这一点不仅体现在为整个

"大家庭"增加新成员上，也体现在决定服务于哪些城市这样同等重要的决策上。

总之，德鲁克提出的四种实践和 ServiceMaster 公司设立的四个目标形成了相互交叉、动态发展的实践和目标，这些实践和目标有助于生出一个共同而伟大的目标来发展人的能力和品格这项事业。这些实践和目标当然会因组织的不同而不同。很显然，波拉德是从德鲁克提出的实践中总结出了自己的四个目标。而赫思克特、萨瑟和施莱辛格的研究则进一步地展示了德鲁克提出的实践以及ServiceMaster 公司的目标在相互配合、打造高效组织方面的具体路径和方法。

上述四个目标可以适用于任何一个组织。但是，那些试图理解 Service-Master 公司的管理系统的人最经常提出的问题是："如果没有第一目标，为什么不可能推行同样的领导力原则、获得同样的结果呢？"答案是，在某些特殊的情况下，也是有可能的。如果没有一个明确支持第一目标的文化，管理者就必须自己提供相应的诚信和价值观，而且这些价值观必须渗透进整个组织。根据这一情况，我们总结了 10 条领导力原则，支持 ServiceMaster 公司四个目标的贯彻和执行[⊖]。任何组织，如果推行这些领导力原则，最终会建立一种与 ServiceMaster 公司相类似的管理系统。

原则 1　我们尊重所有人的尊严和价值。要突破工作场所来衡量我们的领导力的成果，用人的生活得到改善的程度去衡量。

这一原则的推行是 ServiceMaster 公司的管理系统的核心；它承认每一个人的尊严和价值。为了体现第一目标和第二目标，每个组织在推行这一原则时都有漫长的路要走，因而必须坚定不移、坚持不懈地走下去。

原则 2　我们都是由价值观驱动的。我们看重真理、诚信和忠诚，看重做正确的事情。我们坚信，我们的公司是（应该是）一个有助于人格发展的有道德的社区。当我们在前面领路时，我们要成为负责任的环境守护者。我

⊖　这些原则以及关于每一个人如何推动对于四个目标的运用的详细解释，可以参见 Maciariello（2002），p.36～49。本书这部分对每个原则都进行了总结和解释。

们也看重终生学习，并看重我们自身所承担的教师的角色。

这一原则假定，一个组织的所作所为有对错之分。它假定，组织的领导者应该为组织中人的能力和品格的发展承担责任。最后，它假定，领导者有作为环境守护者来采取行动的责任，相应地，也有责任及时地消除组织行为对环境所造成的危害。

原则 3 "只有亲历之，方能笃信之。"（这一韦德原则指的是组织的价值观。）

许多组织都有行为方面的伦理准则。[○]这些准则包括，在处理与不同利益相关群体之间的关系时保持诚信，建立一个开放的环境，重视质量和服务，把员工视为值得发展的资源。但是，令人困惑的问题是，所有这些标杆式的价值观真的能在实践中得以推行吗？还是说，它们仅仅只是装饰物？ServiceMaster 公司的创始人玛瑞昂·韦德在这一原则中毫不遮掩地问：公司的管理者真的主动地在行动中体现出公司所推行的价值观吗？如果他们没有做到这一点，那么他们自身其实并不真正信奉这些他们所标榜的价值观。

原则 4 我们都是企业的主人，因此我们也以主人的姿态来领导企业。我们相信创新，相信冒险，相信要取得短期决策和长期决策之间的平衡。我们为成为一个既有效益又有效率的组织而努力奋斗。我们投资自己的公司，也鼓励他人投资我们的公司。

一家上市企业的领导者拥有该公司的股份。ServiceMaster 公司在波拉德的任期内，其管理者的一个显著特征就是，他们不仅投入了很多资金来买自己公司的股份，而且从来没有要分散自己投资风险的意思。这就使得他们自己的大部分财富都暴露在风险中，从而向世人表明他们对公司及其绩效的承诺和投入。这么做之后，管理者就像是公司的主人，让其他投资者满怀信心；公司管理者群策群力，努力促进股东的利益。

原则 5 对我们所出售的产品，我们深信不疑，我们致力于提供超常规的服务。对销售给客户的产品和提供给客户的服务，我们倍感自豪。我们相信我们的产品和服务，使用我们产品和服务的人会推荐其他人使用我们的产

○ 关于这方面的例子，参见 Murphy（1998）。

品和服务。我们所提供的服务超出人的期望，我们致力于提供"超高标准的"服务。我们希望提供超越客户期望的服务，并致力于持续不断地提高服务水平。

赫思克特、萨瑟和施莱辛格成功地在提供卓越的客户服务（第三目标）和盈利（第四目标）之间建立起了一条明确的关联关系。[⊖]ServiceMaster 公司的名称本身就在强调做"服务方面的大师"，因此强调了第三目标。对于每一个组织来说，这一原则都是金玉良言。

原则 6　我们的未来和利润取决于创造和维持客户的能力。成长是一种律令，一种可有可无的选择。

利润增长的需要（第四目标）和发展人的能力（第二目标）之间具有一定的关联。人如果要发展能力和品格，就需要扩展机会的范围。扩展角色的可能性来自某一事业自身的成长，也来自更多相容事业的兼并收购。要达成第二目标，成长就是必不可少的，而不是一种可有可无的选择。要获得成长，一个组织就必须维持既有客户，同时还能吸引更多新客户。一个组织需要理解维持一个客户所产生的递增成本和赢得一个新客户所需要的成本，这是其成长策略的一项内容，也是追求第三目标的努力的一项内容。我们可以看到，这一原则体现出三个目标之间的关联关系。

原则 7　我们基于绩效和潜力来奖励和提拔员工。报酬和晋升基于绩效，基于一个人成长、发展以及在未来从事新工作的能力。个人的信仰、服务期限、性别或者人种，与报酬和晋升完全无关。

德鲁克坚决地认为，报酬和晋升必须与绩效关联起来，而不是与个人的政治倾向或者偏好关联起来。将有关人成长和发展的能力方面的内容加进去，让 ServiceMaster 公司致力于人的尊严和发展。但是，这一原则明确地表明，一个人的性别、宗教信仰或者民族背景对潜在的回报不造成任何影响。

原则 8　我们要做好接班计划，培养未来的领导者。

第一目标和第二目标的核心是培养未来的领导者。不管对于维持一个组织的价值观和活力来说，还是对于取得经营上的成功来说，培养未来的领导

⊖　关于为客户创造更多价值和获利能力之间的关系的总结，参见第 224 页（英文版）。

者都是极为重要的。不管是管理团队的发展还是接班计划，都需要正式和非正式两种制度；还要给人提供机会，让他们得到历练，看看他们是否为担负起更大的责任做好了准备。

原则 9　我们要有独立的精神，同时也充分意识到我们彼此之间真的相互需要。

随着组织不断壮大，要维持住其价值观会变得越来越困难；不同群体之间容易产生不和谐之音和分歧。如果组织是通过兼并收购成长起来的，那么这种情况尤其明显。如果管理者能够特别关注在变革中维持价值观的连续性的需要，那么还是可以在多样化的基础上达到团结一致的。做到这一点，需要不间断的沟通和交流，不仅在组织内部，而且也要与客户和供应商进行沟通和交流。在组织成长的过程中让每个个人都保持独立性和目的性的能力是达成第二目标和第三目标不可或缺的要素。

原则 10　真理是不容妥协的。

在其职业生涯早期，德鲁克就指出，有必要为真理和行为树立标准从而确保有人担当责任。（"称颂真理"可以替代第一目标。）我们相信，关于不断追求真理和应用真理的必要性，德鲁克的观点从来没有改变过。正如他自己所说的：

> 自由的唯一基础是基督教关于人的本性的概念，人是不完美的，软弱的，是一个罪人，是尘土，并终将归于尘土；但是，他又是按照上帝的形象塑造出来的，要为自己的行为负责……而且，为了获得自由，必须做出这样的假定，绝对的真理和绝对的理性是存在的——尽管人们是永远无法捕捉到这样的真理和理性，否则，所谓"责任"也就不存在了。

德鲁克明确地指出，"绝对的真理和绝对的理性超越了常人所能理解的范畴"。基于他的世界观，我们这些从天国堕落的、软弱的动物没有辨别真理的能力，不能在绝对的意义上判断什么是对的什么是错的。相反，德鲁克希望我们好好考虑一下原则 10，并得出可能不同于第一目标的我们自己的结论，但同时这将为组织确立合乎道德的行为准则。在德鲁克的"尚能容忍的"社会中，人类是永远不可能完完全全地理解真理的，也无法掌握关于终极的"对"与"错"的知识。人必须意识到克尔凯郭尔所说的对上帝的背离，必须通过自己的努力，在存在主义的层面上，对什么是真实的、什么是正确的之类的问题做出自己的判别。

在其现任领导者的领导，ServiceMaster 公司不再体现波拉德的愿景了。事实上，一个在其目标中引发有关上帝问题的价值观体系，在美国的上市企业中是不太容易被推行的。但是，在美国，也有不少上市公司以其自身的实践表明，与 ServiceMaster 公司的价值观体系基本一致的价值观体系成功地在经营管理中得以体现，并实现了盈利。林肯电器就做到了这一点，维持了百年之久。但是，我们还是很少见到有上市公司能够通过树立某种信仰、建立合法权威、推行符合伦理同时设计合理的管理实践以及增强与时俱进的能力来把个体的存在和社会的存在都变得有意义，并将二者紧密地统一起来，这表明德鲁克的愿景执行起来也许比他想象的更困难，至少对于上市企业是这样的。

德鲁克的愿景在私人公司中可能更得以推行，这样的公司的信仰通常是其创始人的信仰的延伸。因此，我们有必要看一下一家私人企业是如何致力于推行与 ServiceMaster 公司相类似的目标的。这家名叫 Dacor 的公司展示，尽管该公司的规模比 ServiceMaster 公司小得多，但是其管理系统却沿着与 ServiceMaster 公司相同的方向前景，而且，由于其规模小，其管理系统也简单一些。

Dacor 公司

有很多管理者因为 ServiceMaster 公司的成功而深受鼓舞，努力将 ServiceMaster 公司作为自己效仿的楷模，尤其对第一目标颇感兴趣。[一]我们这里举一个例子，那就是 Dacor 公司，该公司是位于加州的一家高端厨房用

　　㊀　有许多文章可以供人们引用，用以说明人们在商业中提及关于上帝的问题。这方面的例子，参见 Swartz（2006）。

品制造商，2004 年的销售额达到 2 亿美元。1999 年，Dacor 推出了其企业价值观宣言。刻在该公司总部的大理石墙上非常醒目的位置上的这一宣言是这样写的：

不管我们做什么，都要称颂上帝。为此，我们一定要：

- 尊重他人。
- 做好事。
- 帮助他人。
- 原谅他人。
- 表达谢意。
- 祝福我们的生命。

用言语来撰写这些宣言是一回事，而付诸行动显然是另外一回事。下面，让我们简单地概括一下 Dacor 公司是如何将这一价值观体系付诸行动的。⊖首先，公司要先发现这些价值观。公司首席执行官迈克尔·约瑟夫亲自定义了这些价值观，并加以诠释。

首要的价值观（"不管我们做什么，都要称颂上帝"）是直接从 Service-Master 公司那里借用的。那些支持性的价值观则是约瑟夫在不同的时间点，从不同的来源中总结而成的，这些来源中包括他自己所属教区的神父的布道内容。

在定义并诠释了这些价值观之后，约瑟夫的下一步目标是从公司的股东、高管团队、中层干部、普通员工、经销商、顾客以及其他关键的利益相关群体那里寻求意见，获得支持。（当时的 Dacor 有 1200 个经销商。）然后，Dacor 对这些价值观进行进一步的提炼，将它们融入公司所拥有的几乎所有的传播途径。而且，公司还在 2002 年 3 月给管理者团队的每一位成员进行了长达 8 个小时的培训。这次培训详尽地解释了这些价值观以及让这些价值观产生作用的执行步骤。Dacor 公司在三个实践层面对这些价值观进行整合：个人层面、团队层面和组织层面。最后，公司引进了一个持续改进的流程，

⊖　该例子有两个来源：一个是 2002～2004 年麦克·约瑟夫和约瑟夫 A. 马洽列洛之间进行的个人对话，另一个是 *To Honor God* 这本专著（Max De Pree Center for Leadership，2004）。

确保这些价值观始终得以贯彻执行。

整个公司致力于建立一个"平等主义的组织",用他们自己的话来说,在这样的组织中,不管是公司内部还是外部的利益相关群体,包括客户、经销商和社区成员,都致力于确保所有人的尊严,使所有人都得到尊重。利润当然是 Dacor 业务的一个非常重要的副产品,但是却并不是企业的核心本质。企业的核心本质在于提升 Dacor 的"CEO"的生活品质,其中"C"(customer)是指客户,"E"(employees)是指员工,"O"(owners & other stakeholders)是指公司的所有者(股东)和其他利益相关者。

如果这些价值观真的有效果的话,那么人们的行为就应该反映出价值观。Dacor 公司认为,在一家根据价值观进行管理的公司里,只有一个老板,那就是公司的价值观。该公司致力于让所有员工都因为自己和自己所拥有的才能而感到满意和自豪。自尊是其中的关键。公司深信,如果想让员工做到最好,那么就必须让他们对自己感到满意,对自己为组织做出贡献的潜力感到满意。

为了测试推行价值观的努力是否有效果,Dacor 公司参与了由位于加州帕萨迪纳的 Max De Pree 领导力中心的研究团队所进行的一项研究。这个研究团队进行了大规模的正式或非正式访谈以及很多场座谈会,来判断 Dacor 公司在所有利益相关群体中推行其价值观的努力究竟取得了多大程度的成功。作为这项评估工作的一部分,该公司在全公司范围内推出了一个培训计划,希望借此更进一步地明确其价值观体系。2004 年,Max De Pree 领导力中心在"称颂上帝"这篇论文中发布了此项研究的结果。尽管这项实证研究是复杂的,很难精确地加以概括,但是研究者还是得出了这样一个结论:该公司的利益相关群体已经接近了其理想状态。该公司非常努力,不断改进其践行价值观的方式方法。要测试这些价值观所产生的效果,有一个方法,那就是像在 Dacor 公司进行研究的团队那样走出去,亲自问一问其利益相关群体。

约瑟夫的价值观和波拉德的价值观一样,代表了其个人的信仰,而且"他们并不试图让所有人都转信其信仰"。但是,有必要指出的是,约瑟夫说过:"从五年前(1999 年)发表 Dacor 价值观宣言至今,该公司的规模已经扩大了一倍。"因此,尽管这些价值观代表的是约瑟夫自己的信仰,但是与上面解释过的公司的"CEO"的利益还是颇为契合的，而且也成功地促进了其增长。

最后总结一下，Dacor 公司的案例表明，ServiceMaster 公司所发展的管理目标和管理哲学是能够向其他公司迁移的，能够有所裨益的。这正是 ServiceMaster 公司及其创始人和其他领导者们留下的一部分宝贵遗产。

结　论

德鲁克坚持认为，在将管理学作为人文学科时必须全面地考虑人的各种维度。这也是管理学和人文学科最明显的交叉点。在历史上，人文学科一直包含对人的境况的问题（这里还有一个词，"人文学"，它是指人文学科下的许多学术性的门类或科系）。管理本身也牵涉与人的情感、伦理、道德和其他主观感受之类错综复杂的问题。通过集中探讨人的尊严这一问题，德鲁克逐步地深入这一现实。通过这样做，他很早就引发了关于人权性质的争论，与此同时，他引入了他自己所坚持的犹太 – 基督教的视角。

为了更好地理解德鲁克提出的管理学作为人文学科这一概念，我们需要理解被他归为人的自然权利或者所有人与生俱来的权利的那些特性。他对人的尊严的观点最明显地体现在对从事手工劳动（服务工作或者流水线上制造性工作）的人的讨论中。这些工人可能无法掌控自己的日常活动，或者说他们可能并不会主动地参与到其工作的社区中去，但是，在德鲁克的思想体系中，他们和那些管理他们的人一样，应该得到同等程度的尊重。根据德鲁克对人的尊严的定义，取自犹太 – 基督教信仰的定义，所有的工人都应该受到重视，不管其地位、教育程度和智力水平如何。

德鲁克从管理层的态度和处理方式角度来定义尊严，并相应地提出了四种管理实践，以期所有工人都能够得到公平对待。这些实践要求管理者去界定并接受诚信原则和价值观，去培养人，去着眼于优点和机会，去强调绩效和结果。如果这四种实践能够得到有效推行，那么就会让所有的工人，包括服务工人在内，都成为工作的主体，不是客体（物体）。

践行德鲁克关于人的尊严的愿景，将每一个人都视为神圣的造物，其中所包含的挑战是巨大的。例如，一个组织如何定义其价值观？在 ServiceMaster 公司和 Dacor 的案例中，公司创始人选择将自己个人的宗教观点加以推广。并不是每一个组织都能够或者愿意用同样的方式来定义其价值观。政府组织中的人需要遵循教会和国家分离的原则。其他许多不同文化和宗教传统中的实体也必须敏锐地意识到其文化和传统可能引发的冲突。除非管理层能够在员工和其他相关群体之间达成共识，否则，硬性推行同一个价值观体系是不可能奏效的。马洽列洛所详细描绘的上述 10 个原则在以犹太－基督教为核心的 ServiceMaster 公司模式和这一模式在其中无法奏效的其他组织之间搭建了一座沟通的桥梁。

在不同的组织当中推行管理学作为人文学科所包含的诸多人的维度，其方式方法是不尽相同的。尽管如此，各个组织必须认识到，管理学作为人文学科，必须关注人，这是因为关注人，就会包含人文学的各个不同方面。正如早期英国人和美国人通过各自对自然权利的不同定义来解决问题一样，将管理学作为人文学科来实践的组织也需要充分理解何谓人的尊严。然后，这些组织需要发展出自己的模式，从多个维度来解决各种关于人的问题。

从人文视角来看有效领导力

最成功、最能永续经营的组织通常都能促使其成员在思想和道德方面有所成长，超越其最初的能力。

——彼得·德鲁克,《公司的概念》

领导力这一概念肇始于最早期的人类文明。但是，关于领导力的研究则是由于工业化时期各类组织机构的崛起。关于这一主题的研究文献数不胜数；近年来，有关领导力的书籍和文章更是如雨后春笋般地涌现，还有众多以领导力为主题的杂志，都在努力探索领导力的品质、风格和模式。实际上，有关领导力的各种出版物已经形成了一个专门的产业。

在本章中，我们会简短地追溯一下领导力理论的发展史，然后探讨一下德鲁克提出的领导力模式。在对德鲁克所认为的组成有效领导力的根本要素进行分析之后，我们会分析一下亚伯拉罕·林肯，将其作为领导力方面的经典案例。通过这些历史分析，我们将管理学和人文学科关联起来，阐述历史人物做出的体现领导力的决策如何帮助我们推行德鲁克所提倡的有效领导力模式。尽管历史人物的决策与今天的领导人所面临的决策之间大相径庭，但是这些历史案例仍然能够展示出领导者在错综复杂的真实世界的情况下所面临的各种困难。

领导力：不同的诠释

几个世纪以来，领导力一直是人们热衷研究的主题。柏拉图和亚里士多德都对有效治理做出过论述。尼可罗·马基雅维利在 1513 年出版的《君主论》一书中对权威和权力的本质做过分析，而诸如托马斯·霍布斯和约翰·洛克等启蒙时代哲学家则探讨过领导者与其追随者之间的关系。但是，大型工业化组织的兴起推动了对领导力做更为系统的研究，使之成为管理学的一个分支。随着管理学者将注意力转向分析新兴组织的高层管理者，他们发展出了一系列领导力模式，其涵盖范围极广，以至于这些模式相互冲突。最初，管理学者更多地关注行政性的问题：组织如何更高效、更划算地制造足够多的产品？但是，越来越多的实践者和学者开始将兴趣从非人力资本的劳动生产率转向人力资本的劳动生产率上。结果，随着人们努力寻找最好的方式方法以便最充分地利用可以获得的人力资本，管理学研究很自然地就转向了关于领导者和领导力的研究。

正如第 2 章所讨论过的那样，管理学作为一门专业是随着 19 世纪晚期第一批商学院的兴起而逐渐形成的。这些早期学科的课程设定更强调弗雷德里克·泰勒的理论和科学管理，这反映了 20 世纪初美国大众化生产的新世界。但是，在 20 世纪 20 年代，哈佛商学院开始更多地聚焦于组织中人际关系所发挥的作用，而不再像传统的做法那样注重金融、会计和其他技能的培训。在建立临床心理学这一新学科之后，埃尔顿·梅奥被哈佛商学院聘请来领导人际关系对劳动生产率的影响的研究。梅奥最为世人熟知的就是他对霍桑实验的解释。霍桑工厂是美国威斯汀豪斯电气公司最大的生产基地。该工厂位于芝加哥，主要制造电话机及其辅助设备。1924～1927 年，该公司进行了一系列研究，试图找出工厂的照明情况与工人劳动生产率之间的关系。受到泰勒科学管理方法的激励，威斯汀豪斯电气公司的管理团队希望了解，通过调整工作场所的灯光是否能够提升劳动生产率。一组工人所在的工作场所的灯光被进行了调整，而受控组的工人则继续在原先的工作场所工作。该项研究的结果并没能给出令人信服的结论，两组工人的劳动生产率都得到了提高。威斯汀豪斯电气公司还雇用了一位第三方咨询师进行实验，研究所有可能会影响工人劳动生产率的因素，包括心理方面和社会方面的因素，都加以周全的考虑。后来，威斯汀豪斯电气公司请梅奥前来观察这一实验。1928年，梅奥和同事弗里茨·勒特利斯贝格尔开始对最后一轮霍桑研究的结果做出解释。

如今，梅奥和勒特利斯贝格尔关于霍桑实验所做的举世闻名的解释揭示，对工作条件的关注确实能够对劳动生产率产生影响。在某种程度上，这也可以算是泰勒的宏大理论最终得到了认同：劳工和管理层之间需要建立一种伙伴关系，双方都要理解这对双方都有好处。但是，梅奥和勒特利斯贝格尔强调，在霍桑工厂里，金钱方面的报酬与劳动生产率的提升并没有直接关系。是管理者对工人关心和关注才最终提升了劳动生产率。由于这些解释的影响，后来管理学中出现了一个人际关系学派，该学派提倡管理层利用心理学的技巧来影响工人的态度，并进而影响其行为。

德鲁克认识到了梅奥的结论对他自己关于工业化社区的构想的重要影响。在《新社会》一书中，德鲁克指出，梅奥和勒特利斯贝格尔"证明在每一个工业化组织中都存在一个由工人及其直属上司和管理人员形成的'非正式的'社会组织。他们发现，正是这种非正式的组织，而不是管理团队，能够真正决定产出率、各种标准、工作分类和工作内容。只要该团体不被否定，就算不实行任何正式的管制，该团体也能有效地引导其成员的行为"。梅奥有关人际关系方面的研究促使管理者将员工当人看待，承认人力资源所面临的现实问题。

第一个对领导力作用进行系统研究的人是切斯特·巴纳德。尽管巴纳德并没有充分理解管理中全部的人性内涵，但是他最早预测到了后来德鲁克所关注的问题——在工作场所为工人提供尊严和意义。巴纳德在1938年出版的《经理人员的职能》一书中总结了其作为一名管理者的亲身体验，书中也有一些其早期关于管理的研究。他试图通过该书形成一套有关合作行为的理论，解释人们为什么愿意在一个组织中工作，他们如何才能更有效地工作。他的分析中最重要的是对组织的忠诚；组织要有效运作需要通力合作。巴纳德认为，人的合作意愿有高有低，管理必须维护人的合作意愿。他并没有在书中竭力推崇一种自上至下的独裁式的或者说是靠个人魅力的领导力模式，相反，他更推崇一种自下而上的模式，其中那些位于组织底层的人自愿地听从权威，或者承认管理权威的合法性。巴纳德如此描述他所谓的一个人的"中立区域"，人愿意毫无怀疑地响应管理者要求的舒适区域：

> 如果不论是在原则上还是在事实上，权威都是由下属来决定的话，那么如何才能如我们所观察到的那样，确保如此重要、如此长久的合作呢？这种合作之所以可能，是因为……每个人心中都存在一种"中立区域"，其中人不会有意地质询其上司而自愿接受各种命令……那些对组织做出贡献的人作为一个团体的利益对这一问题产生影响，或者对人的态度产生影响，这种影响能够在一定程度上维持这一中立区域的稳定性。

这种对个体忠诚的临床式描述表明巴纳德理解人们在工作场所的人际互动现实：那些自上至下的独裁式的强制命令是无法培养出员工忠诚的；相反，管理者需要理解每个人的中立区域，并且要认识到有些决策需要合理的理由和充分的解释才能具备合法性。巴纳德解释说，在领导者所犯的各种错误中，最糟糕的一种就是沟通不善；要赢得权威必须通过取得他人的信任，给出明确的方向。他警告说："权威是由个体的人所决定的。这些在权威'位置'上的人实际上所展示的是愚蠢的行为，无视现实状况，不能清楚地沟通需要沟通的信息，或者让领导者（主要是通过具体行动）意识不到自己实际上依赖于个体和组织之间的基本关系，也让经过考验的权威转瞬即逝。"管理者通过言传身教来展示其合法性是非常重要的，光是头衔本身是不足以确保合作和忠诚的。对于这一点，巴纳德有着透彻的理解。

第二次世界大战和集权政府兴起所引发的恐怖为 20 世纪五六十年代的领导力理论增添了一个新的维度。身为犹太移民儿子的亚伯拉罕·马斯洛致力于理解人们团结在领导人身边的原因；他后来的一些著作则更关注人在工业化组织内部的行为。德鲁克称马斯洛是"人文主义心理学之父"。

马斯洛最为世人熟知的是他的需求层次理论——人的需求类似一个金字

塔，层层递进。在该金字塔的顶端是人的自我实现，马斯洛将之定义为"完全发挥和利用个人所有的才华、能力和潜能"。他认为，除非处于这一顶端下面的其他需求，包括生理、安全和社会需求等各方面都得到了满足，否则，人是不可能获得自我实现的。根据马斯洛的理论，因为其低级需求都得到了满足，所以达到了自我实现的人能够很好地适应各种环境。他们献身于一种使命或者一项事业，情感上保持稳定，既悦纳自己也悦纳他人，并且体现出高度的创造性和独立性。

后来，马斯洛在关于工业化组织的分析中运用了自我实现的理论，其研究方法是观察其非线性的制度，阅读德鲁克的《管理的实践》、麦格雷戈的《企业的人性面》和社会心理学领域的文献。他以日记形式写下了大量的观察记录，提出了"优心态文化"（eupsychia），将之定义为"1000 个自我实现的人在一个受到保护不受干扰的孤岛上所形成的文化"。本质上，马斯洛所希望的是能够识别一个理想社会的特征，从而能够为现代工业化世界的改善和变革指明一条道路。如果一个组织社会里的人都是达到了自我实现层级的人，那么那样的社会将会是什么样子呢？这样一个理想状态将会成为人们对社会组织进行实际的管理时所依据的蓝图。用马斯洛自己的话来说："人性能够允许社会变得有多好？社会能够允许人性变得有多好？社会的本性能够允许一个社会变得有多好？"

马斯洛详细地描绘了"开明管理"的特征以及支撑这些特征的假定。在这么做的同时，他还采纳了德鲁克和其他人的理论，致力于验证很多论点。马斯洛特别批评了关于人在组织中不会被恐惧驱动（或者麻痹）的假定："整体而言，在任何存在恐惧的地方，开明管理都是不可能的。在这个方面以及其他方面，我们看到德鲁克对精神病理学、罪恶、弱点、恶劣动机等问题缺乏认识和了解。世界上有很多人，尤其是美国以外有很多人，对他们来说，德鲁克的管理原则显然是不可能奏效的。"

马斯洛认为，不仅德鲁克关于所有人都能够被同样的驱动力所驱动这一假定太过宽泛了，而且他关于人在组织中不可能表现出恶劣行径的推断也过于天真了。马斯洛认为并不是所有的领导人都能做到"开明"，也不是所有的追随者都可能被同样的激励所驱动。

另一个对领导力理论做出贡献中的人是道格拉斯·麦格雷戈，他于 1960 年出版了《企业的人性面》一书。麦格雷戈指出，有两种主要的管理派别，"X 理论"和"Y 理论"，他更推崇 Y 理论。X 理论的管理者假定，人们不喜欢工作，会尽可能地回避工作；这一管理派别所推崇的是自上至下的命令和控制。X 理论下的领导力，其问题在于无法激励那些其低层需求已经被满足了的人。如果是社会互动和对自尊的需求在驱动员工的话，那么这种自上至下的指令和控制就会完全失效。其结果是，员工会开始厌倦工作，只是一味地等待指令和监督（像算盘珠子那样），避免承担风险以免激怒上司。简而言之，X 理论的领导力是一个自我实现的预言。

相反，Y 理论的管理者则假定，工作是很自然的事情，人们都希望有产出；这一管理派别强调培养独立精神和创造能力。追求自尊和社会实现的员工实际上会寻求承担责任，会真心地希望能够发挥自己的智力能力。有所期望就会有所行动（就像在 X 理论中发生的情形一样），而员工会做出正面的回应，正如信奉 Y 理论的领导者所期望的那样。

麦格雷戈的著作得到了广泛的赞誉，并被很多组织所采纳。例如，斯坎伦计划（Scanlon Plan）就尝试着将 Y 理论运用到对整个组织的管理中去。采纳这一计划的公司推行了成本削减共享计划，并且设计了正式的方法让员工开动脑筋，群策群力。威廉·大内的"Z 理论"试图将 X 理论和 Y 理论的管理整合到一起。在麻省理工学院与麦格雷戈一同从事研究工作的库尔特·勒温则普及了"T 团体"或者培训团队体现出来的团体动力学理论，该理论强调将决策权散布到整个组织中去。

1978 年，约翰·麦克格雷戈·伯恩斯出版了他的划时代之作《领导力》。在这本书中，伯恩斯比照了交易型和变革型两种领导力风格。交易型领导力强调的是一种关系，这种关系涵盖了两个人之间的互利交换。采用这种模式，领导者和追随者就参与了强调各自利益的一个个的交换。另外，变革型领导力诉诸人的更高理想和价值观，以这些理想和价值观作为驱动力，而不是自身利益作为驱动力。用伯恩斯自己的话来说，"领导者基于共享的动机、价值观和目标与追随者交往"。在他书中两个相连的段落中，伯恩斯抓住并给出了领导力是什么、不是什么的本质：

许多被人们鼓吹或者悲叹为领导力的行为——滔滔不绝的雄辩、翻云覆雨的操纵、自私自利的攀爬、蛮横无理的强迫，根本不是真正的领导力。很多通常被人们认为是领导力的特征——高调地表达立场却无人追随，也得不到贯彻；在各种公共的舞台上招摇过市，毫无目的地操纵；专制主义，根本不是领导力。其无异于走在游行队伍中前列的小男孩的做派，在游行队伍已经转向街边朝集合地点行进的时候，这些家伙还在主街上趾高气扬地阔步前进……真正能够测试出领导力的是其对变革的贡献，这种贡献要通过从集体的动机和价值观里提炼出来的目的来衡量。

伯纳德·巴斯进一步发展了伯恩斯的变革型领导力概念，描述了变革型领导力能够发挥其作用的方法。巴斯的重要贡献之一是解释了个人魅力在变革型领导力中的作用；在巴斯看来，个人魅力是变革型领导力中一个重要的组成部分，但并不永远起到正面的作用。巴斯认为变革型领导力并不总是与更高的道德力量相吻合。

领导者是否会呈现出一些特定的特征，领导力是否是一个更加复杂的过程，这是领导力研究无法回绝的重要课题之一。伯恩斯和巴斯关于变革型领导力的研究使得对这个课题的探讨转向了对过程的分析，而不仅仅是对一组特征的分析，但是一些特定的个性特征，例如个人魅力，仍然是非常关键的。沃伦·本尼斯和伯特·纳努斯研究了 90 个变革型领导者，从这些人身上总结出了一个共同的领导力特征的清单。尽管这一扩展了的领导力特征清单对该课题的研究做出了很大的贡献，但是本尼斯和纳努斯的研究的主要创新之处在于领导力是可以通过学习获得的这一理念；他们所发现的那些特征并不是天生就有的，而是可以通过实践掌握的（这很接近亚里士多德关于获得一种符合伦理的生活观的概念）。

最近，关于仆从式领导力的概念已经站稳了脚跟。近几年有很多人对这一概念进行研究，但是其最初研究是罗伯特·格林利夫做的，其在 1970 年出版了《仆从式领导》一书。格林利夫的观点是，有效的领导者是为他人服务的，尤其要服务于那些追随他的人。仆从式领导力着眼于他人，通常意味着赋予下属以自由——基于信任和尊重的相当大程度的自由。

吉姆·柯林斯 2001 年出版的《从优秀到卓越》一书发展了"第五层领导力"的概念。柯林斯评估了 11 家公司的管理层，这些公司的股票起初表现不佳或者只是追随市场发展。但是却在随后的 15 年的时间里持续地、显著地超越了股指表现。通过这样的分析，他总结说，这些公司的领导者首先注重选择最好的团队；然后根据公司的使命或者发展方向来做决策。借用独具柯林斯特色的说法，第五层领导者关注的顺序是"人为先，事为后"，而第四层领导者关注的顺序则是"事为先，人为后"。第五层领导者并不会太多地关注他们自身的个性特征，而更多地关注自己周围能够汇聚最能干的人；由此，根据柯林斯的理论，这些领导者拥有谦卑的品质，同时有着强烈的组织使命感。

彼得·德鲁克的有效领导力模式

德鲁克的领导力思想综合了许多理论。对于德鲁克来说，测试领导力有效性的不是为所欲为的行为；也不是媒体曝光的频率，更不是财富的积累。有效领导力并不是指强迫他人，用恐惧使人缄默不言，或者利用伤人自尊的手段来强制执行命令。相反，有效领导力是为了做正确的事情而承担责任。⊖这就意味着要与人沟通，将大家团结在一个共享的使命和价值观下面，并且为了达成这一使命或者组织的目的而将大家的能量激发出来。有效领导力不是关于"我"，而是关于"我们"的。一位有效领导者会用尊严来领导其追随者，并且激励他们使其有所成就。德鲁克说："领导力并不是一种具有磁性魔力的个性——那不过是巧舌如簧而已。领导力也不是'交朋友和影

⊖ 这一对话是作者们唯一一次听说彼得·德鲁克将领导力等同于他过去关于有效性的定义，这一定义在他的管理学著作中随处可见。但是，这和他总是不太乐意使用"管理"这一术语是一致的，根据 T 乔治·哈里斯的说法，德鲁克更倾向于使用"executive"（执行者）这一术语。他说："关于使用什么术语这一问题，我不太喜欢使用'manager'（管理者），因为这个词隐含了下属的含义。我发现自己越来越喜欢使用'执行者'，因为它所隐含的是对于某一领域的责任，而不一定表明是对人的操纵……在传统的组织中，也就是过去 100 年的组织中，组织结构或者内部结构是层级和权力的结合。在新兴的组织中，则是相互理解和责任共担。"

响人'——那只是阿谀奉承而已……领导力是将一个人的愿景提升到更高层次的视野，将一个人的绩效提升到更高的水平，将个性推到超越常规局限的地步。"

正如我们在关于变革型领导力的讨论中所提及的那样，德鲁克对此的解释是，领导力的责任要求一个领导者时刻寻求并保持其自身价值观和目标与其追随者的价值观和目标之间的一致性，每一个人必须"步调一致"，或者接近这个目标。因此，取得这种一致性是领导和被领导问题的本质。艾森豪威尔总统极其强调这一点，他说："领导力是一门艺术，这门艺术能够让其他人完全出于自愿来做你希望完成的事情。"

与本尼斯和纳努斯不同的是，德鲁克坚信有效领导力并不是关于特定的领导力特征的，尽管研究这些特征的图书、文章和学术刊物大量存在。他指出，有些最有效的领导者根本就没有众人高度推崇的那些所谓领导力特征，与所谓"领导力个性"之间几乎没有什么共同点。亚伯拉罕·林肯、温斯顿·丘吉尔、杜威·艾森豪威尔、富兰克林·罗斯福、乔治·马歇尔、阿尔弗雷德·斯隆和西奥多·赫斯伯格牧师都是有效的领导者，分别领导着政府机构、私人企业和社会组织。他们几乎没有什么共同的引人注目的个性特征。

正如巴斯意识到的那样，个人魅力一直是颇受重视的领导者特征，尽管事实上并不是所有有魅力的领导者都是有效的领导者。德鲁克也这样评价过具有个人魅力的领导者的受欢迎程度："似乎每一位首席执行官都必须得让自己看上去像是一位潇洒的邦联骑兵将军，或者是董事会中的猫王埃尔维斯·普雷斯利。"

因为自身所拥有的魅力，加上一定的曝光度，具有个人魅力的领导者很容易吸引到追随者。但是，个人魅力，这种具有磁性的讨人喜欢的个性，一张如簧之巧舌，以及在上层社会中具有影响力的朋友中大受欢迎，这些都是众多具有个人魅力的领导者的个性特征。正如巴斯和德鲁克都指出的那样，这些个性特征事实上与有效性之间根本没有什么必然的关联。

曾经有一位主管人力资源工作的公司副总裁要求德鲁克，"为我们开设一场研讨会，指导一下如何才能获得个人魅力"。这个副主管提出的问题所隐含的意思是，领导力意味着必须受追随者欢迎，领导者对此要孜孜以求，直至成功。这其实是用个人魅力来取代效果，是一个极大的错误。

魅力反而可能会"毁了领导者"，正如美国内战时期的乔治·麦克莱伦将军的案例所体现的那样。具有个人魅力的领导者通常会遵循自己的一套路数，而且要求所有事情必须按照"他们的方式"进行。他们对自己的优越性和自己永不犯错的做事方式深信不疑，结果，他们就不愿意考虑其他人相互冲突的不同意见，不愿意恰当地评估自己的行动所造成的影响和风险。[一]由于不愿意修正自己的方式，不愿意做出改变，这些领导者会比常人更容易遭遇失败，更容易造成很大的损失。

伯恩斯的变革型领导力模型中共享价值观的重要性得到了德鲁克的认同，并体现在其对组织的使命陈述的重要作用的信念中。在德鲁克的思想中，有效领导力的基础建立在一个组织对其目的和使命的简明描述中。德鲁克说："领导者的首要任务就是做一把小号，要吹出响亮的号角声。"[二]如果使命本身是错误的，那么整个组织就会被带到错误的方向上去。因此，领导力的首要任务是定义清楚组织的使命和目的，然后再想清楚这一目的对于他人的意义。当领导者明确了使命之后，其任务就是推动使命的执行，其要做的就是不断重复这样几个领导力任务：设定目标和优先性；组织资源；与人沟通并激励大家创造高绩效；确立标准和衡量手段；进一步开发人的潜力（包括领导者自身在内）。这也意味着领导力是实现目的的一种手段——其所服务的使命才是目的。一些最有效的领导者总是一遍又一遍地推广上述观点，吉姆·柯林斯的《从优秀到卓越》一书中所展示的第五层领导者更是如此。

德鲁克最推崇的使命陈述是西尔斯百货公司写于 1917 年的企业使命陈述。该使命陈述说："我们的职能是成为最精明、最负责的买手，现在为美国农场主服务，将来为美国中产阶级服务。"商人从顾客的角度出发，并且

[一] 例如，桃乐斯·科恩斯·戈德温在《竞争团队》一书中这样描述麦克莱伦对他的领导林肯总统的态度："当林肯前来拜访时，周围的人惊愕地发现他总是让林肯'和其他普通人一起'在楼下傻等。"

[二] 西奥多·赫斯伯格说："领导力的真正核心就在于你必须有愿景。在吹响进军号角时，你绝对不能游移不定。"

在这一过程中将自己在公司里的角色界定为消费者的买手。如果商人采购来的商品不好——消费者不需要或不想要，那么要想原价卖掉这些商品几乎是不可能的，只好降价清货。有了这样一份使命陈述之后，西尔斯公司的总裁朱利斯·罗森瓦德这样问他手下的每一位商店主管："这对你和你手下的人来说意味着什么？"通过这样问，他将该使命陈述的精神传达到了组织的上上下下。这一使命陈述有效地捕捉了组织是干什么的，同时该使命陈述也渗透进了该公司内部每一个人的日常工作中去。

一个使命陈述需要获得团队成员的一致认同，指导策略的制定，引导资源的使用，激发人完成使命的能量。例如，强生公司闻名于世的信条就充分地展示出了一个良好的使命陈述所具有的惊人的影响力。该信条帮助强生公司的所有员工有所成就，有所改变，让这个世界成为一个让他人得到更多关心，让自我得到更多尊重的地方。

使命陈述并不是永久不变的；它们必须适时地加以更新和调整。绝大部分使命陈述的寿命不长，这是因为，对于一个组织的一生来说，其中充满了变化，变化具有普遍性。例如，1908 年的 AT&T，其使命是让每一个家庭拥有电话并支付得起电话服务；到了 1960 年，这个目标已经实现了，但是它没能对这一使命加以更新。从此，AT&T 一蹶不振，直到 1982 年它成为美国司法部反垄断部门的诉讼对象。此次诉讼最终迫使 AT&T 同意将自己分拆成好几家公司。后来，成立了七家区域性的电话公司，而 AT&T 则成为长途电话服务提供商。

德鲁克有效领导力模式的第二个必备条件是，要接受这一事实：真正的领导力是对使命所负的责任，是对追随者所提供的支持。领导者主要不是关于地位和权力的。有效的领导者并不惧怕下属和同事的优点，相反，他们对这种优点会孜孜以求。他们知道，强大的下属创造出强大的结果。有效的领导者会支持、推动、鼓励、赞美强大的下属，对下属的优异表现慷慨地予以认可。但是，有效的领导者会对自己控制之下的一切结果负责。一个大家都经常引用的名言言简意赅地总结了领导者的终极责任，甚至包括对下属的失败所负有的责任，这句名言是哈利·杜鲁门说的："责无旁贷。"在德鲁克看来，"有效领导者很少比较随意。但是，当事情做错了（事情总是容易做错）

时，他们并不轻易责怪他人"。⊖通过强调责任而非地位上的排名，"有效领导者将领导力等同于责任"。这和格林利夫提出的仆从式领导的概念非常接近，将领导者定义为仆从，首先是服务于使命的仆从，然后是服务于下属的仆从，领导者必须鼓励并支持下属努力工作以完成使命。

德鲁克有效领导力模型的第三个必备条件是领导者必须靠自己的努力来赢得信任。只有当领导者能够有效地追寻组织使命，并且做到一诺千金的时候，他们才能赢得别人对他们的信任。信任来自人们怎么看待领导者的诚信度。信任主要基于对使命的一致性和对追随者的一致性。一个领导者总是处于众目睽睽之下。因此，一个领导者必须言行一致。领导者需要赢得追随者的信任，这一点并不新鲜，这一要求反映了历史长时间沉淀下来的智慧，但却是产生有效领导力的一个关键因素。

对于领导力来说，诚信非常重要，因此德鲁克认为缺乏诚信是需要承担责任的领导者的一个主要的否决因素，因为，"光靠品格和诚信自身其实并不能成就什么，但是如果没有品格和诚信，则将一事无成"。这一看法并不会降低对有效领导者的其他方面才能的要求，但是它强调，如果在诚信方面有过失，领导者的其他才能就会变得毫无效果。考虑到品格和诚信对于成功的重要性，我们在本章中会详细地阐述领导力中品格和诚信的诸多特征。

错误领导者，或者"有毒有害的领导者"，在组织的每一个层面中都会存在，他们具有带传染性的影响力。那么，你怎样才能知道自己跟随的是一位有效领导者还是一位错误领导者呢？错误领导者并不相信其所肩负的使命；相反，他们总是在寻求个人权力。在错误领导者眼里，最重要的事情是

⊖　麦克莱伦将军在内战期间并不愿为自己的行动以及他手下人的行动承担责任，众所周知他总是试图转嫁责任。"当他感觉到有人在审视他的行为时，麦克莱伦总是试图把责任转嫁到其他人身上，有时候说是因为斯科特将军不能提供必要的资源，有时候又是因为内阁太无能，'我见到了许多最蠢的人——他们足以挑战约伯的耐心'。他指责西沃德是'一只搅浑水、好管闲事、毫无能力的小狗'，威尔斯则'比我见过的最啰唆的老太太还要软弱'，而贝茨是'一个老迈的蠢人'。"同样，当麦克莱伦在奇克哈默尼河之战中败给李将军后，他激烈地指责当时的战争部长斯坦顿未能给他提供足够的兵力来赢得这场战争。1862 年 8 月 6 日，在华盛顿进行的联邦集会上，林肯为斯坦顿进行辩护，认为这个部长是"一个英勇能干的人"，他尽其所能地支持了麦克莱伦。"如果任何人需要为战争停滞不前负责的话"，林肯说应该是他自己。因此，林肯同时承担起了麦克莱伦和斯坦顿两个人失败的责任。

自我扩张、自我膨胀。错误领导者经常会展示"历史性功绩"，试图确保自己在舞台上亮相；因此，错误领导者表现出具有个人魅力的个性，这一现象并非常见。许多有效领导者也同样体现出具有个人魅力的个性，但是他们却将其个人魅力用在对使命的不懈追求上。

有效领导力在危急时刻显得尤其重要。印度板球评论员纳夫杰特·辛·西都说得很有道理："当海面风平浪静的时候，谁都能够把船驾驭好。"对于一个组织来说，危机是不可避免的事件。领导者要做的最重要的事情就是试图预计到危机，并通过采取未雨绸缪的行动让自己的组织规避危机。克服不可避免的危机所应采取的重要的主动行动是将组织打造成一个善于捕捉、时刻处于进攻状态的组织，而不是一个总是被动防御的组织。做好随时作战的准备，要求一个组织毅然决然地放弃那些没有产出的产品、流程、服务和人员。然后，还要求一个组织将变革的流程加以制度化、规范化，这样的变革要求在每一个层面上都体现出企业家精神和创新能力。

如果不能规避危机，那么领导者就必须坚信组织的终极目的的价值，并对自己领导组织渡过危机的能力保持自信和乐观的态度。那么一个领导人如何才能获得这种自信呢？首先，在其一生中经历一次或者多次危机，学会采取适应性的行动并取得成功，这种经验和能力是任何其他事情都无法替代的。这需要拥有一定的技巧，也需要强大的人际关系能力。其次，将一个人扔进一种其不熟悉的陌生文化中，这需要其学会适应，这样才能够在新的文化中获得成功。[⊖]最后，建立信心、找到方向的第三种方法是引导整个组织坚定信仰，用正确的价值观和方向来帮助组织渡过顺境和逆境。有了上述经验和价值观之后，一个领导者就应该知道如何在危急时刻采取行动，既保持自我的信心，又赢得他人的信任，这样领导者和追随者就能够成功地闯过危机。

领导者接班是一个最棘手的问题，任何一个组织都会遭遇到。根据德鲁克的看法，领导者接班的焦点应该是选择一个能够保持或者建立一种士气的

⊖　在一次关于领导力的访谈中，德鲁克问沃伦·本尼斯："领导者如何获得掌控一切的能力呢？"本尼斯认为学习适应性行为可以算作一个答案，该答案来自他针对 90 位领导者进行的调研，其中 60 位领导者来自商业组织，30 位来自社会组织。本尼斯进行的访谈是德鲁克和弗雷德·哈门进行的系列访谈的第一个，后来这些访谈被编入 *The Nonprofit Drucker* 一书。

领导者，这种士气旨在让组织继续有所成就。保持一个组织的士气靠的是保持领导力的连续性，使领导者之间共享相似的价值观，并愿意接受必要的变革。当新的领导者接的是创业型企业家的班时，这种接班会显得尤为困难。组织需要时刻保持警醒，要避免亦步亦趋地复制某个人的行为和风格，比如其创始人的行为和风格，就算该创始人对组织产生过深远的影响，这样做也会有所危害。一个组织未来面临的情况可能需要一个人拥有完全不同于其前任的优点和强项。

那么，一个组织究竟应该如何去选择一位新领导者呢？我们必须充分考虑需要这位新人去完成的使命要求其具备什么样的优点和强项。最好的做法是，去找那些曾经与候选人一起工作过的人，与他们进行开诚布公的交流，依次判定该候选人的优点和弱点。还应该对候选人过去的绩效记录，包括成功和失败两方面的记录，进行充分的评估。

士气高涨的组织，即具有很强团队精神的组织，能够创造出正确的管理实践，并为新领导者的成长创造合适的"土壤"。强有力的领导者全面地开发其追随者的能力，带领后者取得成功，取得甚至超越后者最高期望的成功。德鲁克观察到：

> 最成功、最能永续经营的组织通常能促使其成员在思想和道德
> 方面有所成长，超越其最初的能力。

要取得这样的成就，必须进行正确的领导力实践，而不是通过个性特征、个人魅力或者运气。正确的实践包括为追随者提供具有挑战性的任务，对他们提出很高的期望以及赋予他们发扬其优点所必需的自主权。麦克斯·德普雷将领导者的角色归结为既赋予个体自主权又达成组织目标：

> 要放权，一定程度地放权能够为人创造一定的空间，在其中，人
> 可以释放潜能，可以承担责任，可以获得成功。我从不相信，一个组织
> 没有这种相容性还能够达到其所设定的目标。我认为，将个人发展和组
> 织目标整合起来的责任要更多地落在领导者身上，而不是员工身上。

　　上述有效领导力的告诫与本书第 5 章所讨论的仆从式领导力是非常一致的。但是，仆从式领导者，在对追随者展示同情和热诚的同时，仍然坚持实际的结果导向。这是集冷酷和热情于一体，通常被称为"冷酷的爱"。仆从式领导力极其强调聆听，强调感同身受，强调在追求结果的过程中真正地"依靠"追随者的经验。通过运用仆从式领导力，领导者将追随者的尊严和受尊重程度大大地加深了。这种领导者之所以能做到这一点，是因为他们对其所服务的人承担起了发展和提高的责任。仆从式领导者鼓励追随者在其工作过程中承担更大的责任，实现自尊、实现自我。

　　罗伯特·格林利夫用赫尔曼·黑塞的小说《东方之行》来描述仆从式领导力的起源。在该书中，黑塞讲述了一个名叫利奥的仆从的故事，他在一次旅行中负责照顾一群旅行者。在整个故事的发展过程中，利奥不幸走失了，这些旅行者发现，没有了利奥他们无法再前进下去。正如格林利夫所评论的那样，从本书中他所获得的感悟是：仆从事实上是整个团队的领导者，尽管他在整个旅程中所做的不过是平凡的日常工作而已。尽管格林利夫的仆从式领导力更多的是基于存在主义哲学和过程哲学，而不是宗教，但是很多人还是在犹太－基督教传统的背景下解释了仆从式领导力。

　　关于组织中仆从式领导力的其他例子很多。沃尔玛公司通过系统化地推行犹太－基督教的仆从式领导力模式来将自己定位为"全美的基督教象征"。在穆斯林占大多数的马来西亚，杨忠礼用其基督教价值观来指导杨忠礼集团公司的运营，在组织上下推行符合伦理的行为规范。那些奉行犹太－基督教传统的仆从式领导者，通常会让其组织理念反映其个人的信仰，致力于在生活的方方面面都努力履行其信仰所要求的各种道德义务。

　　在仆从式领导力中，通过领导力提供尊严对个人的发展和组织使命的完成显得至关重要。当被问到自己在帮助人发展方面的名声如何时，Herman Miller 公司当时的董事长麦克斯·德普雷说过：

　　　　我先要讲一下我个人的一个观察，我相信，首先，我们中的每一个人都是按照上帝的形象来塑造的。我们降生之时拥有多种不同的天赋。我想从那时起，领导者就需要以一种亏欠和感恩的心态来看待自己。领导者的领导力才能是其追随者赋予的。我们美国在本质上是一个由自愿者构成的国度。我想，这就意味着人们之所以选择某个人做领导者，在很大程度上是因为他们相信这个领导者能够帮助自己提升能力，从而去完成在人生中设定的目标。这就让领导者处于一个有所亏欠和需要感恩的位置——在某种意义上就是亏欠组织、要对组织感恩的地方。

神学家斯普劳尔在如何对待一个人和那个人的表现之间建立了联系。斯普劳尔指出，一旦一个人的尊严和价值得到尊重，由此带来的劳动生产率和工作质量的提升只是其副产品而已。如果得不到尊重，那么这个人就会变得一蹶不振、三心二意，劳动生产率低下、工作质量糟糕就成了其副产品。威廉·波拉德在《公司的灵魂》一书中提出了这样一个观点："公司的目的与按照上帝形象塑造出来的个人的成长和发展紧密地关联起来了，就能让工人的内心和精神释放出强大的力量。"他提供了很多例子，这些例子都证明了他在 ServiceMaster 公司工作时得出的观点。

诸如德普雷和波拉德这样的领导者认为在工作中提出上帝这一问题是非常重要的，其中有多重原因，但是最关键的是人在工作中得到发展的问题。根据犹太－基督教传统，承认人是按照上帝的形象塑造出来的就是承认人有与生俱来的尊严和地位。和其他宗教传统一样，犹太－基督教传统给出了判断行为是非的指导原则，有了这些原则就能够判断什么样的行为才是负责任的行为。

犹太－基督教对仆从式领导力的诠释通常会强调一个更高的精神上的权威在引领组织使命方面所起到的作用。这种诠释也为人有发展潜能奠定了道德基础；了解了所有人都是按照上帝的形象塑造出来的，领导者就能遵循宗教式的律令，在工作场所中坚持平等和公平的标准。最后，犹太－基督教传统认为，必须在工作场所中建立健康的社区，在该社区中，人可以与催人奋进的组织建立和发展有意义的关系，成为其中一分子，找到地位，实现自我价值。我们在第 5 章中对此有过详细分析，但是，在这里，我们要看的是一些领导人如何将其宗教信仰与其领导力哲学关联起来。

现在，让我们开始讨论一个杰出领导者的具体例子，他就是亚伯拉罕·林肯。作为一个历史人物，其既是众多学者纷纷研究的主题，也是普罗大众津津乐道的话题。

亚伯拉罕·林肯：关于领导力的案例研究

亚伯拉罕·林肯也许算得上整个美国历史上最重要的人物了。尽管已经有人说关于他恐怕已经没有太多新东西可说了，但是有关林肯的出版物仍然层出不穷。1876 年 4 月，在林肯塑像揭幕的贺词中，弗里德里克·道格拉斯说："可以断言，再也没有人能提供关于林肯的新内容了。"60 年后，历史学家詹姆斯·伦德尔出版了一篇文章，题目是"林肯这一主题已经被穷尽了吗"。尽管如此，2009 年庆祝林肯诞辰 200 周年的时候，众多历史学家仍然大肆宣传造势，其中包括《美国历史学刊》推出的特刊。从伦德尔 1936 年说过有关林肯的主题已经穷尽了之后，关于林肯的出版物一直在增多。历史学家艾里克·福纳不无讽刺地评论说："林肯是被人们描述得最多的历史人物，耶稣基督除外。"

人们持续不断地探究亚伯拉罕·林肯的一生及其所生活的时代，这种探究带了诸多好处，其中一点是，我们对林肯这个人及其身边的那些人的认识越来越深入、越来越精微了。布兰恩·德克和马克·施泰纳等历史学家更多地聚焦林肯早期生涯所处的 19 世纪的历史情境，强调其同代人以及这些人的态度对于林肯个人信仰的形成所起到的重要作用。另外一些历史学家，包括斯蒂文·拜里和特里普等，则选择描绘林肯的个人生活，深入其心理、婚姻或者早期罗曼史这些私密世界。最近几年，一些作者，比如莱罗内·本尼特和威廉姆·马弗尔，则直接挑战将林肯描绘成美国历史上一个圣徒式人物的传统。相反，他们认为，林肯持有种族主义观点，是一位政治上的机会主义者，违背了关于自由的宪法原则。有这么多学者在阅读同样的一手资料之后，针对同样的历史事件和人物个性却得出如此千差万别的结论。这经常让不是历史学家的人惊讶不已，但也体现了人文学科所做的研究的本质特征。

历史学家没能达成共识的一个研究课题是林肯在美国内战之前和内战期

间所展示出来的领导力的本质特征。通过分析林肯所做出的各种决策以及对这些决策的不同解释，我们可以开始按照德鲁克的领导力模式来评估一下林肯的表现。

价值观和目标的协同一致

德鲁克领导力模式的第一个元素是领导者与追随者之间在价值观和目标方面的协同一致。在评价林肯的领导力表现时，关键的一点是要明确我们所讨论的"追随者"是哪些人。很明显，搞分裂的南方邦联诸州并不认同林肯维护联邦的目标。民主党内的政治反对派同样也总是指摘林肯。边境各州也并不真心实意地认同林肯的目标；1861 年，当林肯请求支援时，肯塔基州和密苏里州的州长都拒绝发兵，甚至他在北方的支持者中也有不少对他设定的目标表示怀疑。1861 年 4 月 25 日，《纽约时报》有篇评论慨叹："每一次面临巨大危机时，人们的内心总是渴求一位能够代表自己理念、自己情感和自己目标的领导人出现……现在，我们尚未找到这样一位能够领导时务的英雄。"随着北方联邦不断遭遇失败和挫折，从李将军在第二次布尔朗战役中所取得的辉煌胜利到南方联军攻陷马里兰，不断有人攻击林肯做出的军事决策、其领导能力和道德品质。很显然，在整个内战期间，并不是所有的林肯的"支持者"都认同他的目标和价值观。

在美国内战期间所面临的分裂环境下，争取一批能够认同林肯的价值观和目标的支持者，还是非常艰难的。要准确地评估林肯是否有能力将自己的目标和价值观与其追随者的目标和价值观匹配起来，就不得不先考察一下他在存在严重分歧的情况下找到共同点的能力。这方面的一个实际例子是林肯发表《废奴宣言》的时机把握和针对奴隶制展开的辩论的性质。⊖

林肯自己关于奴隶制的立场在其职业生涯也有过变化。当他最终认为奴隶制在道德上是错误的时候，他坚信自己需要通过采取行动来体现其认识。但是，林肯也极为清楚自己当时所处的政治环境，他知道绝大多数的北方人

⊖ 关于当年林肯像走钢丝绳似地发表了《废奴宣言》的情形，参见麦克弗森"林肯作为三军统帅"一文（2008）。

都不会支持突然将战争转化成为"废奴运动"的做法。林肯的《废奴宣言》的准备过程和发布时机的选择都表明他理解领导者和追随者之间共享目标和价值观的重要性。如果在战争的性质问题上缺乏共同的理解，大多数北方人显然就会放弃对战争的支持。

在林肯竞选参议员和总统的过程中，奴隶制这一问题一直都有。过去的辉格党和一些认为首都华盛顿的政治已经被南方种植园主垄断了的民主党人一起创立了新的共和党，该党于1854年年初开始酝酿温和的反奴隶制立场。除了最激进的人以外，所有人都认为奴隶制需要被遏制，而不是被消灭；他们认为，如果能够阻止奴隶制的蔓延，那么它最终会消亡。这一遏制政策受到了《堪萨斯 – 内布拉斯加法案》的直接挑战。该法案是由伊利诺伊州参议员斯迪芬·道格拉斯提出的，允许这两个新地区的人民自己决定堪萨斯和内布拉斯加是做蓄奴州还是做自由州。这一法案遭遇到了强烈的反对，但是它在众议院和参议院都被通过了，于1854年5月22日正式签署生效，成为法律。结果，原先在蓄奴州和自由州之间形成的原本就比较脆弱的相互妥协状态被打破了，于是奴隶制成了全美上下激烈争辩的焦点。

1858年当林肯和道格拉斯一起竞选参议员的时候，奴隶制已经成为举世闻名的林肯与道格拉斯的辩论的核心话题。在双方进行的7次辩论中，林肯和道格拉斯逐渐亮出了各自的立场。林肯表达了他对《独立宣言》的信仰，认为该宣言建立了整个国家努力争取达到的基准："所有人都是生而平等的……我要说……我们要尽最大努力接近它（指上述基准）。"相反，道格拉斯则坚持认为，各州有权自己决定奴隶制是对还是错。

林肯并不支持直接废除奴隶制（激进的共和党人支持这样做）；他认为，那些已经实行了奴隶制的州受宪法的保护。林肯的主要考虑是如何控制奴隶制不蔓延到新的州，这一立场得到了温和的共和党人和大多数北方民主党人的支持。但是，因为林肯根据《独立宣言》的说法——"所有人都是生而平等的"，来跟道格拉斯辩论，他在双方的观点之间建立了明确的道德界限。尽管很少有和林肯同时代的人会为种族平等辩护，但是林肯指出，道格拉斯对于"黑人也是人这一点并没有留下特别真切的印象，因而他也不会认识到，为黑人立法事关任何道德问题"。真正将林肯的立场与其同时代的其他温和派共和党人的立场区别开来的是其"充满了道德义愤感的口吻",是其将奴隶制看作"令人震惊的罪恶"的信念。

尽管林肯有其个人的信念,但是他仍然得继续应对当时的政治环境。在面对道格拉斯的质问时,他再次明确,他并不"主张努力促成白人和黑人在社会和政治方面的平等",而且他也不"主张在黑人和白人之间真正形成一种完美平等,包括社会方面和政治方面的平等"。在19世纪50年代,只有最激进的人才会主张让各个种族实现平等。但是,到内战发生的时候,一些共和党人指责林肯总统不向奴隶制宣战,他们认为奴隶制是战争的根源。宾夕法尼亚州共和党人撒迪厄斯·斯蒂文斯和其他很多人要求林肯打击奴隶制;法兰西斯·博德也慨叹:"现在,解开奴隶锁链的钥匙在白宫那里。"

尽管林肯个人的观念非常接近其批评者的观念,但是身为总统和三军统帅的他不得不像走钢丝绳那样去平衡主战的不同政治支持群体。在肯塔基、马里兰和密苏里等边境各州,情况极为危急,尽管这些州仍然属于联邦,但是它们都拥护维持奴隶制的现状。林肯必须谨小慎微,因为任何废除奴隶制的举动都可能导致上述诸州脱离北方,投向邦联。林肯不禁感叹:"连这些州都反对我们,我们的任务实在是太艰难了。"

激进的共和党人还是认为奴隶问题对战争的结果是非常重要的,因为奴隶直接参与南方作战,同时还为南方军队提供后勤保障。因此,激进派指出对奴隶制的攻击会进一步推动保卫联邦的国家政策。

当伊利诺伊民主党人莱曼·特朗布尔要求立法来解放所有奴隶时,这一问题变得公开化了。当时关于如何处理那些从种植园主那里逃脱后加入联邦军队的逃亡奴隶,群情激奋。1850年通过的《逃亡奴隶法案》当时仍然有效,该法案要求将脱逃的奴隶交还给他们原先的主人。北方人开始认为这些逃奴作为"偷入北军战线的黑奴"事实上可以被用来颠覆联邦的事业,林肯和其他人则不得不考虑如何对待这些逃奴。将他们归还给原先的奴隶主似乎没有什么问题,但是特朗布尔全面解放奴隶的提议则让一些北方人深感忧虑,因为他们的种族态度与当时社会上的主流态度是一致的:黑人和白人在社会上是不平等的,而且永远也不会平等。

林肯提出的一个解决方案是殖民化,也就是将逃奴转移到美国以外的另一个地方。最终，林肯的解决方案发展成为一个废除边境各州的奴隶制的想法。这些观点逐渐得到广大北方人的认同，得到了林肯支持者的认同。来自邦联各州的逃奴不用被遣返回去了，而是成为北方联邦军队的重要组成部分。

林肯慢慢地开始将国家政策从避免奴隶制的蔓延转变为废除那些反对北方联邦的州的奴隶制。林肯之所以能够有效地克服了其对手的反对，是因为他把解放奴隶描述为边境各州可以自愿选择的计划，而且他还得到了邮政局长蒙特马利·布莱尔将军、共和党参议员查尔斯·萨姆纳和财政部长萨蒙·切斯的支持。最初，他的成功仅仅是通过了在华盛顿特区进行补偿性废奴的法案。正如传记作家大卫·赫伯特·唐纳德所指出的那样，林肯解决逃奴问题的压力以及通过解放奴隶来应对奴隶制的道德缺失问题的压力都逐渐增强，不过他还是颇为谨慎的："在公众舆论面前总是退避三舍，在采取什么样的立场时总是举棋不定，生怕从此断了退路，林肯在做出一个艰难决定之前颇费思量，甚至绞尽脑汁。"

很显然，林肯无法确定他是否得到了任何支持，哪怕是一些强迫性的支持，他行使了自己作为三军统帅的权力，去没收邦联各州的奴隶资产，同时，当这些州的奴隶主重新效忠联邦之后，他继续推行补偿奴隶主的政策。林肯在关于文件的具体措辞问题上咨询了其内阁成员的意见，并采纳了几个顾问的意见，亲自进行了一些修改之后，于 1863 年 1 月 1 日颁布了《废奴宣言》。

最终，《废奴宣言》成为林肯在总统任期内最为耀眼的成果。但是，在林肯开始为宣言吹风的最初几天，"林肯的领导力受到的威胁比在任何时候都严重，没人清楚其政府是否能够经受住所面临的层出不穷的危机的考验"。因此，林肯耐心等待公众舆论来支持废除那些叛乱州的奴隶制的国家政策，有了这种支持之后他才做出彻底废除奴隶制的最终决策。1863 年年初的时机是正确的；如果林肯早于这个时间就采取行动对付奴隶制的话，那么显然将是一个错误的决定，也会削弱北方联邦在战争中的地位。

废奴决定显然是一个很好的决策方面的案例，这一决策要想有效必须满足特定的限制条件——它不得不向世人表明，这么做是为了削弱邦联发动针对联邦的战争的能力，而且也不得不得到公众的支持。正是因为这一原因，最终的《废奴宣言》只是选择性地解放了部分奴隶，即那些北方军队无法接触到的奴隶。边境各州未包括在内。用历史学家罗纳德·怀特的话来说，"宣言更像是一个有待实现的承诺，而不是一个已经达成的事实"。

最初，北方大部分地区的公众对《废奴宣言》的反应都是正面的。但是，当人们开始仔细审视这一宣言之后，他们发现了令人担忧的地方。关于在北方作战队伍中接纳黑人士兵的条款是《废奴宣言》的优点之一，也是针对美国公众的卖点之一。但是，这引发了人们的忧虑：获得了自由的奴隶怎么可能与联邦战士并肩作战呢？通过针对黑人士兵展开的大规模的教育和培训运动逐渐缓和了联邦方面的担忧；但是，上述条款还是让共和党人和民主党人深为忧虑。正如唐纳德所指出的那样，当林肯发布了宣言，取消了人身保护令的特权，并允许逮捕"犯下背叛罪行、同情并帮助叛军反抗美国权威的人"之后，围绕《废奴宣言》的公众舆论得到了平息。但是，从短期来看，《废奴宣言》和人身保护令的取消使得共和党在后来的选举中丢失了很多选票。

但是，林肯完全做到了将内战完全围绕着奴隶问题而进行，而不是简单地为了维持住联邦，他的做法相当高明。他指出战争的努力（维持住联邦）需要那些离开邦联的奴隶的参与，因而缓解了众多利益群体的担忧。在一定程度上，他也讨好了废奴主义者，他们从《废奴宣言》中看到了奴隶制逐渐被废除的最终目标和结果。而对于那些担心失去财产和补偿的人，林肯在宣言中明确了政府有责任为以前损失了财产的奴隶主提供相应的补偿。最后，林肯也认同那些为北方获得军事胜利这件难事而忧心忡忡的人。通过引进受过训练的忠诚的黑人战士，北方消除了来自为对手作战的黑人战士的威胁，同时获得了强有力的人力支持。在废奴和为北方联邦作战之间建立关联，以及给那些再度加入联邦的损失了财产的邦联州的人提供补偿，为实现林肯所设定的道德目标树立了两个界限：保卫联邦和废除奴隶制。

德鲁克意识到了解特定的限制条件是做出有效决策的一个关键因素；意识到奴隶被对手用来对抗联邦，因而应该由总统行使战争权力并以正当的理由予以解放，还要掌握发布《废奴宣言》的合适时机，这些都是做出将解放奴隶作为实现美国内战之使命的手段这一决策的诸多限制条件。

个人魅力是不相关的

正如德鲁克所强调的那样，一些特定的性格特征，尤其是个人魅力，在决定有效领导力方面并不起什么作用。林肯可以称得上是一位有效的演说家，但是他显然不能被形容为富有个人魅力的领导者。事实上，许多历史学家都曾经评论过他分析家式的特征，他在做出一个决策之前总是从各个角度对问题进行周全的考虑。在大卫·赫伯特·唐纳德所撰写的一本重要的林肯传记中，他将林肯描绘成一个高度反应型的个人，本质上是一个被动的响应者而不是一个主动的问题解决者；林肯很少"会主动提出什么建议，也不制订大胆的计划；他更倾向于对其他人的行动做出响应"。罗纳德·怀特则倾向于将林肯描绘成"不能说被动但却是非常审慎的人"，但他也承认，林肯并不是一个惯于发号施令、富有个人魅力的人。理查德·卡尔瓦丁则认为林肯"总是保持缄默，而且表现得很神秘"，他说林肯"对政治方面的敏感问题，包括种族问题，通常采取审慎态度，这体现了其为人处事的特征"。确实，将林肯重新包装成"砍木人"和来自边远地区的纯朴拓荒者，而不是"老实人亚伯"或者真实生活中的成功律师，表明他的政治形象需要公关人士加以精心打扮。

林肯缺乏个人魅力，与其手下的将军之一乔治·麦克莱伦的独特个性形成了很大的反差。根据大多数人的描述，这个身为美国内战时期北方联军总指挥的极富个人魅力的麦克莱伦大将军，其军旅生涯体现出来的最主要的特征就是议而不决，缺乏勇气去做任何对敌人采取进攻行动的决策。他总是过高地估计敌人的力量和采取行动可能遭遇到的风险，这就使得北方联军在完成击败南方邦联军队这一使命时缺乏整体的有效性。但是，说到麦克莱伦有吸引力的个性时，赫曼·哈特维、阿切尔·琼斯和杰瑞·范德林都提及："他浑身散发着一种特别吸引人的光芒。那些仰慕他的人都说，作为一个将军，只有他做得到，只要往马背上一骑就能够让士兵马上放下早餐随其出征……总统对他信任有加，总是称呼他的小名'乔治'（强化了他不可战胜的个人形象），而且所有的媒体都对他极尽赞美之词，美国人民也对他充满了信任。"但是，亚伯拉罕·林肯选择麦克莱伦来做联邦军的总指挥实在是一大错误，这一决定拖延了战争，付出了巨大的人力代价。

责任和问责

根据德鲁克的领导力模式，领导者为了完成使命而承担责任、接受问责，在自己身边凝聚能干的下属，并对下属的工作予以全力支持。尽管林肯低估了其所面临问题的严重性，但是有一点是很清楚的，那就是，其核心使命之一是如何应对南方各州分裂所带来的威胁，甚至是战争的威胁。自南卡罗来纳州于 1860 年 12 月 20 日在南方各州中第一个宣布脱离北方联邦起，陆续有其他州跟进，林肯被迫在 1861 年 3 月 4 日正式就职之前数月就承担起了执政重任。在当选总统不久之后，他就开始组阁，选择将进行最紧密合作的政府要员。

历史学家曾经深入地研究过林肯挑选内阁成员的过程，对于其动机或思考过程的认识并不一致认同。桃乐斯·科恩斯·戈德温更强调林肯从他那些最能干的政治对手那里寻求帮助这一事实。正如戈德温所论证的那样，林肯周围有一个"由对手构成的团队"，其内阁成员被认为是能够帮助他直面各种挑战的最称职的人。林肯并没有因为下述事实而踌躇不前：这些人都是他最激烈的政治对手，每个人都认为自己比林肯更合适担任总统。他认为这些人是最合格的管理者，能够帮助他在国家危难之际领导全国人民。他将团结全国人民这一目标置于自己和这些对手之间的个人恩怨之上，置于试图让整个内阁保持一团和气的努力之上。在戈德温看来，这是一个有效的团队，能够做出最好的决策并加以执行，能够实现林肯保卫联邦的使命。但是，这批人显然不是省油的灯，不可能给林肯的内阁和个人生活带来任何和谐与安宁。

大卫·赫伯特·唐纳德的解释则是，林肯充分意识到自己个人能力上的局限，他深知要有效地开展工作需要获得过去的对手的帮助。这个传记作家指出，林肯曾经对威廉·亨利·西沃德的首席政治顾问瑟洛·威德说，西沃德、萨蒙·切斯和爱德华德·贝茨这几个他提议担任内阁和行政部门主管的人"在公共事务方面都有着长久的经验"，这就使得他们"更胜任其岗位"。唐纳德还指出，林肯的选人方式反映出他充分认识到了共和党所具有的多样性的特征。让这一新的政党完全团结一致是很困难的，因为其成员在关于奴隶、关税和其他很多问题上所持的政见都是互相冲突的。

　　林肯选内阁成员时平衡了这些不同的利益群体，其决定也体现了公平的地理分布。其内阁成员来源广泛，包括东北、西北和边境蓄奴州。但是，唐纳德也强调指出，林肯选择内阁成员的方法有些混乱；他提醒我们林肯的整个选人过程远非顺畅。由于林肯在是否让西沃德担任国务卿这一问题上颇费周折，西沃德的家乡纽约州的政治对手开始散布谣言，说林肯不愿意让西沃德担任上述职位。等到林肯正式和西沃德交谈时，这位未来的国务卿并没有爽快地当场接受这一任命。那些帮助林肯当上总统的伊利诺伊州和印第安纳州的同伴在政治上的骑墙态度，以及宾夕法尼亚州带有分裂性质的幕后诽谤，导致对关键内阁职位的激烈争夺，也迫使林肯不得不进行某些政治交易。宾州参议员西蒙·卡梅伦不断游说，希望能够在内阁谋得一席之地。后来冒出了很多关于卡梅伦的贿赂和其他不端行为的指责，林肯不得不撤回对他的任命；但是，后来，他发现在自己的政府里有一个来自宾州的人显得更加重要时，他又任命卡梅伦担任战事部长。回头来看，这显然算不上是林肯的一个正确的决定。

　　并不是每一个学者都认同林肯在选择内阁成员时做到了深思熟虑、细致认真，而且选人的基础都是这些人的个人特性；很显然，其中掺杂了不少政治方面的考虑。例如，林肯在确定财政部长人选的时候曾经听取过共和党参议员的意见；19 个参议员中有 11 个推选了切斯，使切斯最终获得了任命。但是，大多数的学者都同意说，林肯也会考虑到这些内阁成员的优缺点，他也准备随时随地来调和这些成员之间不可避免的冲突。事实上，正如历史学家所指出的那样，林肯从其第一任内阁那里学到了不少领导力方面的经验；其第二任期选择的内阁成员不包括任何一个对手或党内大佬，都是一些对其极为忠诚的人。在第一任期内，这位经验不足的首席长官需要的是他能找到的最有能力的人，即使这可能导致个人的冲突和争斗。

　　在选择其内阁成员时，林肯遵循了德鲁克界定的经理人有效性的三个原则：着眼于优点、着眼于贡献、着眼于有效的决策。林肯决定选择那些具有足够能力的人来完成其政府使命和战略的重要部分。在选择时并不去考虑这些人固有的缺点。林肯坚持认为，每个人都要在自己最擅长的领域里做出贡献。至于其弱点，则可以由他人来克服，而一个被选为内阁成员的人必须有独特的优点。

通过着眼于优点和强调贡献，林肯将很多行政管理事务下放给了他所信任的内阁成员。相对应地，他也希望这些成员能够做出正确的决策来完成整体使命和战略的相关部分。如果后来证明这些人不能有效地行使其职责，那么林肯最终会将他们清除出去。

很显然，林肯选择西蒙·卡梅伦担任战事部长，选择乔治·麦克莱伦担任联邦军总指挥（这是内阁成员以外的一个重要任命）是错误的决定。他很快推翻了第一个决定，但是在替换麦克莱伦方面却拖延了太久。

着眼于优点和贡献

以下章节中所涉及的四个内阁成员的任命充分地展示了林肯如何成功地基于个人的优点、忽视其明显的缺点来遴选合适的内阁成员。被任命为财政部长的萨蒙·切斯的缺点尤其明显，但是林肯真正需要的是他的优点，而切斯也确实不辱使命。

1. 威廉·亨利·西沃德

林肯第一个也是最重要一个内阁成员的任命是国务卿。这一职位最终给了纽约州极富盛名的参议员威廉·亨利·西沃德，他最终也接受了这一任命。西沃德毕业于纽约州申奈克塔迪的联合学院，是美国大学优等生荣誉学会（PBK）成员，在开始其漫长的公共服务生涯之前是一位成功的刑法方面的律师。西沃德担任了四年纽约州参议员，两次被选为纽约州州长，然后，1850 ～ 1861 年担任美国参议员。威廉·西沃德拥有在州政府长期工作的经历，以及在全国政治舞台上的地位以及在立法和行政管理两方面的丰富经验，可能称得上是 1860 年共和党总统候选人的最佳人选了。

西沃德是新的共和党内声名最卓著的领导人之一，也是政治人士都认为赢得总统候选人提名的最合适人选。但是，尽管他是党内大会前赢得党内总统候选人提名和总统职位的最热门人选，但他最终还是惨败了，败给了林肯，后来他又被林肯说服了，重新回到了公共服务领域。尽管当时西沃德和林肯并不相熟，但是他仍然尽心尽力地助选，帮助林肯成功地赢得了总统选举。西沃德一生致力于推行共和党的政纲，推行该政纲中包含的限制奴隶制扩张的措施。

林肯选择西沃德担任国务卿"所考虑的是其能力、诚信和巨大的影响力"。在林肯从选举之日（1860 年 11 月 6 日）到正式上任（1861 年 3 月 4 日）这段比较长的过渡时期，西沃德充分地展示了其能力、诚信和影响力。正是在这段比较长的过渡时期，西沃德几乎仅凭一己之力就阻止了分裂主义力量对联邦政府的颠覆。他从布坎南当局的司法部长埃德温·斯坦顿那里获得了宝贵的信息，了解到分裂主义力量正在策划在林肯正式上任之前推翻联邦政府的行动。西沃德采取了必要的措施，一举挫败了这些分裂主义分子的阴谋。

在林肯写给西沃德、任命他为内阁重要成员的个人书信中，这位未来的总统是这样描述西沃德的，"在公众眼中的地位，你的诚信、能力、学识和经验，这一切结合起来使你成为非常合适的人选"。后来，在西沃德和林肯通力合作并最终成为总统的首席顾问和林肯最亲近的朋友的过程中，他始终表现出这些优点。在林肯担任总统期间，西沃德是国务卿，后来在林肯被暗杀后，他一直为约翰逊政府服务，直到 1869 年 3 月。

西沃德和林肯的关系一开始并不是那么和谐。西沃德认为自己比林肯更有能力，经验也更丰富，因此一开始总是试图对林肯的许多决策施加很大的影响。当林肯将其就职宣言给西沃德过目时，西沃德写了一封长达七页的信，铺陈了很多他认为需要修改的地方，甚至还写了两段可供选择的结束陈词。由于不满林肯选择他的对手萨蒙·切斯作为财政部长，西沃德在林肯就职典礼前夕宣布辞职。林肯最终还是说服西沃德改变了主意，这一点也充分展示出了林肯能够管理好其政府团队中的各式人物——这一技能后来为林肯反复运用。

林肯做出的第一个有影响力的决策是是否重新为南卡罗来纳州的萨姆特堡提供补给。西沃德是反对这一决策的五位内阁成员之一。西沃德认为南卡罗来纳州人对北方联盟有很强的同情心，因此希望林肯能够放弃萨姆特堡，从而安抚南部各州。为了验证西沃德的推断，林肯派了一个侦查队前往南卡罗来纳州去评估一下该州对北方联盟有多少同情。结果发现并没有多少同情，林肯没有采纳西沃德的意见。

后来，西沃德逐步意识到了林肯作为首席长官还是称职的。在 1861 年 5 月写给妻子法兰西斯的信中，西沃德提到林肯时说，"他的自信和同情心与日俱增"。同年 6 月初他又告诉妻子说："总统的管理能力和活力是极为罕见的品质。总统是我们当中最优秀的，但是他需要持续不断、勤勤勉勉的合作。"

在林肯的所有对手中，西沃德是第一个意识到林肯不断发展的精力和管理能力的人。这个国务卿继续"在接下来的岁月中与林肯就诸多问题展开辩论，这也正是林肯所希望和所需要的"。西沃德"会成为林肯内阁中最忠诚的同盟"。

和林肯一样，西沃德也是一个有很强的道德价值观的人，而这些共同的特征也使得林肯能够充分信任西沃德，并且给予他很大的作为国务卿的自主权。最能展现西沃德诚信程度的时间也许就是 1862 年内阁危机那段时期，当时萨蒙·切斯对西沃德在林肯那里所享有的崇高地位十分嫉妒，试图通过耍花招把西沃德赶出内阁。西沃德并没有针锋相对地报复切斯，而是把国家利益置于个人利益之上，自动宣布辞职。后来，林肯巧妙地揭露了切斯的阴谋诡计和对共和党党代会上的操纵，让西沃德重新回来担任国务卿一职。

2. 萨蒙·切斯

萨蒙·切斯 1826 年毕业于达特茅斯学院，和西沃德一样，在全美最好的学院之一受过教育。他在华盛顿特区学习过法律，后来在俄亥俄州执业。他是一位激烈反奴隶制的民主党人，总是为那些逃往俄亥俄州的奴隶辩护。

1849 年，切斯被选入美国参议院，在 1854 年因为强烈谴责《堪萨斯－内布拉斯加法案》激怒了整个民主党，他认为该法案最终会让奴隶制扩散到全美国。当 1854 年共和党围绕反奴隶制为政纲成立时，切斯和其他持相同意见的民主党人改变政治立场，也加入了共和党。1855 年作为共和党人的他当选为俄亥俄州的州长，1857 年连任。和西沃德一样，他在司法、立法和行政三方面都具有丰富的经验。

1860 年，切斯成为共和党总统候选人中最有希望的人选之一，在败给林肯之后以及担任林肯内阁成员的同时，他继续追求其总统梦想。林肯认为切斯是一位能干的行政官员，在公众中享有很高的声望。林肯于是任命他为财政部长。随着南方各州相继脱离联邦，使得美国的财政受到了严重影响，而此时正值联邦因战争而需要财政的大力支持。1863 年，切斯在建立全国性银行系统的进程中以及在激发投资者对联邦事业的信心方面起到了重要的作用；他的努力极大地缓和了战争所带来的财政负担。切斯一直担任财政部长，直到 1864 年春天。

在其任期内，切斯先后四次威胁过要辞职。他辞职的理由是，要在某些问题上行使其个人意志。林肯拒绝了他前三次的请辞，因为他需要充分利用好切斯作为财政部长的优点，尽管切斯总是不断地挑战林肯的领导权威。最后 1864 年 6 月 29 日，林肯接受了切斯的第四次请辞。这令切斯措手不及，一下子沉沦了下去，因为他以为自己的政治生涯将就此结束。在这一年的晚些时候，切斯又一次与林肯竞争共和党总统候选人的位置，不幸再次失败。

在切斯辞去财政部长并且在共和党总统候选人的竞争中输给林肯之后不久，林肯又提名他担任美国第六任大法官，这一职位他从 1864 年 12 月 15 日一直担任到 1873 年 5 月 7 日辞别人世。1865 年 3 月 4 日，正是在切斯的主持下，林肯开始了他的第二任总统任期。

当初曾有人建议林肯不要任命切斯担任大法官，但林肯却并没有纠缠于这个人在竞选总统时蔑视林肯的个人行为，而是更看重他的优点，看重他擅长做的事情以及他能对国家做出的贡献。根据一个传记作家的说法，林肯说过："切斯先生是一个很有才干的人。他是一个有雄心的人，我想他只是过于沉迷于当总统了。他最近确实表现得不怎么好，也有很多人对我说，'现在正是把他彻底搞垮的时候。'嗯，我并不喜欢把人彻底搞垮！如果一个人还能做点什么事情而且还能做好的话，我就会让他去做。给他一个机会。在我所认识的所有了不起的人物中，切斯比其中最好的人还要高出一头。"

3. 爱德华·贝茨

爱德华·贝茨，密苏里州一名年长的政治家和律师，曾经在州政府和美国国会里担任过很多职务。他被林肯任命为美国司法部长。和很多人不同，他是一个特别谦卑的人，对高级政府官员所面临的威胁心知肚明，他曾经这么说过：

> 由于我的财政状况（几乎不懂得如何赚钱）以及我喜欢安静的生活习惯，我担任收入颇低的高级政府官员的职位并不见得是什么好事——这会迫使一个人受到那种超越其个人收入水平的生活的诱惑，因此容易变得不诚实；就算他自己不怕生活得简朴，其家人也难免被人讥笑。

作为一个非常爱国的人，贝茨一直受到密苏里州同人和很多国家领导人的鼓励，鼓励他作为自己所在的这个重要的边境州推举的总统候选人。后来贝茨在内阁中寻求职位。但是，他的爱国主义精神和当时国内的动荡局面促使他重新考虑拒绝林肯任命的初始决定。当媒体得知他接受任命的消息之后，当公众对此做出了正面的回应之后，林肯意识到美国人民已经准备好了接受贝茨作为总检察长。

4. 埃德温 M. 斯坦顿

埃德温 M. 斯坦顿，是一名极为出色的律师，在宾州、华盛顿特区和俄亥俄州担任辩护律师，一开始以其学识、在法律界的地位和在法庭上的表现让林肯颇感震撼。斯坦顿曾经在布坎南总统任期内担任过总检察长职务。尽管他担任那个职务的时间不长，但是人们都认为是他改变了布坎南总统的想法，从最初对南方各州的分裂采取纵容态度转变为采取强有力的法律立场。

在总统选举期间，斯坦顿在政治上是反对林肯的，但是他仍然同意担任战事部长西蒙·卡梅伦的顾问。斯坦顿作为同样来自俄亥俄州的总统竞选对手萨蒙·切斯的坚强同盟，引起了林肯的注意。1862 年 1 月，林肯让他接替卡梅伦担任战事部长。斯坦顿并没有主动寻求这一内阁职务，因为那意味着他要放弃作为执业律师的丰厚收入，但是他深知自己作为战事部长可以在国家最需要的时候做出应有的贡献。

当弗吉尼亚州脱离联邦时，总统丧失了让罗伯特·李将军担任总指挥的最后希望。结果，林肯和斯坦顿不得不亲自制定各种军事策略、作战计划和战役战术，这种状况一直持续到 1864 年年初尤利西斯·格兰特将军成为联邦军队的总指挥。斯坦顿对叛徒毫不手软。林肯并不总是认同他的决定，但是身为总统的他偶尔才会挑战这个战事部长做出的决定，因为林肯相信斯坦顿的判断能力。

正是斯坦顿在林肯遇刺时说出了那句流传千古的悼词："现在他归属历史了。"在林肯内阁的所有成员中，斯坦顿比其他人更长久地陷于林肯去世所带来的伤痛之中。最终，这两个人互寄深情。

5. 林肯及其将军

在选择军队官员时，林肯也同样看重候选人的优点和能力。正如唐纳德指出的那样，"在任命军队官员时，他试图基于这些人的军事经验而非所谓'政治上亲近性'来遴选指挥官"。尽管如此，林肯在选择军队官员时仍然犯下很多错误。正是因为这些错误使他在很多情况下不得不既当三军统帅又当总指挥。

这些错误中最明显的一个就是选择了那个极具个人魅力的乔治·麦克莱伦。麦克莱伦来到华盛顿时，只有 34 岁，但是不久他就成为人们心目中的英雄。欧文·麦克唐维尔将军率领的军队在布尔朗战役中惨败以后，林肯任命麦克莱伦来建立一支由志愿者组成的新军队。麦克莱伦深受士兵欢迎，因此林肯也深信他可以打造出一支强有力的军队。麦克莱伦显然受到了士兵们的仰慕，大家亲热地称他为"小麦克"；根据罗纳德·怀特的描述，当麦克莱伦出现时，他的军队"总是会爆发出雷鸣般的欢呼，对此他的回应是拎起帽子，并轻轻地捏一下"。自信满满的麦克莱伦很少与任何人分享自己的作战计划，因此当他后来罹患伤寒不得不休息时，几乎没有人清楚整个联邦军队的作战策略。林肯受到了战争行为委员会和很多政治对手的批评，开始亲自研究军事战略，因为他想到也许有一天他会亲自指挥联邦军队作战。而麦克莱伦在伤病痊愈之后仍然未能制订出任何有意义的作战计划，林肯不得不发布了第一号战事军事命令，要求军队在 1862 年 2 月 22 日开始向南方军队全面挺进。

林肯的命令迫使麦克莱伦做出决策，同时也揭示了两个人在作战策略方面存在着巨大的分歧。麦克莱伦反对直接进攻驻扎在马纳萨斯的邦联军队，认为这一行动会重蹈布尔朗战役的覆辙。可是，林肯认为联邦军应该进攻邦联的军事力量，重点在于直接打击军队，而不是攻城略地。在策略方面的根本分歧造成两个人无法处理好关系，因为麦克莱伦拒绝与对手正面交锋，而林肯私下里则大为恼火。唐纳德指出：

> 在接下来几个月里，麦克莱伦将军极力在自己的权力范围内促使大家接受他制定的策略，总统则总是在拖他的后腿。出于自我沉醉和无动于衷的个性，麦克莱伦似乎完全没有意识到，在一个民主社会中，军事指挥官要听命于人民的权威，而且他觉得自己根本没有必要事事向总统汇报，更不用说听取总统的建议。而对林肯来说，由于自己并非军事专家，所以也就不太愿意直接地干预军事问题，他没有能够让麦克莱伦理解，当他给出一项建议时，他其实是希望后者当作命令来执行。这种相互之间的不信任使得其都没有被抓住任何赢得军事成功的机会。

林肯撤了麦克莱伦的总指挥职务，但后来又让其官复原职。当联邦军节节溃败，李将军的军队又一次几近兵临首府华盛顿城下之际，林肯又转而寻求麦克莱伦的帮助。唐纳德这样写道：

> 对这位将军，林肯并不抱任何幻想；他意识到麦克莱伦是"军队中最危言耸听的人，总是搅乱各种作战计划"，嘲讽他"软弱无能，牢骚满腹，模棱两可，乱发指令"，并且认为他没有用好波普（联邦军中的一名将军，在马纳萨斯战役中被任命为麦克莱伦的助理）的错误是不可原谅的。但是，林肯也知道麦克莱伦是一位出色的组织者和高效率的策划者。但是，同样重要的是，他意识到只有重新启用麦克莱伦才能重振驻扎在波多马克河的军队的萎靡士气。

> 林肯的顾问中几乎没有一个人赞同重新启用麦克莱伦这一决

定，他们认为这位将军是无能的。麦克莱伦确实取得了安提塔姆战役的胜利，但他当时却没能乘胜追击李将军及其率领的邦联军队。为此深感失望的林肯也怀疑麦克莱伦是否全力效忠于联邦的事业，因此在 1861 年 11 月就用安布罗斯·伯恩赛德替代了麦克莱伦。

那么，麦克莱伦为什么一败至此呢？詹姆斯·麦克皮尔森推测，当时领导波多马克河军队的麦克莱伦和其他将军被来自媒体的关注和来自华盛顿的政府审查给吓坏了，因而前怕狼后怕虎，不敢冒一丝风险。也有人认为麦克莱伦在政治上是反对林肯的，个性上也与林肯合不来；他总是说总统是"傻瓜一个""一个心地不坏的乡野之人"，或者"尚未开化的大猩猩"，而且，身为民主党人，麦克莱伦总是喜欢对林肯政府指指点点，从《废奴宣言》到总统对军事活动细节的干预。就麦克莱伦这个案例而言，团队中有一个对手显然并没有给林肯带来任何好处，反而拖了后腿，延误了时机，代价惨重。

那么，林肯从麦克莱伦身上究竟看到了什么呢？他可能会认为这个年轻的将军是美国军队的未来和希望所在。怀特指出："他似乎从这个年轻人身上看到了潜力，希望后者能够有所历练。"更可能的情况是，林肯看到了麦克莱伦和手下士兵之间的良好关系。正是因为麦克莱伦有能力吸引到一大批忠诚、善战的士兵，林肯才选择了他，而重新起用他主要是为了提振军队的士气。

麦克莱伦确实是一个极受人欢迎的将军。林肯第一次免除了他的职务在军队里引发了轩然大波。当麦克莱伦被解职的流言不胫而走时，士兵群结队地走出自己的营地，在首都的大街上转悠，像没头苍蝇一般。1861 年 9 月，当林肯重新启用麦克莱伦时，他的士兵欢呼雀跃，口口相传——他们的"小麦克"回来了。历史学家威廉姆·马弗尔指出，联邦军士兵的大多数都十分同情麦克莱伦保守的政治立场，也认同他有条不紊的作战风格。

当林肯总统最终放弃了麦克莱伦时，他所受到的指责不仅来自忠诚于麦克莱伦的士兵，还包括广大公众。到 1863 年，因战争失利而心灰意冷的民众认为，正是林肯解除麦克莱伦职务这一决定才导致联邦军遭遇多次失败。

　　麦克莱伦受人欢迎这一点帮助林肯将公众舆论转移到了对战争的支持上，但是林肯因对这名将军在军事上的无能而最终又不得不做出不受公众待见的决定。林肯特别看重麦克莱伦的一个优点——他和士兵之间关系良好，这种只及一点不及其余的做法导致他做出了无效的决定，让麦克莱伦担任总指挥的时间过长了，最终付出了巨大代价。就这一点而言，对手是负债，而不是资产。

　　林肯在 1864 年任命格兰特将军担任联邦军的总指挥，这是一个更加有效的决策，尽管人人皆知这位将军是一个出了名的老酒鬼。[○]格兰特不像麦克莱伦那样浮夸，但是他从不会抱怨各种条件，也不会质疑林肯制定的方向。两个人的政治立场非常一致，尤其是在废奴问题上。还有一点是，格兰特同样来自伊利诺伊州。

　　联邦军的总指挥更换成格兰特引发了军事策略上的变化，从而帮助北方取得了其他方面的成功，其中包括谢里丹 1864 年 9 月在弗吉尼亚州取得了情人渡战役的胜利，1864 年 12 月舍曼将军从亚特兰大到萨瓦那里取得的胜利有效地击垮了对手的士气，1864 年托马斯将军在田纳西州取得了巨大的胜利。值得注意的是，这里提及的每一位将领都算不上是常胜将军，其作战记录有胜有负。这些"赢家"相对于"输家"所展示出的独特特征是，他们总是能够做到在失败之后重整自己的队伍，甚至在初战失利之后仍然能够继续追击敌人，即所谓的"屡败屡战"。林肯需要的正是这样的将领，他们不像其他人那样，对于攻打邦联军队必然要冒一定的风险这一点根本不理解。虽说这种风险意味着战争真的存在失败的可能。但是，要想赢得这场战争，除此之外，别无他途。

　　格兰特在联邦军担任过包括总指挥在内的各种职务，他在这些位置上的绩效展示出有效性的几个重要维度。有效性并不是指"击球成功率"，即击中的次数与总的击球次数之间的比率。相反，有效性指的是"安打率"，即对组织使命的实际贡献与潜在贡献之间的比率。正如德鲁克所说的那样：

　　○　1862 年，占人数优势的北方联军在夏伊洛之战中遭遇惨败，面对当时关于格兰特将军临战酗酒的传言，林肯仍然为他进行辩护。格兰特的传记作者乔赛亚·邦廷说："格兰特的批评者免不了利用他酗酒的传言来指责他已经不适合担任总指挥一职。但是，林肯说，'我不能缺少这个人，他是一名真正的战士'。"

评估绩效的标准并不是指每一次都能够击中关键之处——这样的命中率如同杂耍，只能维持很短的一段时间。绩效应该是一种持续不断的能力，能够在很长的一段时间内承担多种任务，并持续地产生所需要的结果。绩效记录必然会包括各种错误和各种失败，必须展示一个人的优点和强项。

林肯总统深知格兰特打过败仗，但是他在格兰特身上同样看到了他所拥有的优点和强项，即一股韧劲，正是靠着这种韧劲战争最终取得了胜利。从准确的有效性视角来看，格兰特和林肯是"英雄所见略同"。一路走来，二人都遭遇到了无数的挫折和失败，但最终都完成了各自的使命。两个人都称得上是有效的领导者。

诚信

正如本章开头所指出的那样，有效的领导者需要从明确目的或使命开始——"做一把吹出响亮号角声的小号"。然后，他们还需要将领导力看作完成该使命的责任。最后，他们需要赢得他人的信任。领导者只有言必行、行必果，为完成使命而勇于承担责任，才能赢得信任。信任事实上就是相信领导者的诚信。

彼得·德鲁克一直认为诚信的品格是好的领导力的核心和本质。德鲁克这样看待诚信的品格的重要性：

诚信——试金石　一个组织的管理层是否严肃、是否真诚，其最终证据在于对诚信品格的态度是否到了毫无妥协地加以强调的地步……因为领导力是通过品格来体现的；品格作为榜样，仿佛"桃李不言，下自成蹊"。品格并不是管理者从工作中获得的；如果管理者在工作中不自带品格，那么就永远不会拥有品格。关于品格，也不是你想糊弄别人就能糊弄得过去的。你的同事，尤其是下属，用不了几个星期就能知道你是否是一个诚信之人。有很多缺点，他们或许都能够宽恕，比如无能、无知、不安全或不礼貌。但是，如果你缺乏诚信，他们就不可能原谅你。如果是更高层的管理者选了这样一个缺乏诚信的人，他们也不会原谅。

对于企业里的一把手来说，这一点尤其如此，因为一个组织的精神是自上至下确立的。如果一个组织有精神，那是因为其高层的人有精神。如果一个组织腐败，那也是因为其高层开始腐败了；正如俗语所说的，"鱼是从头开始腐烂的"。除非其品格好到能让高管层愿意将之作为其下属的楷模，否则一个人是不应该被任命到高级管理岗位的。

诚信不同于领导力有效性的其他特性，比如着眼于贡献和优点、有效的决策力，诚信是一种内在的品质，而不是什么外在的管理技能。人们是不可能通过课堂学习来培训诚信的；一个人，要么有诚信，要么缺乏诚信。德鲁克对此深信不疑，但是在他生前最后接受的几次访谈中的一次访谈中，他也提到了一种可能性，即管理者也许可以通过导师来指导诚信：

> 关于管理者的培养问题，我们已经谈了很多。我们大多数时间都在讨论如何培养人的优点，给人机会去体验。品格培养问题显然不能用同样的方式来对待。品格是从内在培养出来的，而不是依靠外在因素来培养的。我认为，在今天，基督教堂、犹太教会堂和12步戒酒步骤之类计划是品格培养的主要力量。

相对于管理技能的培养来讲，诚信的培育过程更加漫长，更具有不确定性。所谓12步戒酒步骤类似于戒酒匿名协会所运用的方式，这种方式要求首先承认有寻求他人帮助的需要，然后有来自更高力量的协助，并对一个团体或者一位管理者负责，该管理者拥有诚信的品格，愿意在整个过程中承担责任。

让我们考虑一下诚信品格的构成。世界知名临床心理学家亨利·克劳德一直在指导人进行诚信训练，他给出了诚信所必须具备的特征。他将诚信与我们利用自己的优点来提高劳动生产率以及成为有效领导者的能力关联了起来：

品格的诚信是指品格在按照我们所描述的方式去发挥作用的时候所体现的健全性，如果我们的品格不具备这种诚信的话，那么我们利用自己的优点的能力将会大打折扣。

克劳德勾勒出了 6 种品格特征，合起来构成诚信。我们中间没有谁拥有所有这些特征，并且完好地融入我们的个性，但是，我们从亚伯拉罕·林肯身上却看到了其中许多特征在其生活和工作中体现了出来。这 6 种品格特征是：

- 真诚地与人交往的能力（由此来建立信任）。
- 以真理为导向的能力（由此来认识现实，面对现实）。
- 行必果、果必正的能力（由此来实现目标、利润或使命）。
- 应对逆境的能力（由此来解决问题、终结问题或者转化问题）。
- 以成长为导向的能力（由此来实现增益）。
- 超验的能力（由此来开阔视野、提升自我）。

亚伯拉罕·林肯是诚信和信任方面的"美国偶像"；他年轻时在家乡伊利诺伊州做小店主时因借债必还而被人戏称为"老实人亚伯"。后来，他又坚守拯救联邦的使命。在这一问题上，他从来就拒绝任何妥协（与其党内很多其他成员不同，那些人为了避免分裂的风险宁可向南部各州妥协）。他愿意重新评估自己在奴隶制和废奴问题上的立场，随着政治上的成熟，他在关于上述问题的道德是非观方面确立了一个精当的标准。根据艾里克·福纳的说法，"他随社会的变化而变化，但是他的行动却重新塑造了周遭的世界；他是时代的产物，但同时又能超越时代，比任何人都更出色地界定了'伟大'的意义"。

林肯在德行方面的非凡名声（他被暗杀以及之后所享受的烈士地位使其声名更加卓著）在其死后不久就开始传扬了。艾达·塔贝尔所写的惊世传记《亚伯拉罕·林肯的一生》是 1909 年出版的，而到了 1909 年，林肯就已经取代了华盛顿的地位，被公众推举为最伟大的美国人。其神话般的地位并不局限于美国。19 世纪晚期，拉丁美洲各国把林肯视为更宽泛的共和价值观的象征，而不只是美国价值观的象征。列夫·托尔斯泰是其所处时代最著名的作家，他 1908 年在北高加索与人有过一次对话，被记录了下来。在这次对话中，他与一群爱钻研问题的部落首领及其同伴分享了历史上的伟大领袖的故事。当托尔斯泰描述了几个伟大领袖的故事之后，有一个首领要求他讲一讲林肯，这让他感到惊讶。身处这样一个荒蛮之地，这个首领怎么会知道林肯这个人呢？正如托尔斯泰所言：

> 这件小事表明林肯的名字在多大程度上受到全世界人民的崇敬，他的品性已经变成了一个传奇。那么，林肯为何如此伟大，以至于其光辉已经遮蔽了其他民族英雄了呢？他确实不像是华盛顿和拿破仑那样的伟大将领，也不像是格拉德斯通或者腓特烈大帝那样非常有手腕的政治家，但是，他特有的道德力量和伟大人格将其置于至高无上的地位。

托尔斯泰将林肯的伟大和世界性声誉归功于他的道德和品格特征。

但是，林肯并不只是一个诚信模范而已，这从历史学家对于其价值观，尤其是在人权方面的价值观的解释有多么多样化就可以看出。有些学者，比如威廉·李·米勒和理查德·斯特尔认为，林肯一直以来都站在道德的基础上反对奴隶制，他那些带有种族主义倾向的言论只不过是政治上的权宜之计。另外一些人，比如乔治·弗雷德里克森和威廉姆·杰纳普则反驳说，林肯从来没有将废奴的重要性提到其拯救联邦的终极使命那样高。多萝西·罗斯则提出了一个极为有趣的观点，认为林肯把对国家的信念看作一种道德力量，而把废奴仅仅看作实现拯救联邦这一终极目标的一种策略："林肯当然很乐于见到在'必要'的前提下给予奴隶制猛烈一击的机会。但是，让整个国家保持完整一直是他至高无上的道德关怀，而有朝一日解放了奴隶，这可能会也可能不会有助于这一目标的实现。"因而，在当今学者眼里，林肯不只是一个"拯救了联邦"或者"解放了奴隶"的人，而是一个复杂的人，对于当代的解读者来说，其动机仍然显得难以捉摸。借用大卫·布莱特的话说：

尽管人们从意识形态方面、心理方面、宗教方面、法律方面、语言方面、性方面和道德方面进行研究，试图对林肯盖棺论定，但林肯所独有的变化性、成长性和矛盾性（乃至其自己所描述的可塑性）都使得他足以长久地作为一种象征，作为学术研究的课题。尽管政治理论家列奥·施特劳斯及其门徒精心刻画了一个坚守原则、行为一致的林肯形象，以此来宣扬其保守的主张，但林肯对我们大家的影响力却来自其令人惊叹的矛盾性。很显然，这一点使得政治上对立的双方都可以拿林肯来说事儿。

尽管存在着这样那样的困难，但是我们还是可以将克劳德总结的诚信的6 个组成部分作为一种评价领导者诚信的方法。

1. 真诚地与人交往的能力

林肯和他的内阁成员、军官、士兵、政治对手以及美国人民都建立了非常真诚的关系。大家公认他是一个非常容易接近的人，一个招人喜欢的人，尽管他关注自己的仪容仪表和举止风度，但在和他人交往时却表现得非常真诚。身居高位的林肯为了保持和普通美国人的血肉联系付出了很大的努力。事实上，他总是希望能够和普通公民保持紧密联系，这种做法让他的顾问们颇为头疼。威廉·西沃德就曾经抱怨说，"再没有人像他那样平易近人了，不管其所交往的人是合适还是不合适"。林肯不会轻易拒绝别人接近他，他将开放的民众接待处称为"民意的浴场"。正是因为他有意愿，也有能力与普通公众打交道，林肯被他人视为"更像一个随时就可能去造访的邻居，而不是一个高高在上的国家首脑"。

身为律师，林肯特别擅长记住人的名字，他喜欢用讲故事的方式与人产生关联，他急民所急，忧民所忧。尽管在政治竞选活动中，他确实利用了"砍木人"这一形象，但是这一个形象也不是空穴来风、无中生有的，而是建立在他特别擅长与人沟通这一真实的能力之上的。林肯本人其实其貌不扬，又高又瘦，这反而有益于其事业的开展；和外表光鲜的麦克莱伦不同，骑在马上的林肯看上去总是显得不协调，而且他总是穿着不搭调的裤子和外套。他的乡下人形象也许是出于政治考虑的权宜之计，但是正如历史学者理查德·卡尔瓦丁所说的那样，"这一点并不意味着他对普通民众的兴趣只是演戏而已"。林肯所表露出来的同情心是真诚的。他定期与联邦军战士见面，去医院、战场和在华盛顿的驻地去看望他们。更重要的是，这些士兵都相信总统是真心实意地对待他们。林肯多次试图改善联邦军的条件；1864年，他将临阵脱逃的惩罚从处以极刑改为战时关押。林肯与其顾问、战场上的战士和美国民众之间的真诚交往使得他能够平息美国历史上极其艰难困苦的一段时期里瞬息万变的政治风波。

2. 以真理为导向的能力

历史学家一致认为，林肯做决策非常审慎，注重分析和考量各种不同的意见和证据。正如我们已经看到的那样，到1854年制定《堪萨斯－内布拉斯加法案》时，林肯已经在考虑和奴隶制有关的道德问题，他试图先在自己头脑中找到某种解决方案。林肯写下了两份笔记，其中他反复斟酌支持奴隶制的各种不同论据，测试其中是否蕴含正确和合理之处。在其中一份笔记中，他评论道："尽管证明奴隶制是一件好事情的作品已经汗牛充栋了，但是我们还从来没有听说过有哪个希望受益于奴隶制的人甘愿把自己变成一个奴隶。"

随着林肯逐渐地确立在废奴问题上的立场，他试图将自己与耳闻目睹的正确的道德准则关联起来，特别是与《独立宣言》作为一种理想提出的平等原则关联起来。林肯反复衡量各种不同的选择，全面考虑各种不同的观点和意见，深入思考内战背后更大的道德问题，这一切都说明他希望做出正确的决策，而不只是权宜之计。

3. 行必果、果必正的能力

林肯最终完成了保卫联邦的首要使命，也通过战争的方法解决了奴隶制问题。正如我们在这一部分到目前为止所看到的林肯的领导力那样，他在整个总统任期一直努力实现其最初设定并不断修正的目标。不论是挑选内阁成员还是权衡《废奴宣言》的发布时机，林肯都展示出了高度的政治敏锐性，这种天赋使得他在实现其目标的过程中获得了相对广泛的支持。通过吸取自己在任命军队将领时所犯错误的教训，林肯最终找到了最合适的人选，可以根据原先设定的目标和策略来作战。他在军事领导力方面的变化，以及他在军事战略方面的知识和经验的增长，都使得整个战争朝着有利于联邦的方向发展。在很大程度上，正是因为林肯只聚焦于几个少而精的目标，才取得了巨大的成功，当然这种成功也包含了一定的变通性和灵活性，更包含了对权力的局限性的认识。正如詹姆斯·麦克皮尔森所评论的那样："他清楚地阐述了一个毫不含糊的国家政策，而且通过试错的方式不断地优化国家战略和军事策略，从而实现政策目标。我们的国家并没有因此从地球上消失，反而经历了一场自由的重生。"

4. 应对逆境的能力

有些学者推断说，林肯早年的生活经历为他后来经受国家分裂和战争的考验打下了很好的基础。亚伯拉罕·林肯早年生活坎坷。9 岁时他就经历了身边很多亲人先后亡故。他的母亲去世了。在这之前，他还在襁褓中的弟弟就早夭了。当他 19 岁时，他的姐姐又死于难产。雪上加霜的是，1835 年，就在他准备结婚时，其未婚妻安妮·拉特利奇却撒手人寰。

这一系列的人生惨痛对林肯造成了深重的影响。桃乐斯·科恩斯·戈德温认为，"林肯早期经历的人生悲剧加重了他固有的忧郁气质；但是，他对痛苦和失望的了然也赋予了他超人的勇气，使他对人的脆弱有了更深的体悟……而且，林肯天生就有源于生活的幽默和坚韧不拔的精神，这使得他能够坚定意志，走出绝望"。戈德温用列夫·托尔斯泰的著作来支持自己的观点。在《童年·少年·青年》一书中，托尔斯泰探讨了一个人潜在的爱的能力和对深重的个人悲剧带来的创痛的修复能力之间的关系：

> 只有那些能够强烈地爱的人才能经受得住撕心裂肺的悲痛。但是，他们施爱的强烈愿望有时候可以让他们摆脱悲痛，获得自我拯救。在人类的生命中，道德机能比生理机能更坚韧、更顽强，要知道，悲痛从来无法将人葬送。

托尔斯泰的这一说法为林肯有能力克服无数悲剧提供了有力的解释。林肯应对逆境的能力还有一个来源，那就是他坚信的宿命论，这一点林肯自己是承认的，其同时代人也证实了。他认为，人在很多事情上的主观能动性是非常有限的，所有事件都是由"神圣的天命"或者上帝的旨意来掌控的。这一独特的神学理念使得他能够将各种悲剧事件视为不可避免的，而不是人类的行为可以影响的。这样一种信仰体系大大地增强林肯面对不断加剧的伤亡状况的能力，因为这场战争比预想的时间要长得多。在其第二任总统就职典礼的致辞中，林肯认为冲突的根源是人为的问题（奴隶制），但是惩罚（战争带来的伤亡和战争的旷日持久）则是上帝所为，"全能的上帝自有其目的"。正如唐纳德所总结的那样，"他一次又一次地回到这样一个理念：在战争所有的挣扎和损伤的背后，真正发挥作用的是神圣的旨意"。林肯的神学理念使他得以将对战争和其他事件所引发的惨剧的谴责从人的行为转向了干预尘世的上帝及其神秘莫测的行为。

5. 以成长为导向的能力

林肯是以成长为导向的，证据是其早年的自学经历以及他在担任总统期间个人方面和专业方面持续不断的成长历程。林肯赤着脚靠在树边阅读的形象一直是林肯肖像画中最流行的形象，也有充分的历史证据支撑这一形象。作为后革命（这里的革命指的是美国的独立战争）时代一个对"人要靠白手起家"这一理念深信不疑的美国人，林肯一直认为受教育是一个人在美国取得成功的可行道路；他如饥似渴地阅读，绝非一般同龄人可比。作为一个学法律的学生，林肯继续保持着这一阅读习惯，对于标准的法律文本他反复阅读，不断解释，直到完全掌握为止。

正如我们所看到的那样，林肯在做总统的时候也一直关注其个人的成长。他深知自己作为国家元首还缺乏足够的经验，因此任命了很多经验丰富的人进入其内阁，其中有不少顾问还是他的政治对手。随着其自信心的不断增加，林肯降低了对他那个"由对手组成的团队"的依赖，在第二个任期内他所选择的内阁成员不仅有才能，对林肯个人也极为忠诚。作为三军统帅，林肯也发挥了非常积极的作用，他利用自年轻时和在法学院求学时就掌握的大量阅读的方法来自学军事战略和战术。尽管林肯自学和在战争中亲力亲为的做法令手下不少将军甚为恼火，但是他自己似乎很好地适应了这一角色。有一次当麦克莱伦未能履行职责时，林肯自己制订了一套作战计划，去攻打弗吉尼亚的诺福克镇。由林肯亲自策划和指挥的于 1862 年 5 月 9 日开始进行的进攻战取得了胜利。萨蒙·切斯给他女儿写信时说："这一战使得总统先生费时一周的精心准备画上了完美的句号；我确信，如果不是他亲自指挥，诺福克镇可能还在敌人手中。"

随着林肯在总统职位上反复思考奴隶制问题，他在伦理道德方面也有所成长。一开始，他只是希望不让奴隶制蔓延到全国。但是，到 1854 年，正如我们所看到的那样，他的演讲中提起这一问题就已经带上了明显的道德义愤感。最后，身为总统的林肯开始认为只有彻底解放奴隶，才是拯救联邦的唯一希望。他个人的成长使得对战争目的的定义发生了改变，从最初简单地挽救联邦转变为通过废奴来挽救联邦：

> 联邦的战争目的不断演变的故事也是林肯个人不断成长的故事。事实上，在战争期间，真正完全没有改变初衷的人是非常罕见的。林肯个人对道德义务的理解以及对冲突本身的意义的理解，都不可避免地发生了改变，因为其身上肩负的沉重领导责任、战争所造成的巨大伤害以及个人的悲痛程度都在不断地改变。尽管林肯不得不保持其深不可测的一面，但是还是有不少迹象表明他对天意干预的理解，一方面影响了他的思想，使他因此做出了废奴这一最重要的决定；另一方面也强化了他的决心，使他勇于应对一旦做出这一决定可能带来的任何后果。

6. 超验的能力

克劳德提出的超验的概念是指，领导者要意识到自己不过是大棋局中的小棋子。具有超验能力的领导者能够理解，自己只是一个巨大拼图中的一小块，既不是宇宙的中心，也不是自己所在的组织的中心。林肯不仅意识到自己作为国家元首的局限性，而且还清楚地了解到自己必须听命于并非自己制定的更高的原则。他从道德上反对奴隶制，直接反映了他对蕴含在《独立宣言》中的原则的尊崇。在他看来，《独立宣言》是"一个几近神圣的关于普遍适用性原则的声明，该声明与他对上帝的信念完全一致，他认为，上帝创造了人，人是生而平等的，上帝根据公平的原则与人发展关系"。林肯认为，联邦就是基于这一几近神圣的宪章而建立的，联邦本身的重要性在任何一个人的重要性之上，因此要不惜一切代价来保卫联邦。最后，林肯对神圣天意的信念及其宿命论的观点也影响了他对尘世事务的看法；包括美国内战在内的所有尘世事件都要受到神秘的上帝之手的牵引，最终不可能单靠凡人的力量来决定。林肯的神学理念以及他对美国开国理想的敬重让他更加谦卑，帮助他获得了克劳德所说的超验的领导力特征。

危机管理

德鲁克认为强有力的领导人有能力规避危机，或者平息危机。他还指出，在危机来临之际，有效的管理者必须知道如何做出有效的决定。有效的决定并不是通过口头宣言做出的，而是在考虑各种可能的选择之后才能做出的。德鲁克观察到："只有让各种相互冲突的观点进行激烈碰撞，让不同的观点进行对话，在不同的判断之间进行选择，才能得出有效的决定。决策的第一个原则是：如果没有不同意见，就不需要人来做决定。"

林肯作为决策制定人的有效性的案例之一：萨姆特堡

身为总统和三军统帅的林肯在宣布上任第二天就面临了第一个重大决定。陆军少校罗伯特·安德森通知总统说，当时联邦军在萨姆特堡驻地的供给维持不了几个星期了。如果不能及时得到补给，守卫在那里的联邦军将士就不得不向南方军投降了。

根据当时的情况，新上任的总统仅是处理日常的行政工作就已经遇到了不少困难，更不用说应对这样大的威胁。林肯坚持亲自和每一位想应聘内阁职位的人面谈（当时应聘的人很多），他在行政程序方面也犯了不少错误，导致处理起来本应非常顺手的日常事务也被拖延了。在林肯上任初期，太多的人在寻求各种职位，造成他忙于应付，因而高度依赖其内阁成员来给出应对萨姆特堡问题的策略。

当然，林肯可以直截了当地满足安德森的要求，提供其所需要的供给，从而加固这一要塞，或者，他也可以向那里增派额外的军队以瓦解邦联军队可能对这一城堡展开的攻击。第二种方法可能让人感觉林肯已经做好了战争的准备。还有最后一个方法，那就是，林肯可以决定从该要塞撤军，把它拱手让给南方的邦联军队，而这其实就等于承认了邦联的合法性。究竟应该采取什么样的行动呢？林肯向其高级军事和行政顾问征求意见。联邦军总指挥温菲尔德·斯科特将军认为除了撤出该要塞之外别无他法。邮政总长蒙特哥马利·布莱尔及其在政界很有影响力的父亲法兰西斯·布莱尔则坚信，撤出并拱手交出这一要塞就意味着联邦军彻底投降了。国务卿威廉·西沃德反对进一步巩固萨姆特堡，担心这会引发更多的州脱离联邦，从而引发内战。财政部长萨蒙·切斯给出了模棱两可的意见，他倾向于巩固萨姆特堡，但是一定要避免由此引发内战。除了布莱尔之外，其他内阁成员都认为拯救萨姆特堡将等于做无用功，浪费人力和物力。

林肯斟酌了这些不同的意见，其指导方针就是在其总统就职典礼的演说中表露的意图。他在那次演说中表明，他永远不会交出任何联邦已经被控制了的要塞。但是，他也说过，他不会主动引发与邦联军队之间的战争。因此，萨姆特堡问题让林肯左右为难。如果他不能巩固这一要塞，那么就不得不放弃它。但是，如果联邦全力以赴地支持萨姆特堡，那么毫无疑问，邦联军队就会把这种行为视为侵犯行为，并做出相应的回应。林肯最终决定通知杰弗逊·戴维斯，说他准备重新为该城堡供给军事物资，但不会派遣军队。林肯做出了一个极为冒险的决定：试图在不使用武力的前提下向萨姆特堡供给物资。这一行为显然符合林肯在就职演说中表达的想法：不使用武力对抗南方，但是也决不放弃任何属于北方的领土。

正如理查德·卡尔瓦丁指出的那样，"在关于林肯此次行动的真实意图所进行的争论中，历史学家用掉的笔墨远远超过了萨姆特堡沦陷时流掉的鲜血"。那么，林肯真是故意将南方引入战争，迫使后者打响了第一枪吗？他真的相信自己能够完全避免冲突吗？联邦军有两个不同的部门在同一时间分别执行了两次补给任务（向萨姆特堡和皮肯斯堡），使得军事能力过于分散，面对这样一个事实，难道他真的相信为萨姆特堡提供新补给的计划能够奏效吗？对此，我们无法给出定论，我们也不能任意猜测他的决策，因为，"如果他事先知道这一决策可能带来那么大的人间灾难，他是否还会试图为萨姆特堡提供补给，这一点对于历史学者来说是无法判断的，如同他做出这一决策在道德上是对还是错一样无法判断"。

林肯在面临萨姆特堡危机当中所发挥的领导力在当时就遭到了很多人的批评，后来也被历史学家鞭挞。很多人认为，林肯花了太多时间来盘算，没有及时采取行动，他过于犹豫不决，优柔寡断。但是，也有人意识到这一事实，那就是，他最终做出的决定坚守了他在就职演说中所确立的目标。就这一点而言，林肯展示了有效决策的一个特征：他回到了首要的原则——试图在不使用武力的情况下维护联邦。他试图为萨姆特堡提供了补给，并且维护了美国对自己领土的主权。因此，林肯把维持和平还是发动战争的皮球踢到了南方那里。南方使用武力占领了萨姆特堡，开了第一枪，因此被世人认为是发动了内战。这样，南方就被视为战争的发动者，这就在原先分裂的北方为战争赢得了广泛的政治支持。

对于维护联邦这一国家政策所产生的广泛影响和所体现的复杂性；对于战争一旦不可避免，如何赢得人们支持战争的策略；对于将军事策略作为国家政策和战略来使用，林肯都有着深刻的理解。林肯及其内阁在做出这一决定之前纠结了好几个星期。在最后的分析中，这一决定考虑到了所有的复杂性和所有的限制条件。作为一个缺乏经验的国家元首，林肯面对的是一个并无多少良策可施的两难境地。尽管说他做出的决定事实上引发了一场旷日持久的血腥冲突，但是我们却可以通过将管理学作为人文学科来看待，在一定程度上理解他的决策过程。

仆从式领导力

德鲁克提出的有效领导力的最后一个组成部分是继任者计划，这直接指向仆从式领导力的理念和在组织内部培养人才的重要性。这就需要特别强调以诚待人，不管是在犹太－基督教的理念中，还是在其他道德和宗教的基础上。仆从式领导力要求理解每一个人所做出的每一个贡献的价值，而不管这个人的社会地位如何，也要求看到在组织内部帮助他人这一行为所起到的重要作用。

林肯作为一个仆从式领导者的角色特别明显地体现在他在手下将军和联邦军战士面前的所作所为。尽管林肯会参与军事战略的制定（在很多情况下是不得已而为之），这不同于其他总统，但是他还是允许将军"将在外，君命有所不受"。正如我们在麦克莱伦的案例中所看到的那样，林肯希望保留受大家欢迎的将军来维持军队士气的愿望使得他在实现战争目标时付出了很大的代价。但是，很显然，林肯在做关键的决策（包括对麦克莱伦的晋升和复职）时首先考虑的还是战士作为人的尊严。

我们也看到，林肯关心军队的利益，因此采取了一系列行动，例如废除了逃兵的死刑。林肯在各个政府部门为残疾老兵提供了各种工作职位，并且在军队战士中赢得了这样一个好名声：同情战士对生活条件或报酬的抱怨。尽管林肯很清楚在战争中维持高昂士气和维持正面舆论的价值，他的所作所为很可能是出于一种道德义务感。

在他和他手下即使是那些不够称职的官员的互动过程中，林肯也很尊重自己的手下。1863 年 1 月，约瑟夫·胡克被任命为波多马克河军队的指挥官，接替伯恩赛德。他以个性多变闻名。尽管人人尊重他作战勇猛，也关心士兵福利，但是人们也清楚他酗酒、好色（美语中"妓女"的俚语就是"胡克"，最初是指总是在胡克军营中游荡的女子）。胡克还以直言不讳闻名，他在背后批评伯恩赛德，尽管当时后者还是他的顶头上司。林肯了解胡克的优点和缺点；他知道这个人的"主要优点是他是一个独立、敢言的士兵"，而他的"主要缺点也同样是两个特点"。林肯在任命胡克的时候直接告诉后者自己对其弱点的担心，但是同时也告诉后者，林肯愿意信任他。

胡克看起来确实拥有仆从式领导力，为士兵提供更好的食物、更高级的医院。正如他自己所说的，"在我自己吃饱前我要先让手下的战士吃饱，也要让手下的将领吃饱"。胡克的优点是极其鲜明的，可惜的是，他的缺点也同样鲜明。和麦克莱伦一样，他在追击南方邦联军队时行动迟缓，他更希望将各个城市而不是南方军队本身作为目标。从过于自信发展到后来的傲慢自大，最终导致了胡克的失败。1863 年 5 月，胡克率领 7 万士兵，制订了赢得胜利的宏大计划，但是在钱瑟勒斯维尔战役中遭遇到惨败。胡克没有直接进攻李将军率领的只有 2.5 万人的军队，反而采取了防御战略，使得自己的军队直接遭到了南方军队的攻击。胡克自己受了伤，在一段时间里，他的军队因为缺乏领导而变成了一盘散沙。北方联邦军被迫撤退。林肯并没有提及远方传来的坏消息，而是亲自到胡克的总部与他会面。林肯尽管因为战败而心神不宁，但是林肯还是对胡克的伤势表示了关心，认为这一点可能也是导致战败的一个原因。尽管情况不够乐观，但是林肯仍然支持胡克，允许胡克按照自己的意志来推行军事策略，他也让胡克将军明白，如有必要，一定会施以援手。然而，胡克还是没能制订出一个可行的计划，而李将军的军队到 1863 年 6 月已经兵临马里兰州和宾夕法尼亚州了。不久，林肯撤了胡克的职，让乔治·米德顶上。

尽管胡克没能制定出有效的策略来追击南方邦联的军队，[○]但是他确实提升了波多马克河军队的士气，改善了那里的条件，这些正是林肯认为这位将军能够做好的事情。从这一点来看，林肯的仆从式领导力确实起了作用；他和胡克都意识到了军队需要尊严，有着人所共有的需求。但是，林肯服务于其战场上的将军的屈从态度可能帮了他的倒忙。正如唐纳德指出的那样，林肯表达了他的"只给建议、不给命令的意愿"，更希望听从军队将领的意见，而不希望他们认为他干涉了他们的专业领域。林肯给了胡克足够的空间让他作为一个军队指挥官来发挥作用，在钱瑟勒斯维尔战役中继续让他自主行动，对有关他行为不端的流言不予理睬，这样做实际上体现了仆从式领导力，将胡克视为一个有潜力的独一无二的人来对待。很不幸的是，不是每个人都能够在仆从式领导力下有所发展，而这一领导力模式至少部分地需要一种"严厉的爱"，需要意识到有些个人是不适合某一特定职位或者特定组织的。

结　论

管理学学者几十年来一直在试图理解领导力的各个元素。彼得·德鲁克

○　唐纳德认为胡克的计划注定是"一个令人绝望的傻帽儿计划"。

的有效领导力模式不仅包括一系列个性特征或者习惯，也包括培养一种能够引发特定行为的态度。德鲁克的模式要求人们全方位地看待领导力，看清楚领导者和追随者之间的关系、领导者及其使命之间的关系、领导者和组织之间的关系以及领导者及其价值观之间的关系。这样看来，领导力就是作为人文学科的管理学的一部分，它所强调的是人的发展以及人与人之间的关系。

　　理解一个人在领导力方面的优点和缺点的一个方法是，研究过去和当前的领导者。历史总是能给我们提供很多这样的人物，包括亚伯拉罕·林肯这样的政治领导者。学习管理学各个专业和人文学科各个领域的学生能够通过对林肯这个人，对其生活和工作的深入了解而获益匪浅。林肯的生活和职业道路充分体现了德鲁克提出的领导力模式；通过深入研究关于林肯的浩如烟海的二手文献资料，我们能够看到许多挑战，这些挑战来自践行德鲁克的愿景，来自在真实世界里发挥领导力的作用。将历史学家的研究与有关领导力的管理理论整合起来，我们得以理解将有效领导力的理念付诸行动的复杂性。

　　尽管公众将林肯奉为圣明，并不能因此而将他视为一个完美的领导者。和所有人一样，林肯也是随着年岁的增加而不断成长，慢慢成熟，扮演好其一生中的不同角色。

　　大多数关于林肯的传记都喜欢引用斯坦顿在林肯死后所做的精彩评论："现在他归属历史了"。虽然在大多数美国人眼中，林肯是一个超越普通人的圣人形象，但他仍然是一个非常人性化（因此也是非常有用）的领导力方面的楷模。

社会生态学和管理学作为人文学科的实践

当有人问彼得·德鲁克"你如何定义自己"时，他的回答是"我是一位社会生态学家"。Merriam-Webster.com 中是这样定义人文生态学的："人文生态学是社会学的一个分支，主要研究人类与其经济、社会和政治组织之间的时空关系。"德鲁克所关注的人文生态学是与自然或者科学生态学相对立的学科，后者可以定义为"科学的一个分支，主要研究生物及其环境之间的相互关系"。根据德鲁克的说法："社会生态学也是一门学科。它不仅有自己所针对的研究课题，还有自己承担的行动任务。但是，要界定这一任务并不比界定该任务由哪些部分构成简单。"

这种解释尽管有些模糊，但是德鲁克借此表明社会生态学这门学科应该聚焦其研究发现或者成果："社会生态学作为一门学科也关注行动。"尽管社会生态学要分析人际关系和由人组成的组织机构，但是德鲁克对于这门学科的定义则更强调这些关系带给我们的启示。因此，他的方法论包含一种高度实用的方法，更着重行动而不是理论。德鲁克用管理实践和企业家精神来有针对性地应对他所看到的挑战，这些挑战是伴随人和社会之间不断变化的关系而产生的副产品。

德鲁克的社会生态学理论受到了很多思想概念的启发。他的方法论受到了本书到目前为止所讨论过的各门学科的影响。另外，德鲁克的实践也受到了其他有名的社会生态学家的方法论的影响，以及有名的管理实践者的研究的影响。他特别提及了 8 个社会生态学领域的"领先实践者"："这门学科本身有着古老而非凡的传承关系。体现其精髓的最伟大的著作是亚历西斯·德·托克维尔的《论美国的民主》一书。我所推崇的领先实践者还包括另一个法国人（贝特朗·德·茹弗内尔）、两个德国人（斐迪南·滕尼斯和格奥尔格·齐美尔），以及三个美国人即亨利·亚当斯、约翰·康芒斯，（他的'制度经济学'和我的社会生态学并没有太大差别），还有在上述诸君之上的索尔斯坦·维布伦。但是，所有这些人都不如维多利亚时代中期的英国人沃尔特·白芝浩，在气质、理念和方法方面与我更接近。"

　　本章将讨论德鲁克提及的这 8 个社会生态学方面的实践者对德鲁克方法论的影响，以及他最亲近的朋友卡尔·波拉尼的工作的影响。我们也会讨论 7 个重要的管理领域的实践者，他们的理念也影响了德鲁克的社会生态学实践。分析了历史上的和当代的实践者对德鲁克的影响之后，我们来分析德鲁克的社会生态学方法，并提供将其方法论付诸实践的三个案例。

方法论和社会方面的影响者

　　我们在上文中提到 9 个人影响了德鲁克的社会生态学。他们在其中所起到的主要作用是成为不同社会里的人的楷模，他们观察各自的社会（或者在某些情况下，构成其社会的特定的组织机构），指明社会的发展趋势、所面临的潜在威胁或挑战以及应对新情况的新方法。这 9 个人在诸如社会学、经济学和历史学等广泛的领域里进行研究，向德鲁克展示了社会生态学所需要的观察技能：分析人与社会中各类机构之间的关系的过程。

亚历西斯·德·托克维尔（1805—1859）

　　亚历西斯·德·托克维尔也许是观察美国文化的最有名的外国观察家。尽管他出生于法国大革命之后的法国贵族家庭，但是他仍然相当了解法国大革命的影响；托克维尔的父亲同情革命事业，但是，作为一名政府官员，他在恐怖统治时期曾经被捕入狱，好在时间不长。亚历西斯·德·托克维尔生活的时期，法国也经历了许多政治动荡；1830 年的革命推翻了查尔斯十世，让路易·菲利普登基了，在后者统治时期发生了自由改革，强有力的中产阶层占据统治地位，底层阶级日益不满。作为贵族阶层的成员之一，托克维尔理解他所在的阶级的权力在法国社会中的影响力正在日益消退，他希望研究他认为未来有可能会取代法国君主制度的政府形式，即民主制度。最普遍地采用这一制度的国家是美国，所以，研究民主制度还有什么比美国更适合的地方吗？

1830 年，托克维尔前往美国，表面上是去学习美国新的监狱管理系统，从而帮助法国改革其监狱系统。他花费 10 个月的时间研究分上下两卷的《论美国的民主》一书，该书全面地记录了托克维尔对美国政治、文化和社会的深入观察。德鲁克将托克维尔的《论美国的民主》一书称为社会生态学领域"最伟大的文件"。作为一部社会生态学作品，《论美国的民主》也为德鲁克的研究提供了一个范例。托克维尔关于民主如何影响了美国的文化、态度和行为的分析很明显地影响了德鲁克关于一个有效运转的社会的模式。具体说来，托克维尔分析了美国对民主的热爱，以及这种痴迷如何对美国民主制度的健康运行造成潜在威胁，托克维尔的研究显然影响了德鲁克对于一个由知识工人组成的现代社会的构想。

在《论美国的民主》一书中，托克维尔总结了美国民主的本质，其目的是教育法国人，不仅让法国人理解美国，而且让他们明白法国社会和政府前进的方向。托克维尔关于美国人的最重要的一项观察是，美国人更推崇平等，这种推崇甚至超越了对自由的追求；他指出，美国人能够容忍 19 世纪欧洲人无法接受的奴隶制和其他状况，其前提是存在托克维尔所描述的"条件平等"，而这一点我们将界定为"机会平等"：

> 我认为民主社区对自由有着天生的向往；如果让他们自主选择，那么他们一定会寻求自由，珍视自由，极不情愿看到自由被剥夺。但是，对于平等，他们抱有的热情则是浓烈似火、永不满足、永不停歇和不可战胜的；他们在自由中寻求平等；如果他们寻而不得，他们宁愿从奴隶制中寻求平等。他们愿意为此忍受贫穷、奴役和残酷，但是他们决不容忍贵族（特权）统治。

在托克维尔时代的法国，一个人的家庭背景非常重要，例如托克维尔自己的贵族血统就能确保他在政府部门中找到其职位。相反，美国社会从不看重个人的家族传承；反过来，19世纪的美国人更相信"白手起家"这一概念，这样的人坚守中产阶级辛勤工作和自我克制的价值观，努力争取在不断扩张、不断发展的国家里出人头地、功成名就。

尽管托克维尔推崇关于条件平等的美国理念中的某些方面，但是他也为自己所预见的终极结果深感忧惧。因为人与生俱来就希望能够被视为一个独立的个体，因此托克维尔指出，美国人虽然热爱平等，但是却总是在想方设法出人头地。在美国社会，物质上的成功显然是彰显个人主义的最显著的方法；因此，托克维尔说，美国人是一群高度物质主义的人，醉心于个人的成功。对于托克维尔来说，这种态度的后果是，随着人越来越选择跟那些与自己有着同样思维模式的人交往，这种对金钱的膜拜会让他们逐渐脱离社会。托克维尔观察到，最终美国人会因为醉心于物质目标的追求之中，而不再参与民主进程；由于社区中不再存在热烈的争论，民主也就不再作为一种有效的制度而发挥作用了：

> 我对平等原则的指责并不是说它会引导人们追求不正当的享乐，而是说它会促使人们全身心地追求正当的享乐。正因为这样，世界上最终会兴起一种良性的物质主义，这种物质主义也许不足以腐化人的灵魂，但是却可能让人的灵魂懈怠，并悄无声息地消除人的行动活力。

> 因为这一点，托克维尔担心条件的平等里面包含了摧毁民主的种子。人越是寻求平等，就越是寻求与众不同，从而使人与人之间的距离越来越远。人越是追求其个人的物质方面的欲望，就越少地关注和卷入治理事务。托克维尔主张，健康的民主制度需要所有公民的积极参与。如果美国人不再积极地参与民主进程了，那么他们最终也会跌入暴政和独裁的深渊。

德鲁克完全接受托克维尔有关"条件平等"的理念。德鲁克指出："美国和欧洲的核心差异可能在社会流动性的意义上而不是程度上。在美国，当老板的儿子被任命为副总裁时，公告中可能会强调他的第一份工作是打扫卫生；当一个出生于格拉斯哥贫民窟的清洁工被一家英国公司任命为主管时，公告中可能会巧妙地暗示这个家伙是罗伯特·布鲁斯（苏格兰的传奇国王）的后裔。"德鲁克关于知识社会的完整理念就建立在条件平等这一现实的基础上；一个由知识工人组成的有效运转的社会必须做到"开放……事实上，这样一个社会要求机会平等"。

作为一个深入观察美国社会的欧洲人，托克维尔和德鲁克对美国作为一个民主社会的诸多独特方面都颇为推崇。这两个社会生态学家都看到了在产生巨大变革的时代，平等观念给美国政治和文化带来的深远影响。

沃尔特·白芝浩（1826—1877）

德鲁克在将自己的社会生态学实践和其他人的相关实践加以对比之后承认："所有这些人都不如维多利亚时代中期的英国人沃尔特·白芝浩，在气质、理念和方法方面与我更接近。在这个正在经历伟大社会变革的时代，白芝浩第一个看到了新的各类组织机构的兴起。"白芝浩是一位雄心勃勃的英国政治家，后来成为《经济学人》杂志的主编和主管。他学习过法律，在新闻界和银行系统工作过，在金融服务行业工作的同时还担任过政府顾问。

正如在他之前的托克维尔一样，白芝浩认为美国过于强调平等这一点正在摧毁这个国家的多元文化。对美国在内战时期的状态进行了深入研究之后，白芝浩警告说："在美国的任何一个地方，民众的力量都是万能的；而大部分民众其实未曾受过良好教育，他们在很多方面跟欧洲的民众一样无知，而且更加残暴。"在白芝浩眼中，过于强调美国民众的自主权最终导致的结果就是麦迪逊所称的"多数人的暴政"。考虑到这种状况，白芝浩为被民众所统治的美国政治制度的未来感到悲哀："那些当初对暴徒一味地委曲求全、敷衍了事、虚与委蛇、卑躬屈膝、阿谀奉承的人，怎么能够迫使暴徒尽职尽责，或者恐吓暴徒俯首帖耳、井然有序呢？"

尽管德鲁克的话没有白芝浩那么犀利，但是他也一直担忧直接民主不受制约的权力。德鲁克问道："这样一种多数统治的理论真的符合一个自由政府和自由社会的要求吗？答案是毋庸置疑的——不符合。当今被普遍接受的多数原则显然是一种暴君式的专政，是不自由的原则……不受限制的多数原则和自由政府这样的错误认识正是困扰当今社会的多种麻烦当中最根本的一个。"白芝浩所在的 19 世纪与德鲁克所在的 20 世纪似乎情况迥异，但是，正如德鲁克所说过的那样，他们两个人确实有着共同的各自所在的时代所驱动的"气质、理念和方法"。

索尔斯坦·维布伦（1858—1929）

索尔斯坦·维布伦出生于美国威斯康星州的一个挪威移民家庭。他最为世人所熟悉的是其出版于 1899 年的著作《有闲阶级论》，在该书中，他提出了"炫耀式消费"这一术语。

德鲁克说过，维布伦是"在所有人之上"的领先的社会生态学实践者。维布伦吸引德鲁克的一个原因可能是他的方法论，该方法论涵盖了多个学科的知识，另外还对传统的研究方法进行了修正。尽管德鲁克不认同维布伦的一些结论（尤其是维布伦在《工程师和价格体系》一书中的分析），但是他仍然赞赏维布伦是唯一一个认识到科技的重要性的社会学家或人类学家。维布伦开创了对社会生态学来说极其重要的跨学科分析方法。

维布伦的经济分析方法整合了更广泛的其他学科和领域的知识，尤其是人类学、历史学和商业实践。根据某位学者的说法，"他认为经济学可以涵盖所有的学科领域，而他本人对所有这些领域都极为感兴趣"。维布伦著书立说的时代正巧是人们用"自然法则"理论和社会达尔文主义为美国的镀金时代辩护的时代。竞争法则的自由放任的说辞、市场上的供求关系和自由市场是当时社会的主流，诸如卡内基和洛克菲勒等企业巨头所取得的成功则更是彰显了达尔文的进化理论在整个社会的运转中所起到的作用："适者"显然能够生存。

在这样的环境之下，维布伦将他的社会生态学视角转向了蓬勃兴起的美国资本家，他完成了两部巨著：《企业论》和《有闲阶级论》。在《企业论》中，维布伦利用经济学、文化分析和历史分析等工具将矛头指向工业化资本主义所造成的社会动荡。在更出名的《有闲阶级论》一书中，他利用人类学的论证方式向大家展示了"有闲阶级"的标志性特征，包括"炫耀性消费"，并从早期社会中找到了这些特征的根源。他还指出了文化在强化物质主义实践方面所发挥的作用："逐渐地兴起了一种大家公认的关于消费的信条，其后果是消费者在消费以及打发时间和消磨精力时，总是希望向昂贵和浪费的标准看齐。"维布伦列举了各种各样的消费方面的证据，比如修剪得整整齐齐的草坪、异教徒的神龛、安哥拉宠物猫、来自夏威夷的羽毛幕布，还有缠足等。维布伦通过将美国镀金时代的文化追溯回到"野蛮人和原始人"社会那里，对整个人类的境况而不仅是某一个特定的社会进行了深入的分析。

德鲁克的著作中也广泛采用了各门学科的知识，采用了各种例证。例如，根据他自身对历史学、政府和经济学的理解，德鲁克深知"公开性"和"新思维"（言论自由和经济改革）这一孪生政策无法拯救苏联经济。德鲁克在他的《管理新现实》一书的第 4 章中预言了苏联的消亡（"苏联究竟什么时候终结"），而这在 1991 年确实发生了。那么，德鲁克怎么就能知道苏联的最终命运呢？这应该归功于他深厚的历史知识，因为他从历史了解到，像苏联这样一个由多个民族组合成的多元国家单靠经济方面的合作是很难凝聚在一起的。

贝特朗·德·茹弗内尔（1903—1987）

在德鲁克所列举的社会生态学实践者的名单中，贝特朗·德·茹弗内尔也位列其中。茹弗内尔比德鲁克早几年出生，不过两个人是在相似的知识氛围中成长的。茹弗内尔在巴黎索邦大学学习法律和数学。他发表了很多关于国际关系方面的作品，详细地研究了极权政府在意大利和德国的兴起过程。二战之后，茹弗内尔放弃了其记者职业，一门心思研究政治理论。

和德鲁克一样，茹弗内尔在其所撰写的政治著作中着眼于未来展开论证。茹弗内尔是一位魅力四射的社会生态学家，他利用未来学家的研究资料来评估当下的形势，这种研究技巧在德鲁克的著作中也时常发现。

1967 年，茹弗内尔出版了《推测的艺术》一书，在本书中，他探究了当时刚刚兴起的未来学研究这一领域。茹弗内尔有一个著名的论断：未来是由一系列可能性构成的。尽管他激烈地否定了预言未来的可能性，但是他坚信人的直觉和智力可以用来预计更大的趋势，而这有助于指导政治和社会政策的制定。茹弗内尔认为，当各种条件发展到一定程度使得整个社会不得不做出一个决策的时候，未来学的研究对于避免在公众事务上做出陈腐决定可能有所裨益：

> 在这样一种情况下，根据紧急程度来处理问题似乎是自然，甚至合理的，但是，结果却表明这是一种有害的实践方式。所有问题都是到了"燃眉之急"时才提到议事日程上来的，事情到了这一地步，我们就会非常被动……避免这种情况发生的办法在于，当事情尚在发生的过程中，在情况变得非常紧急之前，就随时随地地掌握情况的变化（简而言之，即"防患于未然"）。换句话说，如果没有预测，那也就基本上没有了决策的自由。

茹弗内尔将对未来的预测和个人的自由关联在一起、采取行动的选择越多，所拥有的自由就越多。德鲁克也同样关注预测，而不是预言。在其讨论社会问题的众多著作和文章中，他总是勾勒未来的长期趋势，例如知识社会的兴起、远程教育的发展以及美国社会中大型教会的崛起。和茹弗内尔一样，德鲁克也会通过预测来帮助缓冲变化所带来的冲击，尤其是那些会影响到工人的变化。例如，在写于 2001 年的"下一个社会"的文章中，德鲁克提醒大家注意"各类企业和各种组织的期望寿命越来越短"这一趋势。社会生态学家茹弗内尔和德鲁克都意识到了预计未来趋势对于充分发挥人的自由和潜能的重要意义。

亨利·亚当斯（1838—1913）

德鲁克的社会生态学名单，还包括了历史学家亨利·亚当斯。亨利·亚当斯算得上是享有特权的孩子，其祖上出了两位美国总统：他的曾祖父约翰·亚当斯和祖父约翰·昆西·亚当斯。他毕业于哈佛大学，还在柏林大学学习过法律。他在哈佛大学教了 7 年历史，发表了很多学术性和政治性作品，包括《美国历史：1801～1817 年》和《亨利·亚当斯的教育》。○

亚当斯生活在 19 世纪晚期，他是其所处时代的产物。在思想非常活跃的时代里，他读万卷书，行万里路，是一个真正的知识精英。当时所有的知识分子都是随波逐流的，但是正如亨利·康马杰指出的那样，"在他那个时代，没有哪个美国人像他那样，热诚地追求真理，对历史进行客观、公正、理性的研究，使之成为一门科学"。

正是亚当斯的这种品质，以及他将其家族世界与其当下和未来世界连接起来的愿望，使他和德鲁克之间产生了一种关联。亚当斯对他所处的不断变化的混乱不堪的工业化世界的观察和思考无疑影响了德鲁克为理解非理性的20 世纪做出的努力。

亚当斯，这个 19 世纪的历史学家，和他同时代的其他人一样，坚信"自然力量的一体性"。在爱因斯坦相对论和技术革新占上风的新世界，过往一成不变、易于理解的一切变得变动不居、"飘忽不定"了。亚当斯也指出了工业化和现代化对美国经济造成的影响：

> 一旦大家都认为机器必须高效运转，整个社会就可能因机器究竟应该围绕什么样的社会利益运转而争论不休，但是不管如何，机器必须集中运转。这样大的革命通常会带来某种痛苦，但是政治方面倒是没有什么事情让亨利·亚当斯感到震惊，最让他感到震惊的是自己以及自己的贵族朋友在跨越社会鸿沟和面对诸多偶然发现的现象时处之泰然的态度。这些现象包括单一的金本位制以及采用这种方法的资本主义制度、保护性的关税、公司和托拉斯、行业协会和作为其补充而必然存在的社会主义式的家长制以及机械式的力量整合，这种力量无情地摧毁了亚当斯所诞生的那个阶层的生活，但在同时又创造出了许多垄断组织，这些垄断组织能够掌控美国人所向往的新能量。

○　参见欧内斯特·赛缪尔关于亨利·亚当斯的传记三部曲：*The Young Henry Adams* (1948)，*Henry Adams: The Middle Years* (1959)，*Henry Adams: The Major Phase* (1964)。

　　尽管亚当斯比德鲁克更怀旧，但是这两个社会生态学家同样承认他们所处的美国社会经历了翻天覆地的变化。身为悲观主义者的亚当斯对大规模生产和技术方面的革命终究深感忧虑，但是他也深知并没有回头路可走。德鲁克对亚当斯的担心非常理解，其中一部分原因是他自己也比较担心工业化社会带来的负面影响，另一部分原因是他意识到了 19 世纪晚期新兴的商业企业是一种革命。德鲁克完全理解亚当斯为什么"将新兴的经济力量本身描绘成腐败的力量，而且这种腐败的力量反过来还将腐化政治进程，腐化政府和社会"。他们两个人都要应对权力和非理性的力量，只不过是应对的方式不同罢了。

格奥尔格·齐美尔（1858—1918）

　　和德鲁克所提及的其他社会生态学家一样，格奥尔格·齐美尔也经常使用非传统的观察法来观察周围的环境和其中的人。他曾在柏林大学求学，当时在那里教学的教授中有很多举世闻名的学者。因此，齐美尔师从当时世界上最杰出的一批教授，受到了历史学、哲学、人类学、心理学、社会科学和艺术等方面的广泛教育。

　　在欧洲学术界发生争论的时期，齐美尔致力于给社会学这门学科下定义。原先有这样的假定：历史学和社会科学能够通过使用类似于自然学科的方法来理解。19 世纪晚期的学者开始挑战这些假定。社会科学领域的学者开始重新界定其研究的学科，希望使其涵盖人类行为中非理性的方面。

　　正是从这个时期开始，社会学发展成一个独立的研究领域。该学科的创立者一直纠结于该如何正确地界定和描述人类社会，特别是他们所面临的新的现代社会。齐美尔的贡献在于将社会视为不同个体之间的一系列互动。他提出了一个极为尖锐的引人深思的问题："社会如何成为可能？"他聚焦于现代生活自身的性质；他将其描述成支离破碎、相互脱节的状态，其充满了转瞬即逝的体验。更重要的是，齐美尔强调人类存在的"内在世界"：人们如何对现代性自身的性质做出反应。现代生活的体验带来了一个特定的、内在的反应，这种反应反过来会影响人们之间的关系和互动。齐美尔强调了现代工业经济所具有的交易性质，他指出，"关于现代经济的机械性特征，自动售货机就是终极的例证"。

德鲁克也同样关注人的因素，这包括人们的内心生活。他担忧现代性的影响，他有时也使用和齐美尔相同的语言来表示自己内心的担忧（例如，德鲁克的《新社会》一书的第 20 章所用的标题就是"自动售货机一样的人和萧条冲击波"）。正如齐美尔一生都致力于理解现代生活的情感体验一样，德鲁克也使用这样的语言来描述管理层和工人之间以交易为导向的关系：

> 管理层看工人时所看到的并不是工人本身，而是看到了"自动售货机一样的人"的画像：一个贪得无厌、无比懒惰、毫无定性的机器人，只关心自己的报酬。工人看管理层时所看到的则是自己被当作"自动售货机一样的人"，这种观念促使自己看到：一条肥头大耳的寄生虫，西服笔挺，手中折价券乱飞。

在德鲁克看来，这两个原型都是不真实的；但是问题在于现代工业社会已经彻底地改变了人们的内心体验，因而也改变了人与人之间的关系。齐美尔和德鲁克在评论各自的现代社会时都意识到了心理学、美学或者其他因素在经济交易关系中发挥的作用。

斐迪南·滕尼斯（1855—1936）

人们将斐迪南·滕尼斯看作社会学的奠基者。滕尼斯最为世人熟知的作品是出版于 1887 年的《社区和社会》，这也是德鲁克在 18 岁时所说的"彻底改变了我的一生"的第二本书（第一本就是伯克的《法国大革命感想录》）：

> 纵使是一个完全无知的 18 岁的孩子也明白滕尼斯希望在其书中加以拯救的"有机的"社区（前工业化时代的乡村社区）早已一去不复返了。随着我自己在接下来几年里不断研究社区和社会，我对二者的概念也不同于滕尼斯的前工业时代的观点，事实上是前资本主义时代的观点，这些观点起源于 18 世纪德国的浪漫主义。但

是，我从滕尼斯那里学到的，而且永远也不会忘记的一点是，我们
既需要社区也需要社会，社区是指一个每个个体都有地位的社区；
社会是指一个每个个体能够发挥作用的社会。

德鲁克从滕尼斯那里得到了一个重要的信息，那就是每个个体都需要有
地位，都需要发挥作用。

滕尼斯的《社区和社会》一书清晰地阐述了一个关于人的关系的理论，
这些关系围绕着两个主要的形式发生：社区和社会。这两种形式的关系都包
括某种人的意志：基本的意志（社区）或者任意的意志（社会）。家庭关系是
社区最显著的表现形式；因此，基本的意志就包括人们基于亲戚关系和本地
联系在相互之间建立纽带的自然倾向。以经济为基础的关系涉及个人与他人
交往（易货、贸易或者其他形式的互动）时做出的有意识的选择，这些都是
社会性的关系。尽管滕尼斯认为人类的发展需要从一种形式（社区）到另一
种形式（社会）的变动，但是其理论的核心是这两类关系共同存在的前提。

德鲁克知道，滕尼斯强调在社会内部维持社区感的重要性。人类需要在滕
尼斯的著作中提出的理想类型之外找到替代性选择。正如德鲁克已经注意到的那
样，理想化的前工业时代的社区是过往历史的产物，而滕尼斯所描述的资产阶级
社会也同样过于类型化。在德鲁克所构想的由各种组织构成的有效运转的社会
里，并不存在原子化的人，相互之间只是把对方视为经济交换的对象。滕尼斯提
出的社区和社会原型表明，一个有效运转的工业化社会，在个人和个人所服务的
组织之间需要形成某种家庭式、社区式的纽带。高度强调个体意义和集体意义的
结合是德鲁克管理思想最重要的特征之一，这部分来源于滕尼斯对他的影响。

约翰·康芒斯（1862—1945）

约翰·康芒斯是一位经济学家，在芝加哥大学跟随理查德·埃利学习
过。埃利和芝加哥大学的其他教授在第一次世界大战之后一直抨击现代资本
主义倾向的不公平现象，特别是毫无节制的个人主义倾向，这种个人主义倾
向在操纵着美国强大的托拉斯的行业巨头那里体现得特别充分。康芒斯曾经

在印第安纳大学、雪城大学和威斯康星大学执教，他的思想对 20 世纪早期发生在威斯康星州的进步的劳工改革运动产生了影响。

尽管德鲁克并没有公开地说康芒斯也影响过他，但是他承认其社会生态学理论"与康芒斯的制度经济学的概念并没有太大差别"。康芒斯对于一个有效运转的工业化社区的追求，与德鲁克关于一个由组织构成的有效运作的社会的思想产生了共鸣。

康芒斯将工业化组织视为人的事业，他推崇的很多态度正是德鲁克在其著作中推崇的。康芒斯似乎早在 1919 年就已经预见到朝向知识社会的转变趋势：

> 新的美国承诺将发展成为一个教育高度发达的美国。"美国化"意味着工人的独立性在工厂里的广泛传播。个人不再受制于老板、劳动力中介，或者黑帮大佬，倒是有可能期望自己掌控自己。人将表现出伟大的、非凡的个性特征。但是，在做到这一点之前，他们必须超越成千上万不如他们的人。

德鲁克更关注的是白领工人，而康芒斯则更为清晰地阐明了工人（包括生产线上的工人）受教育的趋势。他和德鲁克一样观察到，不能理所当然地假定工人具有很高的忠诚度。"因此，教育、令人感兴趣的工作和忠诚度是一体的……忠诚度并不是对过往恩惠的感激和回报，也不是一种义务感，而是对互惠互利的期望。"还有一点也很重要，康芒斯指出，工作不仅是为了一份工资，而是为了尊严和意义。和德鲁克一样，康芒斯反对将产业工人当作"经济人"来看待这种过于简单化的看法，不能认为他们只是纯粹受酬劳多和晋升快这种希望所驱动的"经济人"。

卡尔·波拉尼（1886—1964）

德鲁克在其回忆录《旁观者：管理大师德鲁克回忆录》[○]中有整整一章是献给波拉尼家族的。在该书其他地方，他也提到，"我从波拉尼身上所学到

　㊀　本书已由机械工业出版社出版。

的东西也许是最多的，尽管这不完全是因为我们是朋友"。德鲁克从很多方面对波拉尼进行描述，其中之一是说后者有践行社会生态学的才能："他擅长分析，有一种非凡的能力，能在事物的早期阶段就看出此时并不显山露水的重要发展趋势。"

经济历史学家卡尔·波拉尼的生活和德鲁克非常相近，但是他发展出了一套不同于德鲁克的关于资本主义和社会的哲学。波拉尼出生于布达佩斯，后来到了维也纳，并在担任《奥地利经济学人》杂志的高级编辑时遇到了德鲁克。波拉尼是一名社会主义者，因此当希特勒掌权时，他丢掉了工作。后来，他移民到了美国，在 20 世纪 40 年代早期成为德鲁克在本宁顿学院的同事。在本宁顿学院，波拉尼完成了其原创性著作《大转变》，在书里，他挑战了信奉自由市场的自由主义信条。[⊖]

波拉尼和德鲁克都意识到了用乌托邦式的解决方案来解决社会问题所隐藏的危害。德鲁克的主要批评对象是极权政府的非理性承诺，波拉尼则是抨击 19 世纪的自由市场资本主义。在《大转变》一书中，波拉尼提出了这样一个观点：19 世纪古典经济学理论的错误在于将经济上的自我利益作为唯一的驱动力。他说："19 世纪的文明所赖以建立的动机在人类社会的历史上几乎从来没有被认为是合理的，因而在此之前也从来没有被提到可以为人们日常生活中的所作所为提供合理依据的程度，这种动机，一言以蔽之，就是攫取。"波拉尼认为人类不仅仅是经济动物，纯粹受财富追求的驱使；更重要的是，财富应该代表的是在一个大社区内的地位和成员身份：

> 最近的历史学和人类学研究有一个了不起的发现，那就是，一个人的经济状况，作为一个原则，总是涵盖在其社会关系之下。人这样做，并不是要保护其占有物质财富的个体利益；他这样做，是为了保护他在社会中的立足之地，保护他的社会权利和社会资产。他之所以珍惜物质财富只是因为这些财富能够帮助他实现这一目的。

波拉尼关于物质财富的价值的分析呼应了德鲁克的很多看法：工业化组

⊖　关于德鲁克和波拉尼之间的关系以及他们相互的思想影响，参见 Immerwahr(2009)。

织需要为人们提供社会地位和用武之地；工作与其说只是为了挣一份工资，不如说是为了在社会中找到应有的意义："除非各个社会成员真正理解他们的工作和目的与他们所在的社会的目的和形态之间的关系，否则，工业化社会本身是无法有效运作的，甚至是无法生存下去的。"

尽管波拉尼和德鲁克都看到了社会力量对经济产生的影响，但是关于社会应该如何应对，他们却得出了不同的结论。波拉尼认为可以利用政府的权力来影响经济；例如，他在自由市场的资本主义和马克思主义的社会主义之外提出了一个替代性的方案，该方案有很强的政府计划的色彩，或者说希望"各国政府在国际上展开经济协作"。相反，德鲁克对于人类通过监管或者其他政府干预措施来建立一个更好的社会的能力基本不抱信心。他认为，波拉尼的结论信奉"社会救赎"；据德鲁克所说，波拉尼认为，德鲁克相信一个"充分的、尚能容忍的但是也是自由的社会"是"不温不火的妥协"。但是，他们两个人之间有一个目标是相同的，那就是，都希望在极权主义的虚假承诺之外找到一个替代性方案，因为他们两个人都坚信正是这些虚假承诺让希特勒政权登峰造极。

在社会生态学方面，上述九个人教了德鲁克什么

上述九位社会生态学家帮助德鲁克发展出了他作为一个社会生态学家的方法论。重要的是，所有人都认为，在经济、社会和政治组织中，人的关系是非常重要的。社会生态学作为一门学科和一个实践，其宏大目标是建立一个有效运转的社会，在这个社会中，个体在相应的社区中获得应有的尊严和地位，在社会中也占据了一个有意义的位置。当然，在我们讨论到的社会生态学家中，并不是所有的人都体现出德鲁克对这门学科所采用的实用性方法，但他们显然都非常关心如何更好地理解自己所处的社会，如何理解这些社会为人的发展和自我实现提供各种机会。

这些早期的社会生态学家所生活的年代都充满了变化，他们也致力于理解变化所产生的影响和意义。德鲁克所建立的社会生态学具有更加实用的特征，这种社会生态学应用管理实践和企业家精神来应对各种变化所产生的影响。对德鲁克这个社会生态学家来说，看清已经发生了的未来是一个重要的

目标，因为他要帮助企业管理者和政策制定者主动地满足时代对他们提出的要求，主动地提高社会的福祉。其目标是通过分析、警示和政策建议，在深思熟虑的基础上采取行动，避免在面对问题时草率行事。这样，企业管理者和政府官员就可以有充足的时间来制订并执行行动方案，从而在变化无法避免的情况下维持一定的稳定性和连续性。

尽管变化是确定的，但是即便如此，连续性也是上述九位生态学家所关注的话题。每一个人都认为，在面临巨大的经济、政治或社会动荡的时候，有必要保存过去社会的价值观、结构、信仰或其他特征。正如德鲁克从这些人和其他人那里所学到的那样，一个由各类组织构成的有效运转的社会需要维持一定程度的连续性。在很多情况下，这意味着在个人的个体利益与更大的社区的需求之间寻求一种平衡。正如这些早期的社会生态学家所指出的那样，重要的是要理解，面对变化，过去社会的哪些方面应该予以保留，哪些方面应该予以抛弃。

要在变革性和连续性之间进行恰当的平衡，从而维护人的尊严、促进人的发展，这是一项十分艰巨的任务，但并不是一个乌托邦式的幻想。德鲁克提到的这九位早期社会生态学家都提出了解决存在于其时代环境中的冲突的构想。有些人的构想比较宽泛，而另外一些人的构想则比较具体，针对的是解决当时的问题的办法。例如，托克维尔对美国民主的发展路径有着具体而细微的观察和关切，而康芒斯则围绕着如何改善工业化的美国建言献策，笔耕不辍。相反，滕尼斯关于人类社区的构想以及齐美尔对内心世界的关注都是有关现代社会人类境况的普遍性观察。德鲁克的构想则既有普遍性又有具体性，既有理论性又有实用性，是两方面的结合。他构建的社会生态学不仅体现了以上提及的九位社会生态学家所代表的人文学科的思维，而且也体现了早期的管理实践者的影响。德鲁克的目标是建立一个由有效运作的组织构成的"尚能容忍的"社会，在这个社会中，个人能够享有尊严和地位，能够与更大、更高的社会目标之间建立正面的关联。因为德鲁克聚焦的是一个由有效运作的组织构成的"尚能容忍的"社会，因此他也借鉴了早期杰出的管理实践者的做法，这些人让他学会了在经营一个企业时如何有效地应对日常运作过程中所遇到的各种挑战。

管理实践者

下面我们将会分析七位管理实践者，他们对德鲁克也产生了深远的影响，并且帮助他构建其管理哲学。前四位是科学管理发展进程的先驱者。

弗雷德里克·温斯洛·泰勒（1856—1915），亨利·劳伦斯·甘特（1861—1919），法兰克·邦科·吉尔布雷思（1868—1924），莉莲·吉尔布雷思（1878—1972）

弗雷德里克·温斯洛·泰勒出生于费城的一个富裕家庭。尽管他参加了预科学校，但是后来他并没有选择进大学继续深造。相反，他开始了自己的学徒生涯，先是为一家生产水压泵的 EHW 工厂工作，后来又进入了钢铁行业。泰勒从车间工人做起，慢慢地升到了管理层。他在车间工作时就开始分析每个工人完成上面布置下来的工作任务的方法。通过监测、评估和记录每一项工作任务，例如铲煤过程中所涉及的每一个因素，泰勒设计出了一套完成工作的最佳方案。泰勒使用秒表来记录工人的每一个动作，找到了在他看来最高效的完成每一项工作的方法。

1911 年，泰勒整合了自己的想法，出版了《科学管理原理》[⊖]一书，并一夜成名。随着越来越多的公司开始进行生产过程合理化，泰勒被奉为创新大师。但是，他也逐渐受到了很多人的攻击，尤其是那些因为其工厂采用了他的生产方法和形式而倍感愤怒的工人。他特别看重技术，说明他并不将工人视为人，对于泰勒而言，劳动力仅仅是生产单位提高效率的手段而已。安德亚·盖博曾经这样评论："根据泰勒以机械为中心的设想，普通劳动力并不是能够产生持续不断的新点子和进行流程优化的潜在资源，其只不过是机器中特别容易出错的那个部分。"

亨利·甘特是一名机械工程师，是泰勒在伯利恒钢铁厂的同事。甘特负责设计"工作和奖金"计划，即一种刺激工人提升劳动生产率的报酬机制。离开伯利恒之后，甘特成了一名管理咨询师，在这期间，他研究出了一套图

⊖　本书已由机械工业出版社出版。

表系统（甘特图）来跟踪生产进程。

20 世纪早期，同样推行科学管理法的还有法兰克和莉莲·吉尔布雷思。身为泥瓦匠和机械师的法兰克·吉尔布雷思将砌砖的过程分解成几个具体的动作，并且利用和泰勒类似的过程，为每一个动作设计出一个最高效的方法。法兰克的妻子莉莲·吉尔布雷思则将科学管理的方法运用到家务工作中去，使用同样的技巧来分析家务工作。吉尔布雷思夫妇最先运用电影画面来分析工人的动作，通过一帧一帧的分析来分解每一个既定任务中的不同的动作。1948 年，他们共同出版了《儿女一箩筐》一书（后来还拍摄成了电影），描绘了他们如何在家中用科学管理的方法来管理 12 个孩子。

对于科学管理方法，德鲁克既看到了其正面影响，也看到了其负面影响。正面评价强调泰勒在历史上的地位，尤其是现代化在提升产业工人这一方面所起到的作用。但是，从长期而言，德鲁克认为，科学管理方法留下了一些需要克服的遗产；泰勒将工人视为机器的一部分，这一点让德鲁克颇感不安，也给他提供了一个反面教材，使他提出让人得到足够尊重的要求。

在《后资本主义社会》[⊖]一书中"从资本主义到知识社会"那一章中，德鲁克界定了现代经济发展的几个关键节点。他详细描述了三个关键的革命：工业革命、劳动生产率革命和最后的管理革命。泰勒的重要影响体现在早在 20 世纪初就推动了劳动生产率革命，因为他"最早将知识运用到对工作的研究中，对工作进行设计"。德鲁克也意识到，是 19 世纪晚期就存在的工人和企业所有者之间的对立和敌意状态促使泰勒开始对工作进行研究的。用德鲁克自己的话来说，"泰勒的驱动力并不是效率，也不是为企业所有者创造利润……他的主要驱动力就是要建立这样一个社会：其中，企业所有者和工人、资本家和无产阶级都对提高劳动生产率感兴趣，双方在将知识运用到工作中去的过程中建立起和谐的关系"。随着时间的推移，泰勒的动机被人扭曲了，有人把他描绘成一个纯粹的效率鼓吹者。泰勒的《科学管理原理》一书中有很多内容可以为德鲁克的评价提供佐证：

> 在这些产业工人和雇主中，多数都认为员工和雇主的根本利益

⊖ 本书已由机械工业出版社出版。

必然是对立的。相反，科学管理在根本上笃信双方的真实利益其实是一体的、相同的；从长期来看，雇主的发展一定离不开员工的发展，反之亦然；既给工人最想要的东西——高额工资，又给雇主最想要的东西——低廉的劳动成本，是有可能做到的。

对于泰勒创造一个蓝领中产阶级的想法，德鲁克还是持肯定态度的："……没有泰勒，产业工人的数量还会快速增加，但是他们会成为被剥削的无产阶级。"尽管社会和劳工方面的历史学家可能不同意德鲁克美化了美国19世纪晚期工人阶级的地位，但是科学管理所具有的历史重要性对于德鲁克来说还是很明显的。泰勒关于一个既有更高的劳动生产率又惠及工人和雇主双方的社会的愿景启发了德鲁克自己关于社会的构想，其中工业组织作为社会的一个组成部分能够给个人提供地位和意义。

但是，德鲁克并不认为他所描述的"泰勒的劳动生产率革命"已经成功；德鲁克注意到，手工工人的劳动生产率的提升导致了一些特定工种的消失，"劳动生产率革命搬起石头砸了自己的脚"。泰勒对劳动生产率的强调在事实上造成越来越少的生产工人会被雇用这一趋势。尽管德鲁克承认泰勒对劳工发展的历史进程做出了贡献，但是他也意识到泰勒方法所固有的局限性。其中最重要的一个局限性是泰勒强调将工作化解成一个一个动作，并对这些动作进行跟踪和衡量。这样强调动作最终造成了一个"盲点"，使人看不到将工人的工作视为一个整体的必要性。此外，更重要的是还产生了另外一个盲点，即认为人可以像机器那样工作的看法："人不一定能完成好每一个动作；如果把人视为一台机器的话，那么这台机器的设计也是很糟糕的。"换句话说，只要你指望工人"一味地去做事，而无须明白是怎么一回事"，即把工人视作机器的一部分，而这台机器所做的无非是通过一系列独立的动作来制造各种产出物，那么他就会拒绝做出改变，并不能真正地被当作一种有效的人力资源来使用。

林德尔·厄威克（1891—1983）

英国人林德尔·厄威克曾经在牛津大学深造过，后来在自己家族的手套生产企业工作，并参加过第一次世界大战。1920 年他放弃了家族企业，开始研究管理理论和实践领域的创新问题。他后来成了一名管理咨询师，其中有将近 30 年在英国的厄威克 – 奥尔合伙咨询公司工作。在第二次世界大战期间，厄威克曾经担任过美国财政部和英国军事油料部的顾问。结束了战时服务之后，他将精力聚焦于管理学教育，著述宏富，演讲不辍。

厄威克认为管理学应该是一门科学，基于理性分析，而不是不断试错。他谨慎地认为，管理学就其研究的课题而言有着很强的非科学性："主要处理的是人的问题，特别是促使人们相互合作的问题。"但是，厄威克也指出，管理必须基于理性的决策："管理可以借用科学的特征和科学的方法。"这就要求"用事实作为基础、用分析代替意见，而所谓分析是指最大限度地致知穷理"。

从德鲁克对管理学的任务的描述，我们可以清晰地看出他从厄威克那里汲取了很多经验和教训。德鲁克认为"管理学本身具有明显的专业性特征和科学性一面"，而且管理学"并不只是一种直觉，或者一种天生的能力"。但是，他也很毫不犹豫地反对厄威克认为管理是一门科学的论断："管理是一种实践，而不是一门科学或者专业，尽管管理含有科学和专业两个方面的元素。"

玛丽·帕克·福列特（1868—1933）

玛丽·帕克·福列特是 20 世纪 20 年代一位声名卓著的管理理论家。在雷德克利夫学院的时候，她对美国政府进行了深入研究，出版了《众议院议长》一书；该书出版后吸引了很多著名人物的关注，包括西奥多·罗斯福。在波士顿担任社工时，福列特就积极投身于很多改革运动，担任都会妇女联合会的主席。她和国际上的很多名人相熟，全身心地投入写作和研究工作中去，同时还始终积极参与社工活动。福列特深入地分析了民主的进程以及非正式团体和个人的作用。她在 1918 年出版的《新国家：作为大众政府解决方案的集体组织》一书最终奠定了她作为政治学领域重要作家的地位，并且帮助她获得了一些公众服务的职位。福列特后来把注意力转向了商业，并且成为私有企业领域备受尊重的咨询师，她将自己以往总结出来的有关民主的原则运用到商业中去。

德鲁克对福列特的工作的承认是有问题的。他一方面称颂她的工作，并且承认有很多人都从她开创性的工作中受益匪浅，但是同时他也宣称自己和其他人"是在并不知晓福列特的情况下开展工作的"。但是，玛丽·帕克·福列特基金会则指出，德鲁克"在20世纪50年代就发现了福列特的作品"，并且指出，德鲁克宣称福列特是他的"导师"。德鲁克的"发现"时机是非常重要的，因为福列特的很多思想出现在德鲁克的作品中。不过，事实是福列特的思想和德鲁克的许多概念异曲而同工。

福列特的思想中有两个重要而又相互关联的主题，那就是组织中权力的作用和冲突的不可避免。福列特在"共享权力"和"统治权力"之间做了界定和比较；统治权力所描述的是权力的强迫性的或者专制式的权力模式；而共享权力则是指"共同发展的权力，是协同性而不是强迫性的权力"。她坚持认为共享权力并不会导致某一方放弃权力；事实上，她认为这样的情况是不可能发生的："如果我们拥有某种权力，拥有任何一种真正的权力，那么就让我们抓住这一权力，不要随意放手。如果我们想要抓住权力，就不会丢失它。权威是我们可以赐予的东西，但是权力或者能力，却不是人可以给予或收回的。"权力在福列特的组织模式中不是被分散的，而是被聚拢的。

从很多方面来看，福列特关于权力和冲突的理论，尤其是关于社会中的个人之见的张力的思想，折射出德鲁克关于一个由组织构成的有效运转的社会的构想。德鲁克看到了个人在组织中的成员身份是通往个体意义和社群身份的可行之路。跟德鲁克一样，福列特提出了人的意义的解决方案："我们关于个体性的定义如今必须是'在整体中找到我自己的立足之地'，'我自己的立足之地'给你的是个人，'整体'给你的是社会，但是通过将二者相互关联，宣示'我自己在整体中的立足之地'，我们获得的是一种富有成果的综合。"德鲁克和福列特都将工业化组织的成员身份，即商业社区，视为人发展的关键所在。

早在德鲁克提到管理诚信之前，福列特就提出："如果商业能够在很大程度上为人们的精神价值的创造提供足够多的机会的话，那么我认为商业就在丰富亲密的人际关系的诸多可能性方面提供了更多的机会，这种机会超过了任何一种单一的专业所提供的机会……我们还应该继续容许……专业是为了获得服务，而商业是为了获得金钱报酬这一假定吗？"难怪德鲁克在介绍玛丽·帕克·福列特的著作时认为福列特是"管理学的先知"。

罗伯特·欧文（1771—1858）

在英国工业革命时期，罗伯特·欧文是一个成功的纺织产品生产商。1800 年，他掌控了苏格兰的新拉纳克工厂，开始推行一系列的革新措施，包括给工人更高的工资报酬、实行更短的工时以及禁止童工等。新拉纳克工厂不仅获得了高额的利润，而且也成了公众关注的焦点，因为有越来越多的投资者和制造商想搞明白这样一个企业究竟是如何运作的。尽管因为在工人面前表现出家长制作风而受到诟病，欧文最终还是成为一位著名的慈善家和工业革新的推动者。

德鲁克将欧文视为产业社区的"先知"；欧文对德鲁克的影响在后者关于自我管理的工厂社区这一理念中体现得最为明显。德鲁克和欧文都坚信人的经济地位并不体现其道德地位。尽管这一点在欧文时代仍然是一个比较新颖的概念，20 世纪的资本主义倡导者经常会对穷苦人或者工人阶级持有一种基本的道德评判。正如德鲁克所指出的：

> 因为市场社会对不成功的多数人不予理睬，因而其是彻头彻尾的加尔文主义的产物，后者对没有被拣选、不会被拯救的大多数人也不予理睬……但是，并不能因此就改变这一事实：市场社会的哲学是没有道理的，除非不成功的人被看作"被上帝抛弃的"，同情他们意味着有罪，就如同质疑上帝的决定那样。对于经济上不成功的人，我们只有在两种情况下才能否定其社会地位和作用：①完全是其自身的过错导致经济上的不成功；②有可靠的证据表明其作为一个人和一个公民是毫无价值的。

严格的加尔文主义者认为一个人的经济地位总是其道德地位的反映。欧文和德鲁克都反对这种加尔文主义的观点。尽管欧文有关计划社区的社会主义构想并没有反映德鲁克有关由产业组织构成的有效运转的社会的愿景，但是支撑诸如新拉纳克工厂之类社区的理念确实符合德鲁克有关工厂社区的概念，其中，工人有机会拥有生活的意义和生命的尊严。

在社会生态学方面，上述实践者教了德鲁克什么

如果说前面提到的九位知识界的社会生态学家教给德鲁克社会生态学的方法论（观察人所处的社会和周边环境，从而更好地理解人的关系和人的机构）的话，那么这七位管理领域的实践者则使德鲁克认识到，有效运转的组织具有解决早期社会生态学家所提出的问题的潜在能力。所有这些管理实践者主要关注的是工业组织中人与人之间的关系。从泰勒和欧文的新近现代化的环境到福列特和厄威克的更加成熟的工业化社会，所有这七个人都注意到了其所处时代的变化带来的影响。像那些社会生态学家一样，这些实践者也都意识到了资本主义所造成的内在的断层；所有这七位都致力于最大限度地减轻工业化对人的境况造成的影响。

社会生态学

那么，社会生态学究竟是什么呢？正如本章开头所定义的那样，社会生态学研究的是人的关系以及经济机构、社会机构和政治机构之间的关系。德鲁克关于社会生态学的概念受到了该学科九位早期的实践者和七位管理领域的实践者的影响。这种影响共同促使德鲁克一方面强调社会生态学的外在成果，另一方面也强调该学科的内在观察。对德鲁克来说，社会生态学实践的最终结果要比其方法论或者过程更重要。社会生态学工作的终极目标是要改进社会中所有机构的运作。尽管深受众多伟大思想家的影响，但是德鲁克同时也是一位实用主义者，而且他并不总是满足于静候他人来将其建议付诸实践。德鲁克基于早期实践者的工作，将社会生态学的工作扩展为行动规范。在这个过程中，他建立了自己的方法论，该方法论由这样几个步骤组成：首先发现一个重要的趋势，然后呼吁人们关注该趋势，然后解决由此引发的具

体的相关的管理挑战，最后提出广泛的通用管理原理，让社会机构的管理者从中受益。

德鲁克通过管理实践来推进他作为一个社会生态学家所肩负的使命。他致力于为社会机构的领导者提供他们改变未来所必需的政策、实践和管理才能。除了他的《为成果而管理》[⊖]一书外，德鲁克在其撰写的每一本管理学著作中都将其在社会生态学领域的工作与为社会机构的领导人所提供的详尽的行动规范整合在一起。德鲁克指导人们在管理实践中对人口、经济、技术、政治和社会等环境方面的各种变化加以利用，他给出了具体而细微的真言良策，我们很少见到他不对上述变化进行深入分析就给出意见或建议。

德鲁克所定义的社会生态学家帮助我们找到维系社会的各种机构（例如家庭、宗教机构和高等法院）中的连续性，并不断促进这种连续性，与此同时，在一个自由社会固有的非稳定性机构，尤其是商业机构，当然还包括社会和公共机构中，大力倡导变革和创新：

> 社会、社区和家庭都是具有维系力量的机构。它们试图保持稳定，避免变化，至少是延缓变化。但是，由各类组织构成的后资本主义社会中的组织本身就是一种非稳定力量。因为这种组织的职能就是将知识应用到工具、流程和产品上，应用到工作上，以及应用到知识本身上，以使知识产生作用，这样的组织必须具有应对不断变化的能力。这样的组织必须具有创新的能力。

德鲁克在致力于推行经受了时间考验的价值观的同时，不断地敦促各类机构的管理者进行创新，成为变革的领导者，更好地利用新的现实条件，进而增加整个社会的利益，提升整个社会的效益。德鲁克关于朱利斯·斯塔尔的论文的副标题——"关于国家的一个保守理论"，反映了德鲁克的愿望，即通过强调经受了时间考验的传统价值观来维护社会的连续性。

社会生态学家的终极目标总是采取有效行动，改善社会成员的福祉——创造财富、治愈病患、教育学生，及促进社会中各类机构的有效运转，这一

⊖　本书已由机械工业出版社出版。

切正如德鲁克所解释的那样：[⊖]

> 社会生态学家必须致力于产生效果。其目标并不是知识，而是
> 正确的行动。就这一点来说，社会生态学是一种实践，就像医学或
> 者法律方面的实践一样……其目标是维持两方面的平衡，一方面是
> 保守和连续性，一方面是变革和创新性。社会生态学的宗旨是要建
> 立一个处于动态不平衡之中的社会。只有这样一个社会才有真正的
> 稳定性和连贯性。

财富的创造并不是一种零和游戏。新的财富是通过劳动生产率的提升，通过创新而创造出来的。因为研制出了新的治疗方法，提高了劳动生产率，产生了医学上的创新，疾病的治疗水平才得以提高。而学习能力的提高则是通过应用脑科学的突破、学习理论的进步，通过信息技术的学习促进工具的利用而实现的。

为了逆转不断衰退的熵的倾向，必须进行变革和创新。熵是物理系统、人的系统和组织系统中不断趋向衰退的一种自然趋势。变革和创新之所以是必需的，是因为只有变革和创新才能对抗这些熵的趋势，才能在面临熵不断向下拖拽的情况下继续取得进步。

一位社会生态学家，其最重要的职责之一就是看清那些已经显露头角但是尚未被社会机构感知到其影响力的重大趋势。德鲁克就洞察了这些新的趋势（"未来已经发生了"[⊜]）。他也早在其他人意识到之前就看清楚了这些未来的

⊖ 有一个饶有趣味的研究，那就是追溯德鲁克关于管理关系思想的发展历程，他在管理这门学科中动用了所有的知识，然后将这一知识反馈到所有学科当中，其目的在于采取行动。我们看得出来，社会生态学的实践相当于管理学作为人文学科的实践："管理的主题是一个过程，始于有所成就的目的……我们试图获得的知识的终极产品是体现价值观的决策，这些决策会影响到个人和社会……我们所需要的这门学科并不是一门技术性的学科，尽管它确实会涉及很多技术领域……这门学科必须是真正的人文主义学科，是关于团结在共同愿景和共同价值观下面、为了一个共同的目标而奋斗的人的，但是这些是作为个体来行动的。这门学科聚焦于决策、行动、绩效和结果所涉及的信息、知识、判断、价值观、理解和期望。这门学科必须面对思考着、行动着、感知着、评判着的人，必须将思想、情感、审美和伦理方面的知识整合起来……管理这门学科必须从关于人类经验的所有知识领域获取知识，同时又必须将新的知识反馈给所有的知识领域。"

⊜ 这是德鲁克所认可的发表在 1998 年 11 月 1 日《未来学家》杂志上的封面文章的标题。

趋势，他警示我们每个人关注这些趋势将会给机构和个人带来的机会和威胁。正是因为这些趋势初露端倪时他就注意到了，因此，随着这些趋势不断兴起，他还有时间仔细地、反复地测试他的发现，看看它们与事实之间有多少出入。身为一位咨询师、一位教师和一位作家，他总是洞幽烛微，辨源识流，时常提供真知灼见，帮助管理者和个人充分利用新兴的趋势以及蕴藏其中的变化。

德鲁克的社会生态学方法论：“即便生而见之，亦须观而察之”

德鲁克的方法论可以帮助我们成为周遭事物的敏锐观察者。德鲁克之所以是一个极富才华的社会生态学家，很大的原因是他在人文学科、社会科学和技术方面拥有丰富的知识。在辨别新兴趋势的寓意方面，他兼具愿望和能力；其在深思和参悟这些寓意方面，也是如此。德鲁克的座右铭“即便生而见之，亦须观而察之”（来自歌德的《浮士德》）是一位社会生态学家的座右铭，也是社会生态学这门学科的箴言。而这门学科是关于行动和结果的学科。

正如我们在本书中从头至尾一直在讨论的那样，德鲁克的管理学思想深受从许多学科那里综合而来的思想的影响。但是，德鲁克在其教学和写作中总是更强调管理的实用性，而不是其学术性。例如，他通过强调军事将领出现在前线上的重要性来表明一个优秀的领导者应该成为下属追随的榜样。他将组织的价值观比作维生素，可以确保一个组织的健康和活力。他宣称自己是通过向各类组织及其管理者提供咨询而不是通过教宗教课而学到了更多关于宗教的内容、关于善和恶的力量。相对于简单地阅读宗教文本，现实显然是更好的道德品质方面的老师。因此，即便我们总是在强调历史上的思想家对德鲁克的影响，但是有一点更重要、更需要牢记，那就是，其著作就本质而言不是纯思想性的，而是深深地植根于人类组织中的实用性方面的。

同样，德鲁克对于学习和学术研究并没有采用传统的学术方法。（这一特性有时令他遭到诟病；许多评论家都点出了其著作中不标明资料来源的问题。）他的兴趣极为广泛，而且时不时地转换到新的研究课题上。德鲁克将自己描述成为一个总是试图闯进或跟进“多种知识”的人。在宗教领域，他阅读了有关圣方济各、圣波那文都、托马斯·阿奎纳的作品，还专门研究了圣保罗的《使徒书信》手稿。他曾经学过几年数学，包括复杂性理论和混沌理论，其目的在于对这些领域及其对社会生态学工作的重要性都有所理解。混沌理论研究的是复杂系统的许多方面，其中一个方面就是所谓的"蝴蝶效应"。蝴蝶效应是指，"在一个动力系统中，初始条件下微小的变化能带动整个系统的长期的巨大的不可预测的连锁反应"。这一理论最初来源于这样一个概念：一只蝴蝶在世界上的某一个地方轻轻扇动一下翅膀，就会造成世界上另一个遥远的地方产生飓风或诸如此类的气候事件。混沌理论告诉德鲁克，想要预言未来是徒劳无功的；人最好能够真心欢迎变化，将变化视为机会，从而创造出我们自己的未来。

德鲁克在成年后的大部分时间里都在研究艺术。德鲁克收藏了很多日本绘画，并印成了画册《毛笔之歌：日本绘画》，其中他还专门写了一篇文章，名为"从日本艺术来看日本"。他对日本有着特别的感情，而且他对二战后日本的发展也产生了很大的影响。他对当时日本公司推行的儒教伦理极为好奇，并因此形成了关于社区感和个人责任感的思想。日本人喜欢德鲁克对人的强调，也喜欢其对人的发展这一管理责任的强调。德鲁克认为中国和印度这两个国家将会在21世纪对全球事务产生重大影响。

德鲁克将自己所掌握的各个领域的知识整合起来，以应对管理和社会的诸多问题。他极其擅长洞察管理和社会之间的关联，并且将各种理念融合起来。他会同时构想两三部书中的思想。他会先有一个草案，然后通过教学和咨询逐步使之成型，并将他在历史、经济、政治、科技、艺术、宗教、商业、心理学、国际关系、数学和其他领域的知识基础上形成的各种思想汇集起来。他使用讲故事这样的教学实践，以圆融的方式整合各种主题。然后，在锁定某一个问题之后，利用影响他对该问题进行思考的所有历史知识来定义该问题，这样就形成了一个完整的循环，传递出直击人心的深刻洞见。这种教学法在课堂上会花费很长时间。在一个长达3个小时的专题讨论会上，德鲁克通常会用所有时间来完成他的循环式思考过程，这让很多学生感到困惑不解。那些不认真听讲的学生总是看不出他所建立的各种关联。

其教学过程和咨询经验的结果就是其著作。德鲁克的著作显然要比课堂演讲要精简得多了，但是这些著作也同样汇聚了多个学科的知识和思想。在评论德鲁克的《新社会》一书时，乔治·希金斯谈到了德鲁克对四门社会科学方面的学科进行了综合：

> 他显然深刻理解经济学、政治科学、产业心理学和产业社会学，而且能够成功地将这些领域的所有发现和谐地组织在一起，并将这些发现运用到对企业实际问题的解决上，他的这种应用是非常有意义的，而他的这种能力是令人佩服的。[⊖]

德鲁克的好友、《哈佛商业评论》的编辑和现代营销学的先驱西奥多·莱维特在其极尽赞美的献词中描述了德鲁克思想的博大精深：

> 更令人惊叹不已的是他对其所研究的每一个主题表现出来的尊严、好学、优雅和涵养。他所写的每一篇文章都闪耀着文艺复兴时代的大师的光芒，对于这些大师来说，天底下几乎没有什么新鲜事儿了。他捕捉到了与其他时代、其他领域、其他文化以及其他价值观之间的关联，对于下列情况，他既感好奇又满心欢喜：从旧的关系中察觉出来的新变化；对旧的矛盾不曾预料的推测所激发的新意义和新政策；对神圣的价值观和古老的道德所采取的新诠释；在政治、经济、道德、管理以及受科学、技术、人口变化、大规模杀伤性武器和通信传播等因素影响的全球事务方面的新要求和新律令。

希金斯和莱维特的观察充分地说明了德鲁克运用不同学科的知识来分析其所处的环境，作为一个优秀的社会生态学家来发挥作用的能力。德鲁克率先将管理学作为人文学科，并不断将这种精神发扬光大。

德鲁克方法论的运用

德鲁克的方法论是通过人文学科、社会科学和技术的视角来仔细地观察

⊖　其他信息，参见 800-CEO-READ(2004)。

我们身边的世界。面对所观察到的问题，接下来要问五个问题：

（1）已经发生了的变化有哪些与"人所共知"的事情不吻合？

（2）哪些是根本的范式变化？

（3）有什么证据表明这是深刻的变革而不是一时的流行？

（4）这一变化产生了什么结果？换句话说，这一变化有什么意义？

（5）如果这一变化是相关的、有意义的，那么它提供了什么样的机会？

德鲁克的文章"下一个社会"就充分地体现了其作为一位社会生态学家的方法论。它同时也展示，社会生态学意味着采取行动，而不只是获得知识，这意味着要辨别和顺应管理和社会中的发展趋势。

《经济学人》的编辑在推荐该文时这样写："明天离我们要比你我想象的更近。彼得·德鲁克向我们解释了明天为什么会有别于今天，为了迎接明天的到来，我们应该做哪些准备。"下一个社会与今日之社会的主要差异之一是知识作为主要的财富创造资源的兴起。德鲁克充分地展示出了知识社会的全面兴起及其对发达国家的政府部门、私营部门和社会组织三个方面以及对个人的影响。但是，更应该指出的是，德鲁克事实上早在该文刊登在《经济学人》之前，在几乎半个多世纪之前就已经开始跟踪知识工人、知识经济和知识社会的兴起了。[⊖]德鲁克关于知识是发达社会的关键资源的研究，是运用社会生态学家的方法论的最好例证之一。

在《断层时代》一书中，德鲁克将其认知能力聚焦于变化的力量上，这些力量不仅会改变经济格局，还会创造出下一个社会。这本书一共有四个部分，德鲁克在其中每一个部分都识别出了支撑社会和文化现实的一个重要断层：

（1）新科技的爆发带动了重要的新产业；

（2）从国际经济到世界经济的变化；

（3）多元化组织机构造成的新社会政治现实带来了重要的政治、哲学和精神方面的挑战；

（4）在教育大众化及其影响基础上形成的由知识工作构成的新世界。

德鲁克深刻、全面地思考了这四方面的断层给组织机构和人带来的影响，其中谈到了面对这些趋势，人们应该做些什么，才能既让社会与过去

⊖ 德鲁克在《已经发生的未来》（1959）一书中第一次提及知识工作，可参见该书第122页。

保持一定的连续性，又产生积极的变化。因此，《断层时代》为我们塑造未来——一个早在 1969 年就被觉察到的未来，提供了一幅很有帮助的蓝图。

社会生态学方法论的运用：知识工作的兴起

彼得·德鲁克在《已经发生的未来》一书中开始跟踪知识工作和知识工人[一]的兴起。[二]他对这些变化的追随一直没有停歇，一直到他最后一本著作《卓有成效管理者的实践》。他确信知识工作、知识工人和知识社会的兴起意味着知识工人的劳动生产率的提升将会成为个人、组织和国家的竞争优势的主要来源。而且，这也意味着，学校和教师的劳动生产率的提升对于一个知识社会的高效运转是至关重要的。

在《断层时代》一书中，德鲁克感叹："教育的劳动生产率太低了，就算是最富裕的美国也太低了。这种情况会给那些贫穷国家造成不堪承受的负担，严重地阻碍它们的增长和发展。"

德鲁克在《后资本主义社会》一书的第 11 章（"负责任的学校"）中继续讨论提升知识和学校的劳动生产率这一主题。事实上，后资本主义社会是一种知识社会，其中人力资本开始取代有形资本，作为个人、组织和国家的竞争优势的来源。

随着知识转变为关键的来源，并产生真正的影响，德鲁克开始研究如何提升知识工人的劳动生产率。这一努力的很大部分成果展示在《21 世纪的

［一］ 尽管彼得·德鲁克在 1958 年首先提到了知识工作和知识工人，弗里茨·马克卢普率先认识到了知识工作的内容对于美国经济的重要性。在德鲁克提到这一问题三年之后，马克卢普出版了 *The Production and Distribution of Knowledge* 一书（1962）。Machulup 详细地列举了美国经济向知识产品和服务方向发展的实证性依据，因此支持了德鲁克的观点。Machlup 估计，1958 年，美国国民生产总值中有 29% 来自知识产品和服务。

［二］ 例如，第 29 页："当今社会和经济中的生产性工作需要运用愿景、知识和概念——这种工作基于头脑而不是人手。"该书第五章的标题是"受教育的社会"，而在该书第 120 页，德鲁克谈到了知识工作和知识社会的兴起："那些完全依靠手工或者主要依靠手工来工作的人逐步会变得不具有生产力。当今社会和经济中的生产性工作需要运用愿景、知识和概念——这种工作是基于头脑而不是人手。"但是，德鲁克至少在《已经发生的未来》出版以前 10 年就开始研究知识工人了。他从二战之后教育领域所发生的一切看到了未来。随着美国《1944 年军人再调整法案》的通过，所有从战场上回来的老兵都获得了免费受教育的机会，使得受过大学教育的人激增。

管理挑战》[○]一书的第 5 章和"知识工人的劳动生产率"一文中。[○]

我们已经看到他的方法论的两个层面融合到了一起。认识到知识是新兴资本这一点为我们提供了一个有力的例证，显示出德鲁克拥有能够看到"已经发生了的未来"的敏锐认知能力。而为个人和组织机构提供行动规范则让整个社会以颠覆程度最低的方式来适应知识经济的现实，社会与过去之间的连续性将得以保证，甚至存续。

知识社会对个人的新要求：管理好自己

随着工作的性质开始转向知识，德鲁克开始鼓励知识工人以一种主动的方式来承担管理好自己的职责，而不是将自己的个人发展托付给由雇主设计和支持的计划。德鲁克第一次系统地阐述这种新职责是在很早以前，在出版于 1967 年的《卓有成效的管理者》一书中。他最后一次讨论这一话题是在其最后一本书《卓有成效管理者的实践》中，这本书是在 2005 年 11 月 11日他去世之前一个月刚刚出版的。

自我管理是知识社会对个人提出的新要求。知识工人自己负有管理好自己、让自己的工作出成果的责任。要做到这一点，知识工人要认识自己，理解自己的优点、缺点和价值观，理解怎样做才能真正完成目标。这样的信息才能帮助他们了解自己放在什么工作岗位上才能取得成果，如何才能做出贡献、实现目标，如何面对各种关系、承担相应的责任。

了解自己

要管理好自己的第一个要求就是认识自己；认识自己的优点和强项，了解为了将自己的优点最大化必须做些什么，并且要把阻碍自己优点全面发挥的所有坏习惯都改掉。认清自己的优点和强项是非常重要的，因为知识工人需要聚焦于自己的强项，聚焦于能够为自己提供最佳机会、做出最大贡献的领域。但是，对于个人来说，在没有他人帮助的前提下准确地认清自己擅长

○　本书已由机械工业出版社出版。

○　正如本章其他地方提及的那样，德鲁克早期写的《断层时代》和《卓有成效的管理者》以及后来的《后资本主义社会》三本书都讨论了这一话题。

什么恐怕也不是那么容易的。

德鲁克建议大家利用反馈分析这一工具来认清自己的强项。这并不是一个全新的工具。早在 450 多年前天主教耶稣会的创始人圣依纳爵·劳耀拉就开始使用这一工具了。每一个耶稣会的成员都在自己的研修中进行反馈分析和持续学习，德鲁克也因此认为这正是耶稣会能够取得成功的原因。很明显，耶稣会成员在很久之前就掌握了自我管理、回馈分析和持续学习等原则和方法。前耶稣会成员、后来 J.P. 摩根公司的董事总经理克利思·罗尼说过：

> 每个早期的耶稣会成员每一年都会拿一周的时间来全身心地巩固其原先做出的主要承诺，并对自己在前一年的表现做出评估。而且，耶稣会成员的自我意识技巧（精神锻炼）可以通过在做新成员时接受的持续学习和"每日三省吾身"的习惯来应对各种变化。这些技巧直至今日仍然具有重大意义，其根本原因在于这些技巧本身就是为忙碌的人"在行动中反省"而设计的。

德鲁克认为，知识工人应该使用反馈分析工具来提升自己的决策能力。在做出重大决定或者采取关键行动之前，人应该写下他自己认为未来将会发生的事情（这就是诊断）。然后，在一段时间之后，他应该回顾一下自己的决策和预期的结果，并将结果和实际发生的情况进行比较，密切关注那些比预期表现更好的领域以及那些比预期表现更差的领域。

有了反馈分析的结果，人就应该聚焦于自己已经表现出来的强项，并要采取措施不让自己的缺点影响到自己强项的全面发挥，让自己投入到自己擅长的领域。接下来，人还应该持续提升自己的强项。这也许意味着要掌握新的知识或者技能，要把阻碍自己优点全面发挥的所有坏习惯改掉。

反馈信息能够告诉知识工人哪些事情不要去做。人不应该接受是自己弱项所在的任务，而应该全力以赴地将自己的强项转化为优异的成果。

1. 我应该如何表现

理解自己表现的方式和方法也是获得结果的关键。我们每个人在表现方面都不尽相同，因此理解自己表现的独特方式和方法也是至关重要的。例如，人应该理解自己更擅长阅读还是更擅长聆听，或者两者都擅长。阅读者更喜欢看记录和报告，而聆听者更偏好口头提案和头脑风暴会。如果不理解一个人更擅长聆听而不是阅读，或者相反，那么这会有损其表现，从而造成挫败感。因此，对于知识工人来说，重要的是充分理解自己和同事表现出的偏好。

还有另一个领域需要理解，那就是人是如何学习的。学习的方法有很多种，学习会展现出高度个性化的特征。有人可能通过书写和重写的方式学到最多的东西。也有人可能通过谈论自己的决定、想法或者他和众人在一起时感到的困惑来学习。还有人喜欢在提案时不被人打扰，紧接着再给他一段独处的时间让他反思一下这段经历，这样才能达到最佳的学习效果。对于我们几乎所有人来说，这就是教学相长的过程。

2. 我的价值观是什么

管理好自我还要知道"我的价值观是什么"这一问题的正确答案。组织的价值观和个人的价值观需要相容。两者之间不相容可能造成挫折、失望和无所作为。

伦理是价值观的一个维度，但只是其中的一个维度。伦理的根基存在于个人的价值系统，而不是组织的规范。个人的价值系统不应该随着不同的情境或者组织而改变。在一种情境下或者一个组织中符合伦理，在另一种情境下或者另一个组织中也应该符合伦理。"镜子实验"就是关于伦理的实验。它所问的问题是："当我早晨照镜子的时候，我希望看到一个什么样的人？"在一个人根据价值观来行事与根据强项来行事发生冲突的情况下，应该是前者占上风。如果我们个人的价值观能够与组织的价值观相契合，我们的士气就能够得到提升。

3. 我究竟归属哪里

在回答"我究竟归属哪里"这一问题之前，先要理解自己的强项、表现和价值观，这是先决条件。等到一个人理解了自己的强项是什么、表现如何以及自己的价值观是什么，他就能够拒绝接受有悖于这些条件的工作或任务。在一个小型组织中工作得如鱼得水的人不应该接受大型跨国组织中的工作。他应该拒绝接受一个会凸显其弱点、限制其优点发挥的角色。另外，理解自我管理的这些方面能够帮助一个人更好地向他人解释，如何以最佳的状态来完成工作，实现最高水平的绩效目标。知识工人应该这样说："你应该这样来设计我的工作，这样来和我沟通、相处，最后，你可以期待我拿出这样的工作结果。"

4. 面对各种关系，承担相应责任

因为多数知识工人都需要与他人共事，只有通过与他人合作才能取得成果，所以面对各种关系、承担相应责任是有效地管理自我的关键所在。首先，要理解那些和自己共事的人的优点、表现和价值观。要深入地了解这些人，将上述各个要素都思考透彻。理解同事的优点、表现和价值观对于提高工作效果来说是非常重要的。

下一个任务是承担沟通的责任。在深入了解我们自身的优点、表现、价值观以及所做出的贡献之后，我们必须将这些信息传递给工作中那些我们依赖的人以及那些依赖我们的人。无论是下属还是上司，都需要面对各种关系、承担相应的责任，在对绩效进行评估时也应该对这种责任进行评估。

许多组织之所以产生冲突，是因为一个人不理解另一个人所做的事或者应该做的事，其他人是如何做事的，他们的贡献是什么，以及组织期待什么样的结果。知识工人应该走近他人，对他们说："这是我擅长的。这是我工作的方式和方法。这些是我秉持的价值观。这些是我希望做出的贡献，这些是大家可以从我身上期待获得的结果。"在当今的组织中，要获得优异表现，就必须赢得信任，而信任的根基在于相互之间都能理解对方的工作。要做到这一点，就要求每一个人在面对各种关系时承担相应的责任。

综上所述，德鲁克已经意识到了知识社会对知识工人所提出的要求在根本上有别于对手工操作工人所提出的要求。今天，知识工人必须管理好自己。他们必须通过反馈分析来明确自己的优点或强项所在。他们必须理解自己最有效的工作方式和工作方法，还需要明白自己的价值观是什么。然后，他们必须明确自己可能做出什么样的贡献，或者当机会到来之际如何最好地把握自己。最后，他们必须面对各种关系、承担相应的责任，从而做出最大的贡献。

不断新生

知识是很容易消亡的，如果一个知识工人不成长、不学习的话，他就跟不上时代，就无法再出成果。工作方式变化的速度是极为惊人的。另外，人们在同一个领域内工作很长一段时间后通常会感到枯燥乏味。知识工人是用头脑来工作的，比起多数手工操作的工人，知识工人的工作时间年限更长。知识工人在整个职业生涯中不可能完全局限于一个狭窄的领域。因此，有两个原因促使知识工人改变：一个是他们需要不断地刺激；另一个是知识在不断地变化。

对于知识工人来说，不断新生是必要的，因为只有这样才能在长期的职业生涯中始终保持一定的活跃度和参与度。在漫长的生活和工作的岁月里，一个人如何不断变革、不断成长呢？让人始终卓有成效的关键是什么呢？答案是对自己的发展和定位承担起应有的责任，并不断地使自己获得新生。组织不再负责决定什么样的挑战和经验对每一个人来说是最佳的选择。发展意味着自我发展，而定位意味着自我定位。个人有责任来问："此时此刻，什么样的工作任务有利于我的成长呢？我需要什么样的新挑战呢？我需要掌握什么样的新技能呢？"

在使自我获得新生方面，德鲁克提供了七条个人经验：

（1）在明知完美难以做到的情况下也要努力追求完美。

（2）在工作的公正和诚信方面保持自我尊重。

（3）持续学习，活到老学到老。

（4）花时间来评估自己的表现——你做得好的事情是什么，还有什么地方需要改进，你应该做却没有做的事情是什么。

（5）全面考虑新工作的所有要求。

（6）使用反馈分析来了解自己的优点和强项；然后，专注于不断增强这些优点和强项。

（7）有一件事值得牢记，那就是，让人们的生活因你的存在而有所不同。

德鲁克认为作为其新生计划的一部分，知识工人应该经常"回炉再造"。

他自己的重要的转折点也生动地体现了这一回炉再造的过程。20 世纪 70 年代晚期，他开始逐步地从商业领域的研究转向研究社会组织的管理和领导力问题。他开始为诸如 CARE、美国红十字会、美国女童子军、天主教慈善组织和国际世界宣明会等组织提供咨询服务。最初，咨询工作是按常规收费的，后来，他要么将咨询费退回，要么无偿地提供咨询服务。在这一回炉再造时期，德鲁克还着手写了两部小说。[○]

管理好自我甚至还要求一个人全面、深入地考虑自己在人生的"下半场"应该做些什么。人生下半场通常是指一个人在已经取得了一定的成就之后的时间，或者在已经从原先所从事的职业中成功地获得了一定数量的财富之后的时间。剩下来的可能是一段富有成果的岁月。那么，做些什么事呢？通过理解我们的优点、价值观和归属，我们可以充满自信地从事业的成功走向人生的意义。[○]

图 7-1 将我们这里所讨论的知识工人管理自我的实践与为了人的发展而进行的四方面的管理实践结合了起来（参见第 5 章）。图 7-1 包含了德鲁克关于最充分地发挥人的潜能的五大实践。

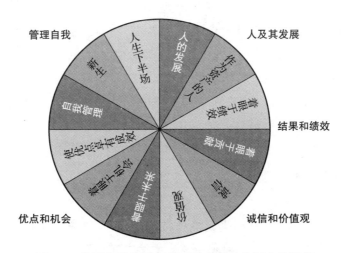

图 7-1　为了人的共同利益而最充分地发挥人的潜能

○ 彼得·德鲁克写的两部小说是《最后的完美世界》和《行善的诱惑》。
○ 人生的"下半场"的概念以及使用这一概念实现"成功到意义"的转变，鲍勃·班福德在《人生下半场》一书进行了充分的讨论。

社会生态学方法论的运用：超级大教会

德鲁克关注的最后一个大型组织机构是美国的超级大教会。他关于超级大教会的研究工作也为我们提供了一个最有力地展示德鲁克方法论的运用案例。

德鲁克将其生命最后 20 年中的大部分时间都用来认识、理解和帮助超级大教会运动的成长和发展。在《21 世纪的管理挑战》一书中，他察觉了超级大教会的发展对美国的重要性：

> 从 20 世纪 80 年代开始，超级大教会就在美国快速发展了……它们绝对是过去 30 年来美国社会中最重要的现象……在所有传统的教派都开始逐渐衰退的时候，超级大教会却得到了蓬勃发展。它们之所以能够如此迅猛地发展，是因为它们向那些不去教堂的人提出了这样一个问题："什么是真正的价值？"

有许多研究也验证了德鲁克关于超级大教会运动发展的观察结果。在康州哈特福德市举办的研讨会出了一份名为"2005 年当今超级大教会"的报告，该报告说，在美国有 1210 多座新教教堂，其每星期的参与者都超过 2000 人，这一数字几乎是 5 年前的 2 倍。

上述报告的研究人员后来还宣布，2006 年每星期参与者超过 1000 人的美国教堂已经超过了 7200 座。他们说：

> 在 2007 年的每一个周末，都有 500 万左右的美国人会参加超级大教会的礼拜活动——超级大教会的标准是传统上所定义的教徒人数平均在 2000 人或以上。这样看来，每 10 个新教信徒中就有一个（大约占 8%）周末去的是超级大教会。

2007 年，数量很少的超级大教会吸引了很大一部分去教堂的新教教徒。正如哈特福德研讨会的报告所指出的那样：

2007 年，在美国所有宗教信仰的共 33.5 万个教区中，大约有
1250 个超级大教会。这一绝对数量很少的大型新教教会，其每周
参与的教徒人数（大约 450 万），与占全美教堂总数 35% 的最小的
教堂加起来的参与人数差不多。

德鲁克关于超级大教会的观察也是社会生态学方法论的一个有力论证，
证明这种方法能够提升社会中各种组织机构的运作成效。在 20 世纪 80 年
代中期，德鲁克先是观察了伊利诺伊州南巴林顿镇柳溪社区教堂的牧师比
尔·海波斯的布道，后来，又观察了加州森林湖地区马鞍峰教会的牧师华理
克的布道，看他们两个人如何围绕知识工人的精神需求来组织和管理教会
的。知识工人及其家庭的精神需求确实不同于其他人。而柳溪教会和马鞍峰
教会则有别于其他教会，这两个教会都特别擅长为这些人提供宗教信仰方面
的服务。⊖

　　知识社会正在涌现一批新的完全不同的教区居民，而马鞍峰社
区教堂的高级牧师华理克和柳溪社区教堂的高级牧师比尔·海波斯
都看到了这些居民的存在，并有效地组织了他们的信仰活动。而我
（德鲁克）所能做的不过是来考察这一现象。

德鲁克早在超级大教会成为一个人尽皆知的社会现象之前就看到了其兴
起。当他理解了这些早期超级大教会的发展背后的推动力之后，他只是简单
地预估了其重要性。然后，他将过去为其他组织机构所开发的管理和领导力
原则在这些新的组织机构中加以运用。后来证明，这些原则对于超级大教会
来说是极为有益的，尤其是当这些超级大教会通过致力于解放这些寻求宗教

⊖　很明显的一点是，超级大教会的参加人员，其构成要比德鲁克说的知识工人更加多样
化。但是，德鲁克 20 年来一直为牧师提供咨询服务，这些牧师确实以知识工人这一不断
发展的细分群体为目标。例如，华理克将马鞍峰社区教堂的目标人群命名为"马鞍峰男"
（Saddleback Sam）和"马鞍峰女"（Saddleback Samantha）："马鞍峰男是一个典型的不上教
堂的人，他就居住在我们这个区域。30 ～ 40 岁，上过大学，甚至可能拥有硕士或以上学
位。（马鞍峰地区居民的受教育程度在全美名列前茅。）他和马鞍峰女结婚，通常有两个孩
子，斯蒂夫和萨莉。"

服务的知识工人，释放他们的多余能量，并且让生活在牧师所服务的区域里的人提供定制化的宗教服务的时候。

在长达 20 多年的时间里，德鲁克为这一运动的牧师和其他领导者提供咨询和建议。他将这些教会所面临的问题划分成神学问题、文化问题和管理问题。他将自己的咨询活动集中在他最拿手的管理和文化维度上。其目标是帮助这些教会以更加卓有成效的方式来运作，他说："教会管理的目的并不是让它们变得更像商业机构，而是要让它们更像教堂。"对于这些教会的神学维度，他并不提供任何建议。

图玛和特拉维斯令人信服地指出，超级大教会颠覆了美国主流的新教教会和天主教教会，同时为那些更小规模的主要是信新教的教会创造了很多机会。他们还指出，"这些超级大教会的信仰活动和礼拜风格影响了美国成千上万个小教会，而且因为互联网的存在也影响到了世界各地数百万名牧师。"

除此之外，华理克为超级大教会的管理所发展出的目的驱动范式为社会组织的专业管理提供了一个重要的蓝本。华理克的畅销书《目的驱动之教堂》不仅是根据不同教会的使命来管理教会的工具书，同时也包含了几乎可以完全迁移到其他社会机构的管理中去的诸多原则。全球范围内有 20 多万个牧师接受过华理克和马鞍峰教会所提供的目的驱动范式方面的培训。当然，当你得知德鲁克曾经为华理克提供了 20 多年的咨询，并且与华理克一起讨论制定了目的驱动范式（最初成为人生发展模型）时，你应该也不会吃惊。

这一目的或者使命驱动的管理方法代表了社会组织管理方面的革命，从专业的角度来说，就是要聚焦于使命、客户价值、绩效和结果。这些课题，加上领导力、策略和有序继任计划等课题，德鲁克在其《非营利组织的管理》⊖一书和很多有关"社会组织管理"的文章和谈话中直接触及过。⊜

总而言之，超级大教会是体现德鲁克的方法论序列的另一个有说服力的案例：

⊖　本书已由机械工业出版社出版。

⊜　1988 年，彼得·德鲁克和 *Leadership Network* 的鲍勃·班福德一起在得州达拉斯共同录制了 25 集（每集 1 小时）的有声读物，起名为《非营利机构的管理和领导力》，做成了五张 CD，The Drucker Institue，Claremont Graduate University，Claremont，CA，www.DRUCKE-Rinstitute.com 有售。

（1）认识趋势。

（2）号召人们关注认识到的趋势。

（3）应对该趋势所引发的管理挑战。

（4）将其原则推广到社会中其他类型的组织机构中去，使之能够因使用这些知识和智慧而受益。

随着超级大教会不断发展壮大，人们对其需求不断增长，其牧师必须拥有（或者必须发展出）相得益彰的才能和优点来应对所面临的各种挑战。斯科特·图玛和戴维·特拉维斯列举了高级牧师在应对这些挑战时所必须具备的能力，包括：

（1）对于其他教会和牧师在满足人们对其教堂的不断变化的需求方面所进行的各种创新，要学会验证和借鉴。

（2）要通过聚焦自身优点、向其他教会成员和志愿者授权来管理好自我。

（3）要培养能够支撑教会发展、承担高层管理责任的领导者，逐渐接替年长的神职人员。

社会生态学案例：通用汽车公司

1946 年出版的《公司的概念》一书是对通用汽车公司进行了 18 个月研究后所形成的成果的总结，这是德鲁克第一次针对关于一个企业所进行的重要研究。他用一个社会生态学家的眼光来透视通用汽车公司这个当时美国最大、最重要的组织之一，评估其政策和架构。他研究的主要目的是更加全面、更加深入地了解一个企业在社会中所起的作用。通用汽车公司这一案例充分体现出了德鲁克身为一个社会生态学家的洞明与练达以及强大的认知能力。

他最早在 1946 年就看到了通用汽车公司的脆弱之处，并且在随后的 50年时间里继续提供建议，一直没有中断。德鲁克早就已经感知到了这个企业未来的发展趋势，并试图改变其发展轨迹。在 1983 年版的《公司的概念》的后记中，德鲁克列举了通用汽车大部分高管人员拒绝接受这本书以及其中所提建议的三个主要原因："①该书对通用汽车公司的政策所持的态度；②关于员工关系的建议；③认为大企业'对公众利益有影响'。"

德鲁克批评通用汽车公司总是盲目相信，而从不质疑自己的政策，尤其是几十年来一直因循下来的那些政策。德鲁克很清楚，企业的政策都是人为的决策，而不是永恒的真理。这些政策需要不断地修正，才能适应不断变化的形势。其中有一个政策是关于公司对旗下雪佛兰业务部所持的态度。

1946年，《公司的概念》出版之后，德鲁克给通用汽车公司的主管写了一封信，其中给出了一些具体的建议。德鲁克建议通用公司将其雪佛兰业务部拆分出去。德鲁克认为，通用汽车公司必然会因为以往的成功而有所顾忌，如此谨小慎微，必然导致发展停滞，而拆分雪佛兰则有助于缓解这一局面。

通用汽车公司在当时是美国汽车行业的主导性企业，公司主管已经开始担心美国政府会采取反垄断行动来拆分该公司。如果能够将雪佛兰出手，那么就意味着通用汽车公司是在鼓励"自由进攻、自由创新和自由竞争"。雪佛兰业务部因而会变成美国最大的企业之一。

通用汽车公司拒绝采纳这一建议，德鲁克的其他建议也石沉大海。在这些建议中，有两个突出的建议，一个关于"负起责任的工人"，一是关于"工厂社区"，前者在后者中工作。这些想法的目的在于给通用汽车公司的工人们提供社会地位和用武之地，这也是德鲁克早期的著作《工业人的未来》中两个关键的主题，而这些主题在随后出版的《新社会》一书的第4章和第8章里中得到了充分的阐释。

在《公司的概念》和《新社会》中，德鲁克提出了这样一个理念：生产第一线的工人，如果能够得到适当的引导和培训，有可能获得一种管理者的态度和管理者的能力。有了这种态度能力，第一线工人可以成为一个自我管治的工厂社区的一部分。要达成这一目标，需要将工人视为资产，给他们提供培训和发展的机会。通用汽车公司的高管和美国汽车工会的领导者对这样的建议嗤之以鼻，而日本的汽车生产商和美国其他公司则已经证明了这种做法的好处。由于通用汽车公司拒绝接受让工人负起责任和建立工厂社区这两个建议，其结果是不断受到来自工会的苛刻要求和持续冲击，而其劳动生产率却没有得到相应的提升，以至于制造每辆汽车需要支付的劳动力成本居高不下。具有讽刺意味的是，德鲁克已经看出这对于通用汽车和整个汽车行业来说都是密切相关的，他在 1993 年版的《新社会》一书的前言中写道：

> 《新社会》是本书作者第一本对日本产生深远影响的著作，它讨论的问题是……要将劳动力作为一种资源，另外有必要建立一个工厂社区。日本人至今仍然将此书看作一个重要指南，帮助他们调整日本的产业结构，发展日本的现代管理，以及最为重要的，彻底改革日本自 20 世纪 50 年代传承下来的就业和劳动力政策与实践。

最后，通用汽车因为对社会责任采取偏狭的态度而受到很多企业批评家诟病，其中包括拉尔夫·纳德，其在 1965 年出版的《任何速度都不安全》中指责通用汽车公司生产的汽车缺乏安全保障。为了帮助国家减轻对进口石油的依赖，美国社会出现了追求省油型汽车的需求，但是通用汽车公司却没有对此做出及时的响应。

德鲁克在 1993 年版的《公司的概念》一书的导言中强调说："我在 1983 年写的后记中预言，再过 10 年，通用汽车公司只能采取守势，现在看来不幸言中了。"而且，他在 1993 年写的导言的最后指出，通用汽车总是试图"用陈旧的（永远不可能成功的）'多元化'来规避其问题。这些行为基于最陈旧的管理谬论：'如果你做不好自己的公司，那么就买一家你一无所知的公司。'通用汽车公司先收购了 EDS 公司，后来又收购了休斯公司"。解决通用汽车公司问题的前提是该公司重新成为"一家真正有成效的汽车制造商……而通用汽车公司的案例表明，克服 50 年成功的包袱是极为艰难的，要打破垄断思维也是极为困难的"。

德鲁克在上述导言的最后得出的结论是，通用汽车公司的未来堪忧，他警示："我总是不断地在问，除了让通用汽车公司解体，还有什么其他办法（不管是通过其自愿采取的措施还是通过恶意收购）能让通用汽车公司（或者其后继者）成功地转型。"我们在 2009 年目睹了伟大的通用汽车公司的解体这一令人悲叹的命运。2009 年 6 月 1 日，在接受了美国政府给予的 194 亿美元一期援助之后，通用汽车公司根据《美国破产法》第 11 章的规定宣布寻求破产保护。到 2010 年 4 月 2 日，该公司从政府那里已经获取了 500 多亿美元的援助，公司重组为规模相对较小的一个公司，旗下有四条主要产品线：雪佛兰、别克、凯迪拉克和GMC。具有讽刺意味的是，根据新改组的公司的预估，雪佛兰汽车的销售额占了2009年公司总销售额的44%，比前一年增长了21%。德鲁克在1946年提出的拆分雪佛兰的建议，在2010年看来是那么先知先觉。令人唏嘘的是，新的通用汽车公司已经缩小为只能承载雪佛兰业务部的成功，再也不用担心什么反垄断压力了！

现在回头看看，当年德鲁克指出的通用汽车公司的问题似乎都是显而易见的。但是，对于阿尔弗雷德·斯隆——这个美国历史上最高效的管理者之一、通用汽车管理系统的设计师，而言，这一切似乎并不那么明显。简单地说，德鲁克清晰地意识到，这家公司没有能力进行足够的创新，也无法像诸如丰田和本田这些日本汽车制造商那样克服其运营成本上的巨大劣势。他还看到，通用汽车公司内部的员工得不到根据其自身潜能进行发展的机会。受制于各种繁文缛节、居高不下的工资总成本以及与美国汽车工会之间的紧张关系，通用汽车公司与外国竞争对手相比，运营起来处于严重的劣势地位。

面对环境中出现了真实的断层，有的公司仍然没有能力进行变革。在德鲁克看来，通用汽车公司就是很好的实例。该公司因为自身在历史上取得过巨大的成功而沾沾自喜。这种倾向并非罕见，它既存在于个人之中，也存在于组织之中。而德鲁克所做的则是仔细地观察实际发生的事实，并有针对性地提出尖锐的问题。但可惜的是，通用汽车公司的高管对于德鲁克的真知灼见充耳不闻。

德鲁克通过写书和做咨询将从通用汽车公司身上获取的经验教训传递到其他组织那里。他在通用汽车公司所观察到的问题，比如工人缺乏自主权和公司缺乏创新能力等问题，也会影响其他组织机构，包括从事非营利活动的组织机构。德鲁克设计的解决方案和管理实践方面的著作不仅可以运用到通用汽车公司，还可以运用到很多其他组织。

○　正如通用汽车公司网站所介绍的那样："1911年开发，以著名赛车手Louis Chevrolet为名的雪佛兰汽车是通用汽车公司四个重点汽车品牌之一。去年，雪佛兰的销售收入占了通用汽车全球销售收入的44%，比上一年增加了21%。"2010年11月7日，通用汽车通过美国历史上最大的上市项目（IPO）融到了200多亿美元资金，降低了联邦政府在该公司中所拥有的股份。

结　论

我们在本章中考察了一些社会生态学家和管理实践者对彼得·德鲁克使用的方法论所造成的影响。通过这种考察，我们清楚地了解到，彼得·德鲁克不仅是一个具有文艺复兴式头脑的人，而且他也是一位实用主义者，渴望将自己的思想变成实际的行动和结果。他既是一名理论家，也是一位实用主义者。

他将自己在人文学科方面的知识投入到这样一个强烈的愿望中去：通过践行其所谓的社会生态学，让思想转化为成果。社会生态学具有双重目标，一是识别可能给社会、组织和个人带来巨大影响的未来趋势，一是在此基础上为管理者和政策制定者提供行动建议。德鲁克致力于提供及时的建议，使人在采取行动应对各种变化和对社会所造成的破坏的时候避免仓促和草率。他是通过教学、咨询和写作活动来践行社会生态学的。

关于德鲁克式的社会生态学的实际应用，我们看到了很多例子。其中一个重要的例子是，他看到了知识社会中工作的性质产生了变化，并指出了在知识社会中生活和工作的注意事项。德鲁克几乎用了半个多世纪的时间来研究知识作为重要资本（其重要性甚至超越了有形资本）来源的兴起，研究知识资本带来的各种问题和机会。他最关心的是我们每个人是否在为满足知识社会的要求而时刻准备着，各类组织的管理者是否将人视为需要开发的资源和资产。

德鲁克为超级大教会提供的咨询服务则是将社会生态学付诸行动的另一个例子。他意识到了去教堂的美国人的变化，从中看到了将自己的管理理论运用到一个新的社会组织的机会。德鲁克观察到，美国的企业越来越无法为知识工人提供人生的意义。他预见到，作为这一批美国人获得社会地位和尊严的来源，超级大教会方兴未艾。

最后，德鲁克早年对于通用汽车公司的研究也充分展现了其社会生态学方法论，展现了他对管理实践和更具思想性的融会贯通。从《公司的概念》一书可以清楚地看出，德鲁克在努力寻找解决现代工业社会中的断层、传承以及人的地位和尊严之类问题的有效方案。站在九位早期社会生态学家和七位管理实践者的肩膀上，德鲁克开始描绘其社会愿景：管理有序的各类组织构成了一个有效运转的社会，个人可以依托这些组织来对抗思想先贤所描绘的各种负面力量。

应用社会生态学：为建立一个尚能容忍的希望社会进行变革和创新

德鲁克有一个大计划，希望为建立一个由管理有效的各类组织机构所组成的道德社会描绘出一幅蓝图，在这样一个社会，人对归属感和社会地位的需求能够得到满足（参见第 1 章）。德鲁克撰写社会和管理方面的著作，其动力是：为管理者提供各种概念、原则和方法，帮助他们更有效地管理好其组织，确保其组织的生存。德鲁克的著述中有一个不断重复的主题，其产生受到了多位思想家的影响（例如，施塔尔、拉多维茨、洪堡、伯克和熊彼特），这一主题就是如何在变革和稳定（断层和传承）之间实现平衡。

和众多影响他的人一样，德鲁克也意识到了变革的恒常；他致力于找到既能提升人类社会的福祉又同时能管理好社会断层的办法。德鲁克理解，变革和传承是不可分割的统一体；他认为，社会需要在这两方面保持适当的平衡。在德鲁克看来，要做到兼顾传承和变革，社会就必须同时拥有起稳定作用的组织机构和起非稳定作用的组织机构：

> 社会、社区和家庭都是维持稳定的机构。这些机构努力维持稳定，试图避免（或者至少是延缓）变革的到来。但是，现代的组织则是一种不稳定的力量。这样的组织必须进行创新，而创新，正如伟大的奥地利裔美国人约瑟夫·熊彼特所说的那样，是一种"创造性的破坏"。

由此，德鲁克从其所认识的组织的性质中获得启发，找到了在变革和传承之间进行平衡的方法。守旧性组织应该起到守旧的作用，而非稳定性组织则应该发挥创新的作用，发扬企业家精神。但是，德鲁克并不认为创新只是企业的责任；受到施塔尔、伯克和其他人的影响，德鲁克认为，政府和其他一些机构也需要创新，这样才能避免革命这一更激进的选择。德鲁克不认同托马斯·杰弗逊的说法："每一代都需要一次新的革命"，不认为只有通过革命才能摆脱专制和权力滥用造成的后果。德鲁克非常偏向于让每一个社会机构都进行系统化创新，通过和平的方式来传承过去，以此来替代革命的选择。他认为，系统化创新是一剂良药，它能够推动社会机构进行革新，从而使得革命变得不再必要：

> 革命是无法被预言到的，也是无法被引领、无法被掌控的。革命会把权力交到错误的人手上……俄国革命的主要后果是将土地耕种者变成了农奴，建立了为所欲为的秘密警察部队和一个冷酷、腐败、令人窒息的官僚政府——这些恰恰都是当初俄国的自由主义者和革命分子最激烈地抗议过的沙皇政府的主要特征……我们如今都明白，那样的"革命"不是任何成就，也不是新的黎明。这些源于昏聩和腐朽，源于思想和制度的破产，也源于自我革新能力的丧失……因此，我们的社会跟经济一样需要创新和企业家精神，我们的公共服务机构（政府）跟商业机构一样需要创新和企业家精神……创新和企业家精神能够实现杰弗逊希望每一代人都经历的革命所实现的一切，而且其好处在于前者不需要流血牺牲，不需要发生内战，不需要建立集中营，也不会爆发经济危机，前者具有明确的目的和方向，并且处于受控状态。

但是，德鲁克的主要聚焦点仍然在于确保商业机构，即从事盈利性活动的机构（创造财富）能够得到较好的管理。但是，这些机构会不可避免地受到熊彼特的创造性破坏过程的影响，这种创造性破坏过程对于资本主义社会的经济发展来说是必要的。正如我们在第 1 章提到的那样，德鲁克将创造性破坏解释成利润的道德价值。他还用熊彼特的理论来为美国资本主义造成的不稳定的后果辩护。根据德鲁克的思想，创新或者非稳定性力量事实上会成为稳定性或者传承性力量。照这样的观点，现代组织在各个层次上避免混乱的唯一方法就是持续不断的创新，而这要求组织"在其内部对创新进行有组织的系统化的管理"。

因此，德鲁克将《创新与企业家精神》一书视为供企业管理者在系统化地引入变革时参考的方法论方面的指导，这是很好理解的。德鲁克评论说："我的《创新与企业家精神》一书可以向人们展示如何系统化地探寻社会、人口状况、意义、科学和技术领域的变化，以及如何从这些变化中捕捉未来发展的机会。"

本书第 7 章强调的是德鲁克作为一个社会生态学家所做的工作，而本章将会描述德鲁克关于在组织内部管理创新过程的观点。德鲁克为我们展示了一种方法论，该方法论可以帮助我们识别和利用那些显而易见或潜藏不露的发展情况，从而推动创新，并通过创新来创造新财富，冲抵创造性破坏的过程，维持组织的连续，促进社会的福祉。在本章中，我们会讨论德鲁克发现的七个创新来源，其中四个来自组织内部，另外三个则来自组织外部，来自外部的各种事件。我们将通过一些具体的案例来展示组织如何有效地利用不同的创新来源、变革进行管理，对机会加以利用。最后，我们还会讨论到技术在对断层进行管理方面所起到的作用。

社会生态学方法论与创新和企业家精神相辅相成的关系

德鲁克指出，"社会生态学家们使用的方法是一种严密的方法，分观察、识别和验证三个步骤。"吉姆·柯林斯强调了德鲁克所采取的这一方法的严密性："德鲁克总是沉浸在实证性的事实当中，然后发问：'在这些事实背后究竟是哪一个原则在支撑？我们可以怎样利用这一原则呢？'"

德鲁克在《创新与企业家精神》一书中进一步地发展了由观察、识别和验证三步骤构成的严密方法。采用这种方法，他找到了企业家的工作和社会生态学家的工作之间的直接关联。那本书不仅是获得关于企业家精神和创新的建议的一个有价值的源泉，也体现了他从事社会生态学工作时所采取的训练有素的系统化方法。

机会的七个来源

对德鲁克来说，"系统性的创新……意味着有目的、有组织地寻求变革，意味着系统地分析这些变革可能带来的经济和社会方面的创新机会"。他指出，引发潜在创新的机会可能来自七个相互关联的方面：其中，四个来自组织内部，另外三个则存在于外部环境中。我们会在每一种来源方面都提供相关案例，以此作为运用德鲁克方法论的指南。

德鲁克识别的存在于组织内部的四个机会和创新来源：

（1）出乎意料的事件；

（2）不对应关系；

（3）流程性需求；

（4）行业结构的变化。

接下来我们逐一探讨这些方面。

出乎意料的事件

第一点也是最重要的一点是出乎意料的事件，包括出乎意料的成功、出乎意料的失败，或者出乎意料的环境变化。如果出现了出乎意料的成功或失败事件之后，创新者能够及时地跟进、充分地理解并采取有效措施的话，这样的事件就能提供最好的成功机会。

组织里汇报系统的设计应该对出乎意料的事件予以特别的关注。然后创新者必须深入思考和研究这些事件，搞明白其原委，并采取必要措施来利用这些事件。组织的历史中充满了出乎意料的事件，包括出乎意料的失败、出乎意料的成功以及环境的变化。下面，让我们来看一看这三个方面的案例。

首先是福特汽车在 20 世纪 50 年代推出的汽车车型。1955 年，福特在市场上推出了其跑车系列，即两人座的雷鸟（Thunderbird）。这款车销量平平，勉强保本。福特很快了解到，尽管消费者很喜欢跑车，但是他们更希望车子的内部空间能大一些，比这种两人座的更大一些。1958 年，福特重新设计了雷鸟，将之改造为四人座的豪华型跑车。新款雷鸟取得了巨大的成功。[⊖]

几乎是在同一时期，福特在 1957 年高调地推出了价格昂贵的埃德塞尔轿车，却因为其销量不佳而在 1960 年停产，这款短命的车型只售出了 2846 辆。埃德塞尔轿车的价格介于高端福特车和低端水星车之间。福特在埃德塞尔轿车上遭遇到了出乎意料的失败，在两人座雷鸟车上业绩平平，而在四人座雷鸟那里则获得了极大的成功，这一切为福特公司提供了宝贵的经验和教训，带来了一定的竞争优势。福特公司意识到，美国的社会经济环境正在发生转变：车主不再根据社会经济条件来做购买决策，而是更多地考虑生活方式。1958 年，四人座的雷鸟车型获得了"年度时尚车型"的荣誉，其原因在于，它是一款跑车，但却有更大的后座空间。

出乎意料事件的另一个有力例证是即时贴。3M 公司发明的即时贴称得上一个出乎意料的成功，只不过这一成功是在出乎意料的失败之后获得的。1970 年，3M 公司的研究人员斯宾塞·希尔弗试图研发出一种具有强大黏性的产品，但是他发现他所研制出来的这款产品的黏性比当时现存的产品还要差——这对于他和 3M 公司来说都是一个出乎意料的失败。

1974 年，公司的另一个研究人员亚瑟·弗莱有一天参加教堂的合唱，当时他发现放在赞美诗上的标签总是滑落，这让他很是不爽。弗莱在 4 年前听说过希尔弗研制出的粘贴产品，于是他就使用了希尔弗研制的粘贴产品来做赞美诗的标签。就这个目的而言，这种粘贴产品实在是太完美了，其牢度足以固定在赞美诗上，同时又不那么粘，可以随时扯下来，放在赞美诗的另一个地方。6 年后，通过多次在公司内部进行该产品的市场测试，加上让其他大公司的首席执行官试用之后，3M 开始向市场推广这种即时贴。希尔弗所研制的产品未能满足其黏性要求，但是，10 年之后，这一款全新的即时贴产品却以迅雷不及掩耳之势成为历史上最成功的个人和办公用品之一。

⊖ 两人座雷鸟车的产量在 1955 年为 16 000 辆，1957 年大约增加到 21 000 辆，这一年至少达到了收支平衡。然而，1959 年，四人座雷鸟的销量为 67 000 辆，到 1960 年大约为 93 000 辆。

　　3M 应对出乎意料的成功的方式方法特别具有启发意义。不论是弗莱还是公司管理层，都没有意识到自己开发了一款成功的产品。但是，根据 3M 内部的系统化创新流程，弗莱获得了上级的认可，在 3M 内部对该产品的市场可行性进行低成本的试探。在 3M 内部的市场试探取得成功之后，他们将市场调研的范围加以扩展，扩展到了各大公司的首席执行官那里。在这一更大的市场上取得成功终于促使他们做出向大众市场推广这一产品的决定。

　　最后一个例子就是恢复阅读计划。恢复阅读计划针对的是那些被当作"风险学生"的一年级学生，帮助他们培养阅读能力。该计划最初是由玛丽·克雷于 1976 年在新西兰的奥克兰发起的，克雷当时是一名博士生，后来成为奥克兰大学教育系的主任。克雷致力于为每一位有学习障碍的学生提供个性化的辅导，这种辅导基于对他们的阅读能力和优点的评估。她对 6 岁学生的研究"表明学生们对文字会有各式各样的问题，但是他们也有各式各样的优点和技能。通过强调学生的优点以及学生们能够做到的事情，老师们发现，他们可以设计出个性化的辅导来促进学生的学习能力"。[⊖]玛丽·克雷当时还写道："到 1977 年年末，我们就目睹并记下了很多令人惊叹的奇迹。"

　　这些令人惊叹的成功推动克雷及其同事一起将恢复阅读计划向外推广，推广到整个新西兰、澳大利亚、北美和欧洲地区。这一活动成功地帮助了那些有阅读障碍的学生将其阅读能力提升到平均水平，并且使这种能力长久地维持下去，这种成功在世界各地被不断地复制。因此，恢复阅读活动可以称得上是出乎意料的成功方面的一个令人赞叹的案例，是一个"充满奇迹"的活动，一个收到了巨大的社会效益、在世界范围内大幅提升学生阅读能力的

　　⊖　彼得·德鲁克很早就总结出这样一个道理：人们通过聚焦自己的强项可以快速进步（这里的强项指的是人们能做到的事情，而不是不能做到的事情）。他在《旁观者》一书中描写了自己是如何从四年级老师艾尔莎小姐那里学到了这一经验。然后，在自传《我个人的历史》中，他再次重复了相同的故事，然后将这些经验和教训外推到其作为管理咨询师的工作中去："作为一个管理咨询师，我很久以来一直在建议我的客户聚焦'人们能够做到的事情，而不是不能做到的事情'，同时也建议他们进行目标管理。在这些领域中，我认为艾尔莎小姐是一位先行者，比我领先得多，实际上是她真正帮我打下了我所做的一切的基础。"

活动。①而最近开始的加州早期阅读训练（CELL）活动再一次证明了恢复阅读计划的有效性：这种计划一旦辅以对老师的必要培训和发展，"已经有力地展示出进行学校改革和采用不同的教学方法所能取得的成果"。

不对应关系

我们可以在不对应关系中发现创新的第二个机会。所谓不对应关系指的是产品、流程或者服务偏离了原本的对应关系。这方面的最佳案例之一就是与规模不对应的钢铁生产的收益情况。

全球市场对钢铁的需求，其增长速度大约相当于全球国民生产总值的增长速度。随着销量的不断上升，如果其他所有因素都相同的话，那么利润也应该相应地增加。但是，一旦综合钢铁厂开足马力，只要市场上对钢铁的需求有显著增长，就需要钢铁公司投入巨大的资本来添置额外的鼓风炉。到20 世纪 70 年代末期，美国综合钢铁厂的资本成本很高，加上单位钢产量的劳动力成本相对较高，因而与外国钢铁厂相比明显处于竞争劣势。结果，美国在一个战略性产业中逐渐地丧失了竞争力。1978 ～ 1998 年，美国的钢铁产能从 1.6 亿吨下降到了 9500 万吨。

由小型钢铁厂研发的电弧熔炉技术降低了对多种钢产品规模化生产所需要的熔炉在规模上的要求。钢铁生产过程中的不对应现象消失了，加上这些小型炼钢厂更多地使用可回收的废钢作为原材料，使得美国的钢铁制造业得以重新焕发生机。小型钢铁厂相对于综合钢铁厂具有一定的成本优势，到2000 年这种成本优势达到了 22% 左右。位于北卡罗来纳州夏洛特的纽柯钢铁公司自从 1972 年起就开始引领这一潮流，如今已经成为最领先的小型钢铁厂，也是美国最大的综合钢铁厂之一。小型钢铁厂使美国在竞争环境日益激烈的全球钢铁行业中重新获得了竞争力。

---

① 在 2009 年夏天和约瑟夫 A. 马治列洛进行的一系列对话中，来自俄亥俄州立大学的著名的教育学者肯尼思·威尔森和康斯坦丝·巴塞都一致认为，"恢复阅读计划是一个出乎意料的成功案例"，可以证明德鲁克关于出乎意料的成功是创新的来源之一的观点。肯尼思·威尔森和贝内特·戴维斯共同撰写了 *Redesigning Education* 一书，前者是 1982 年诺贝尔物理学奖得主。

流程性需求

和第二个创新机会息息相关的第三个创新机会是流程性需求。通常，流程性需求源自现存流程"少了一个环节"。而创新就是将这一环节补上；需求是创新之母。

人类的心脏有一个天然的起搏器，对心跳进行调节。一旦这个天然的起搏器出了问题，就会造成心律不齐或者心跳不正常。1958 年，威尔森·格雷特巴奇和心脏学家威廉·查达克一同发明了植入式心脏起搏器，可以向心脏发射电子脉冲，从而矫正不正常的心跳。这款获得专利的心脏起搏器最早是于 1960 年植入了纽约州水牛城的米拉德·菲尔莫尔医院的一个病人体中。这一植入式心脏起搏器算得上是基于新的知识而获得的成功创新的一个范例，同时创造了进行流程创新的需求。

最初的起搏器使用的能量主要是靠由汞和锌制作的电池提供的，其预期寿命大约是 5 年。实际使用后发现这种电池的寿命其实只有 18 ～ 24 个月，还不到预期寿命的一半。由此，对使用时间更长、更可靠的电池产品的需求就产生了。

1970 年，格雷特巴奇发明了锂碘电池，比原先汞锌电池的寿命长了一倍，而且其实际可持续时间长达 10 年。这一发明是他对植入式心脏起搏器的第二个伟大贡献。植入这种配备了可靠电池的心脏起搏器的病人可以维持正常的心率，这种发明拯救了成千上万人的生命。

心脏起搏器及其锂碘电池体现了基于流程需求的创新和基于新知识的创新之间的完美结合。这也为德鲁克所指出的一个复杂现象提供了有力的证据："通过把作为创新之源的新知识和我们原先已经界定的创新之源结合起来，即出乎意料的事件、不对应关系特别是流程性需求，我们可以显著地降低高科技创新可能引发的风险。"

行业结构的变化

创新机会的第四个来源是行业或者市场结构的变化。随着一个行业快速扩张，该行业的领导者要覆盖所有的细分市场是非常困难的，这就为竞争对手创造了很多机会。随着对到达时间的要求特别高的信件和包裹数量的增加，就产生了上述情形。美国邮政局对于这一新需求的响应极为迟缓，这种缓慢响应就为联邦快递、UPS 和 DHL 这样的公司创造了机会。这些新进入者不断创新，快速地占领了信件和包裹快递这一市场的大部分份额。联邦快递从 1971 年就开始提供包裹快递服务。直到 1977 年，美国邮政局才开始提供快件服务，从而收复了部分失地。如今，这四家邮递服务提供者已经占据了美国 94% 的快递市场，快递包裹市场的结构始终是高度集中的，但是，如今有四家而不是一家机构在服务这个市场。

除了上面提及的这四个组织内部的创新机会来源，还有三个机会来源是可以在外部环境中发现的，它们分别是：

（1）人口状况；

（2）感知、意义或者心态方面的变化；

（3）新知识。

接下来，我们将逐一检视。

人口状况

创新的外部机会中第一个也可能是最重要的来源就是人口统计方面的趋势变化。德鲁克对人口统计趋势的定义是，"人口统计趋势即人口方面的变化，其总量、年龄结构、构成情况、就业情况、受教育状况和收入情况"。人口统计趋势是最不容易逆转的。因此，要确定人口统计趋势的影响，首先要从看上去既不显山也不露水的事件中去发掘出有可能产生显著影响的趋势。

在《养老金革命》[○]（1996 年出版，1976 年出版时的书名是《看不见的革命》）一书中，德鲁克向大家介绍了两大趋势，这两大趋势对于美国经济发展和整个社会都具有重要的意义。这些意义至今仍在不断显现之中。

第一个趋势发生在 20 世纪七八十年代，即养老金基金资本主义的兴起，它逐步地取代了创业资本主义和管理资本主义。知识工人自己拥有自己的人力资本，他们与生产工人和服务人员一起成为有形资本的所有者。工人最初通过自己对养老金基金中的资产进行投资而成为所有者。

　　○　本书已由机械工业出版社出版。

工人通过养老金投资获得所有权分两种模式。大多数政府部门的公务员仍然参与政府养老金基金管理机构所管理的收益确定型养老金计划。但是，私有企业的发展趋势是以缴费确定型养老金计划取代传统的收益确定型养老金计划。缴费确定型养老金计划的投资形式是由个人通过 401（k）账户来进行的股票、债券和共同基金投资，或者对于小企业或者个体就业者来说，则是通过简化员工养老金（SEP）的形式来投资。

因此，养老金资产是由机构投资者来进行投资管理的，这些机构投资者包括养老金基金管理公司和诸如投资公司、保险公司、银行和共同基金之类其他金融机构。2006 年，67% 的美国净资产都是由机构投资者所拥有的，这个数字比 1980 年增长了 10 倍。养老金基金占了机构所有权的一半以上。正是由于私有企业开始不再采用收益确定型养老金计划，美国各州和地方的养老金基金管理机构也成为对公司治理施加最大压力的力量。

具体地说，加州公务员退休系统（CalPERS）是美国最大的政府养老金基金，2010 年其旗下所管理的资产超过 2000 亿美元。加州公务员退休系统对其所投资的企业管理非常关心，如有必要甚至采取措施完善其公司治理状况。该组织指出：

我们深信，只有好的公司治理才能带来更好的绩效。我们努力推进公司内的革新来保护我们的投资。我们负责公司治理的团队会不断挑战各个公司及其现状——我们会行使投票权，会与监管机构通力协作来巩固我们的资本市场，会和好的合作伙伴一起来投资，这些合作伙伴采取公司治理策略，扭转了问题企业，从而为我们的基金创造价值。

德鲁克敏锐地观察到了以加州公务员退休系统这一案例为代表的养老金基金资本主义的兴起，并且预见了养老金基金革命给公司治理带来的影响——公司的目标应该反映未来的养老金受益人的需求，而养老金基金的运营和管理也必须考虑受益人的长期利益。养老金受益人的需求，不管其参加的是收益确定型计划还是缴费确定型计划，都是长期性的，因此公司的目标也应该反映这些长期性的需求。不管是对于公司的管理者来说还是机构投资的管理者来说，这都是一个好建议。

企业所有权开始迁移到机构投资者及其受益人那里，这样一个变化对管理的影响首先体现在对公司治理上，而这发生在德鲁克《养老金革命》（1976年出版）一书出版了10年之后。那些表现不佳的公司，那些不能满足最低盈利标准的公司，成为恶意收购和杠杆收购的对象。尽管养老金基金每一年都要大幅调整其投资组合，但是它们要想将高度资本化的公司的大量股票卖出去还是难上加难，其原因在于其他机构投资者也持有同一家公司的股票。今天，那些大资本的共同基金，通常最倾向于投资于缴费确定型计划——401（k）计划和SEP计划，也面临同样的难题；大型共同基金的投资组合缺乏灵活性，因为它们很难把投资于大公司的大量股票抛出。当大多数养老金基金和机构投资者在同样的公司中持有大量股份时，又有谁来购买这些股份呢？结果，当一家公司无法获得足够的利润来覆盖其资本的机会成本时，养老金基金的管理者就可能会和其他那些大型机构投资者一起商量，让允诺更好绩效的公司兼并这家公司。

养老金基金革命的最直接后果是几十年来的金融和经济动荡：恶意收购、杠杆收购，私募基金公司购买上市公司，企业通过不断重组来提高对股东的回报。

对于养老金资产的所有者来说，这基本上属于健康的发展，因为收购对象的公司的经营者通常都是在做糟蹋投资者财富的事情。但是，正如德鲁克所指出的那样，聚焦财务回报的做法同时有一个副产品，那就是带来了一段剧烈动荡的时期，给受到影响的组织中的人带来了很大的打击。德鲁克旗帜鲜明地批判了20世纪80年代发生的杠杆收购和其他兼并收购趋势。德鲁克总是从人的维度来考虑问题，他看到企业不那么关注雇员和社区的长期福利，只是关注其在财务方面的短期的成功。企业经营者关注利润是应该的，但是他们还应该关注为其他利益相关群体（创造价值）。企业如果能以更加明智的方式来实现股东财富最大化，那么就有可能在将长期的财富创造能力最大化的同时满足所有利益相关群体的利益诉求。这一点也符合德鲁克的整体建议：做最有利于社会的事应该成为企业的目标，因为企业是社会的产物，因而也应该成为社会的一个器官。您看见过哪个器官能够在一个垂死之躯上活下去吗？

德鲁克在《养老金革命》中提到的第二个趋势是日益变老的"婴儿潮"

一代。当时他就预见了这一人口现实对社会保障和医疗保险制度的影响。社会保障制度最初是在 1935 年创立的，其设计意图在于通过员工和雇主共同缴费的形式获得资金。当时的总统富兰克林·罗斯福要求该计划不得造成缺乏资金支持的未来负债，结果社会保障制度将许多工人排除在外，被排除在外的人包括从事家庭劳动的人和农业工人，目的是避免资金不足的风险。但是，从那以后，社会保障制度几经扩展。二战结束之后，该制度的覆盖范围扩展了，覆盖了以往没有覆盖的工人当中的大多数，还增加了残障人士、领取医疗保险和医疗补助福利的人。到 1973 年，社会保障制度第一次出现赤字，一时间引发舆论纷纷，人们开始担心这一信托基金未来的偿付能力。

德鲁克指出，人口方面的压力会对社会保障和医疗保险制度产生深远的影响，他还给出了一个非常符合逻辑的结论：美国国内的政治辩论越来越围绕满足老龄化人口的需求来展开。美国人口的"定时炸弹"如今随时可能引爆。这颗定时炸弹是由工作的人数引发的，在社会中工作的人们缴纳大量退休人员的社会保障养老金，但是他们的数量却在不断减少，这是一个可以预见得到的趋势。这一人口发展趋势的根源是二战之后的婴儿潮一代人，随着他们的退休，每个受益人所对应的缴费人数在不断下降，而且会继续大幅下降（见图 8-1），导致的结果是这些社会保障制度都失去了偿付能力，要想避免这种结果就得采取措施，恢复到原先良好的财政状况。[⊖]

图 8-1 展示的是社会保障制度下每个受益人所对应的缴费人数的下降趋势。1960 年，每个受益人对应 5.1 个缴费者，到了 2007 年，这一数字已经下降到 3.3 个；如果目前的制度保持不变的话，据预计，该数字到 2032 年将会下降到 2.1 个。

社会保障制度是一种量入为出的制度，即当下在岗的人为当下的受益人支付社会保障金。当然，目前还是入大于出的。但是，基于目前的预测，这种情况到 2017 年就可能改变，到那时就会入不敷出。该信托基金的盈余——社会保障制度所收入的资金，但是被政府借用去满足其他预算需求，

⊖　美国国家统计局将二战后生育率相对较高的一段时期定义为"婴儿潮时期"，通常指 1946～1964 年。这一时期出生的人被称为"婴儿潮一代"。而美国国家统计局定义的"婴儿谷时期"则是指"1965～1976 年出生率下降的这段时期"。

到 2041 年就会被消耗殆尽。[⊖]

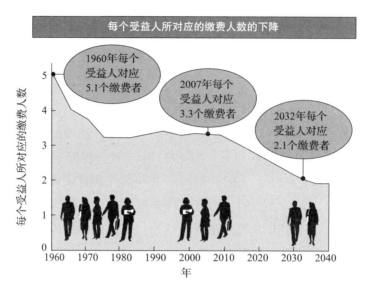

图 8-1　社会保障制度下每个受益人所对应的缴费人数的下降
资料来源：美国社会保障网站，2008-7-15。

关于如何对待社会保障资金的争论由来已久；2005 年，布什总统在国情咨文中呼吁对该计划进行重大改革，包括建立新 401（k）计划，这针对的是个人的账户，允许美国人利用这个账户直接在股票市场上投资。此言一出，舆论哗然，社会保障制度过去一直是、将来仍然是美国政治不可轻易触碰的红线，这背后有一系列的原因。尽管德鲁克和其他人早在 19 世纪 70 年代就已经敏锐地觉察到了人口变化引发的问题，但是在选举的压力下，美国的官员已经被民众束缚住了手脚。结果，原本有可能得到妥善管理的问题如今变得愈发难以解决了；彻底地解决这一问题势必造成巨大的社会断层，因为渐进式的解决方法已经无能为力了。

尽管这样的结果并不是德鲁克所乐于见到的，但是却又一次地展示了社会生态学家的使命：利用人口统计信息来识别各种机会，促进积极的变化，

⊖　关于美国社会保障信托基金无法兑现的时期，存在着不同的预测。例如，国会预算办公室估计，该基金到 2049 年就将入不敷出（www.cbo.gov/ftpdocs/96xx/doc9649）。预测之所以有这么大差异，原因在于预测机构关于税法、收入水平、收入构成和其他因素的假定有很大差异。

避免巨大的断层，为政策制定者争取足够的时间以有序的方式来适应不可避免的变化，从而保持一定的连续性。很不幸的是，对于美国和其他许多发达国家来说，国会和美国人民并没有听从德鲁克和其他人的警示而采取必要的行动；结果，如今的政策制定者、美国的纳税人和未来的受益人不得不面对超乎想象的断层。工资税和自我就业者税都在不断增加，全额受益的退休年龄也在缓慢延长，但是这些变化仍然不足以解决根本问题。未来，不管是税收政策、退休年龄，还是所享收益，都需要进行重大的变革。

环顾当今世界，有很多国家，并不只是美国，面临着与人口趋势变化和福利开支问题相关的危机。许多欧洲国家同样感受到了类似变迁所带来的影响，它们也深陷于金融危机之中。因为我们都生活在一个全球化的社会中，所以我们必须关注全球范围内人口趋势的变化以及这些变化对全世界发达国家的政治、经济和社会所造成的影响。德鲁克在他发表的"下一个社会"这篇重要的文章中重申了其在 1976 年出版的《养老金革命》一书中提出的观点，并认为这适用于所有发达国家：

> 在发达国家里，老年人群快速增长而年轻人快速减少是下一个社会的主导因素，对于这一点，大多数人刚刚开始注意到。每个国家的政治家都在信誓旦旦地承诺拯救现存的养老金制度，但是他们，以及他们的选民都清楚，再过 25 年，在健康允许的前提下，他们不得不继续工作到 70 多岁。

被德鲁克不幸言中的是，受 2008 ～ 2010 年（以及之后）全球经济衰退的影响，希腊、西班牙和葡萄牙的主权债务的信用评级都被下调了，其部分原因是当前和未来的福利开支过于庞大。2010 年，希腊的政府债务已经是其国民生产总值的 124%，标准普尔给希腊政府债券的评级也已经降到了垃圾债券的级别。和美国所发生的一样，希腊经济的衰退也备受指责。高盛公司以及其他金融公司在希腊政府过度开支方面扮演了怂恿者和助力者的角色，它们背着欧盟政府通过暗地交易向希腊政府提供贷款。希腊政府试图通过提高税收、减少福利开支、削减公务员工资等手段来应对危机，但是这些手段激怒了希腊人，成千上万的希腊人走上街头，游行示威；抗议者甚至焚烧了位于雅典市中心的 Mar.n 银行大楼，有三人在混乱中丧生。在华尔街的促动下，在福利开支的压迫下，到 2010 年春，希腊政府已经处于崩溃的边缘，直接危及整个欧盟的稳定。理解了是全球人口趋势的变化导致了政府福利开支的增加，也许仍然无法阻止高盛公司从事见不得人的交易，也无法阻止愤怒的人们走上街头，但是至少可以提醒人们在这样的社会断层之前未雨绸缪（也许可以采取措施将其危害降到最低）。

对于许多组织来说，人口发展趋势同样可能带来重要的创新机会。那么，这些趋势以及其中的变化究竟能给企业家带来哪些机会呢？我们接下来集中讨论一下美国西班牙裔家庭情况所带来的机会这样一个案例，西班牙裔人数的不断增长对于美国来说是最重要的人口变化趋势之一。

2009 年，由佐治亚大学塞林格经济研究中心的杰福瑞·汉弗莱主导的一项研究帮助我们全面地理解了美国西班牙裔人口快速增长所带来的机会。在汉弗莱的研究中，"西班牙裔"的定义是"墨西哥人、波多黎各人、古巴人或者有其他西班牙和拉丁文化背景的人，这些人被视为一个民族类别而非种族类别"。汉弗莱研究了西班牙裔的购买力，将其定义为"居民在税后的个人可支配收入，这些收入可能用于购买任何物品，但是不包括借来的钱或者过去的存款"。

2009 年，西班牙裔人口占了全美总人口的 15.7%。根据出生率和移民速度进行预估，到 2014 年，这一比例将会上升到 17.2%。这几乎是 1990 年的一倍，当时西班牙裔人口占全美总人口的 9%。

2009 年，西班牙裔的总购买力为 9780 亿美金，其中 26% 集中在加利福尼亚州一个州。加利福尼亚州、得克萨斯州、佛罗里达州、纽约州和伊利诺伊州这 5 个州，其西班牙裔购买力排名在前面，占了全美西班牙裔总购买力的 60%，而排在前 10 位的州则占了 80%。而且，根据汉弗莱的研究，西班牙裔购买力的去向明显不同于其他种族：

> 尽管西班牙裔的平均收入水准相对较低，但是西班牙裔家庭更愿意购买电话服务、男士服装、少男服装、儿童服装和鞋类产品。

西班牙裔将收入的很大部分用在食品（包括在食杂店购物和餐馆用餐）、房屋、水电煤等日常支出以及交通上。西班牙裔在房屋维护设施、家具、女士服装、少女服装以及个人护理产品和服务上的花销，与非西班牙裔几乎相同。和非西班牙裔相比，他们在酒精饮品、医疗、娱乐、阅读、教育、烟草、现金储蓄以及个人保险和养老金方面的开支则要少得多。

随着西班牙裔人口的不断增加，其花销方向为很多厂商（包括手机生产商、服装和鞋帽设计师和汽车制造商）提供了营销和创新的机会。但是，对于这样一个宽泛的与种族相关的产品类别以及相应的购买行为，不能轻易地下结论，而是要经过仔细的评估。汉弗莱所详细列举出的购买行为可能因为很多因素而有所变化。对于移民家庭而言，第二代人通常会更加融入美国文化；这些新西班牙裔可能会比其父辈在教育和阅读上花费更多。随着西班牙裔的收入逐渐提高，越来越多的家庭进入中产阶层，那么我们有理由期望他们在医疗健康和娱乐方面增加消费。

自我认知也是非常重要的。皮尤西班牙裔研究中心曾经做过一项研究，从中他们发现西班牙裔种群在自我认知方面千差万别。例如，在加利福尼亚州，出生于美国的墨西哥裔美国人当中有 42% 将自己归入白人，而在得克萨斯州，这个比例则上升到了 63%。这样一种自我归属之所以非常重要，是因为那些将自己归为白人的西班牙裔通常拥有更高的收入和教育程度。

人们出于营销目的试图将西班牙裔和其他种族进行分类，但是这种努力却因为区域和其他方面的差异而变得复杂。尽管如此，对于试图针对美国不同地理区域中的西班牙裔市场推广、生产创新产品和服务的企业管理者来说，人口发展趋势仍然可以帮助他们识别机会和风险。

感知、意义或者心态方面的变化

第二个源于外部的创新机会来自感知、意义或者心态方面的变化。当感知出现变化的时候，"事实并没有发生改变，是事实的意义发生了改变"。

政治家出了名的擅长创造或者利用人们当下在感知、意义和心态方面的变化。2009 年和 2010 年，美国人就医疗改革这个话题争论不休，这是一个惹得群情激奋的典型政治话题。大部分争论围绕的并不是事实，而是人们对那些事实的意义的感知，以及美国人在一个经济滑坡的艰难时期的心态。在大多数情况下，争论双方对于"事实"都能达成一致。贯穿整个辩论过程的是大家对事实的意义各有不同的解读。

据不同方面的估算，在美国，大约由 4700 万人尚未被医疗保险计划覆盖。这些人没有保险的原因很多。一方面是成本问题，他们买不起医疗保险，或者无力支付雇主强制要求共担的保险金。另一方面是失业，他们根据美国《统一综合预算汇编法案》（COBRA）而享受的医疗保险覆盖计划可能过期了，但是他们却没有钱继续维持下去，或者因为别的原因而被排除在这种保险覆盖之外。还有其他原因，比如未充分就业，因为兼职工作而不符合投保条件；比如原先条件就不允许，或者受雇于不提供保险的某个组织。

没有医疗保险是造成美国人财务困境的主要原因。由哈佛大学进行的一项研究表明，2001 年提出个人破产的人群中有一半与医疗相关。那些原先有幸拥有保险的人由于生病而丧失了保险，也丧失了收入。

2010 年，美国国会通过了全面的《医疗保健改革法案》，预计能够将没有保险的人数降低到大约 3200 万人。这一法案引发了很多争论，受到了左派和右派两方面的激烈批评。美国的问题是医疗费用居高不下，人们因为条件不够和失业而丧失保险，整个制度效率低下，对于这些"事实"，大部分人都表示认同。真正引发大家争论的恰恰是德鲁克所界定的感知、意义和心态问题。

有些人认为美国的医疗健康制度是很不错的，我们将这些人称为认为"水杯半满"的公众。他们觉得，因为我们大家如今对健康都极为关注，因此其他人就会错误地认为杯子有一半是空的，认为我们的医疗制度面临着重大的危机。"水杯半满"的公众认为现实世界不是这样的。他们给出的论据是美国人的期望寿命得到了显著的提升，而这恰恰证明我们拥有更好的医疗和营养水平。国家健康统计中心的报告说："1900 ～ 2004 年，美国人的期望寿命不断提升，男性从 46 岁提到了 75 岁，女性则从 48 提到了 80 岁。"他们还指出，互联网使得人们更容易接触到各种信息。大量关于心理健康和生理健康、关于身心关联等方面的信息帮助我们掌握很多知识，包括自身健康、保健养生以及对健康有影响的生活方式等方面的知识。一些主要的学科，比如医学和心理学，不断地提供新的知识，我们可以利用这些知识来掌控自己的健康状况，增强自己的身体机能，提升生命质量，延长寿命。

而认为"水杯半空"的那群人则感受到了另一个不同的现实。在他们眼里，美国的医疗健康制度已经不再起作用了，其更多地受利润驱动，而不再关注人的生命的健康和价值。他们的论证依据是美国人不断上升的肥胖率，尤其是儿童肥胖率不断提高；前总统夫人米歇尔·奥巴马甚至也投入其中，推出了旨在对抗儿童肥胖的活动——"让我们动起来吧！"尽管产妇死亡率在全球都呈逐步下降趋势，但是美国的产妇死亡率却因为很多的原因而逐步上升。他们还指出这一事实：美国很多工薪阶层家庭接触不到互联网，因此也不可能接触到对于上层和中产阶级家庭唾手可得的保健和治疗方面的信息。人种和种族因素也是影响到医疗健康制度的重要因素。由于很多方面的原因，白种人以外的人种很难接触到新的技术和信息，因此也没有机会提升生活质量和延长寿命。对于认为"水杯半空"的这群人来说，美国的医疗制度没能做到平等地对待每个人，因此具有很多固有的弊端，那些无法负担治疗费用或者无处获得疾病预防知识的人最终受苦。

不管你是哪一个群体（"水杯半满"还是"水杯半空"）的，医疗危机反倒因为两个不同阵营的群体在感知和意见方面的矛盾而展现出不少机会。有一件事情每个人都认同：关于医疗的争论反而迫使美国人直面医疗护理及其成本，并努力加以解决。医疗护理就其价值而言是一项人权吗？还是说，它不过是一种可以进行营销的商品，为提供这项服务的公司的利益而存在呢？或者说，两个方面兼而有之？关于医疗的争论并没有指出任何新的事实，但是却使得这些感知和意义浮出了水面。对于企业而言，人们蓬勃发展的身心"保健养生"意识，加上日益增加的有用知识创造了各种各样的创新机会，这些机会包括医疗护理杂志、有氧运动器械、各种各样的维生素产品以及教人们如何应对生活压力的灵修方面的图书等。撇开人们的感知不谈，美国人关于医疗改革的争论显然加深了人们对于健康的关注程度，也提供了更多创新的机会。

新知识

创新的最后一个也是最具吸引力的机会之窗是新知识。下面我们以德鲁克如何将管理发展成为一门学科来说明这一点。

德鲁克利用新知识发展出了管理学这门学科。基于知识的创新通常是基于"多种不同类型的知识的汇合而成的"。基于知识的创新只有在所有必要的知识片段都已经存在并且得到了有效整合的情况下才能实现。下面是德鲁克对他在管理领域所进行的创新的描述：

> 我自己作为一名在管理学领域的创新者，之所以能够成功是因为我在 20 世纪 40 年代早期所进行的分析（类似于其他创新者所进行的分析）。事实上，许多必要的知识片段其实早就存在了，例如组织理论以及很多管理工作和管理工人方面的知识。但是，我通过分析看出这些知识片段分散在五六个不同的学科中。后来，我看看还欠缺什么关键性的知识：一个企业的目的、工作的知识和高层管理的架构、我们如今所称的"商业政策"和"战略"、目标等。我认为所有这些欠缺的知识都可以产生。但是，如果不做这样的分析，我就永远不可能了解它们究竟是些什么知识或者究竟缺少什么知识。

正如德鲁克的话所暗示的那样，他首先理解了管理作为一门学科、一种实践究竟意味着什么，其次理解了管理究竟要实现什么样的目的。只有有了这种理解，才能确定究竟需要哪些部件，并把这些部件分为两部分，一部分是已知的，另一部分是有待发现的：

> 在今天看来，每一门学科就其核心而言都有一个整体的概念，该整体并不是所有组成部分的结果，也不等同于所有部分加起来的总和……我们现代的每一门学科、科学和艺术的核心概念的范式和结构……倘若仅仅是从各组成部分开始的话，我们永远都不

　　可能搞清楚这些结构……事实上，任何范式或者结构中的组成部分都只存在于对整体的思考和对整体的理解当中，这些部分也只有在这种思考和理解中才能被认知……同样，"管理"也是一个结构整体。

　　在德鲁克的观念中，人文和管理都是整体的，都是从更大的视野来看待不同的学科或实践。因此看来，管理是一个整体的系统，大于其单个组成部分。德鲁克把这种系统称为一种"结构"或者一种范式。在发展自己关于管理实践这一概念的过程中，德鲁克开始使用管理的"结构性用语"，在 1973 年对此用语给出了定义。德鲁克将管理结构定义为，"一种系统，人作为其组成部分自愿地为一个共同的事业贡献自己的知识、技能和努力"。换句话说，德鲁克的研究并不是从部分开始的，而是从一个"整体的概念"，即一种范式开始的。接下来，德鲁克详细地描述了为使管理结构有效地生成所必需的组成部分或者各门知识。

　　德鲁克首先注意到了已经存在于组织理论中的知识。正如我们在第 6 章和第 7 章中所看到的那样，巴纳德和福列特都发展出大量关于正式和非正式组织的设计的知识。除了巴纳德和福列特的研究之外，亨利·法约尔早期所进行的研究也是非常重要的。[⊖]身为法国人，同时也是一名工程师，法约尔着重研究组织的行政管理，1918 年在法国出版了《工业管理与一般管理》一书。该书于 1930 年被翻译成英文。法约尔发展出了 14 个组织原则。他强调劳动分工和专业化，主张为完成工作而建立有效运转的组织架构。

　　法约尔为所有制造型企业总结出了一套有效运转的组织原则。每一个制造型企业都需要具备一些独立的职能，每一个职能有其专门的工作。这些职能包括工程、制造、销售、财务和人事。这些职能是独立运作的，但是又通过一个总经理或者首席执行官在高层加以整合。

　　接下来，德鲁克又提到了针对工作和工作过程所进行的研究，这些研究

　　⊖　德鲁克在《管理的实践》一书的前言中提及过法约尔。他说："法约尔使用的语言可能已经过时，但是他对管理工作和组织的洞察依然鲜活，富有原创性。"

分别是由弗里德里克·泰勒和埃尔顿·梅奥来完成的。我们已经在第7章讨论过泰勒对德鲁克的影响，在第6章中讨论过梅奥对德鲁克的影响。

同样值得注意的是，泰勒、梅奥和法约尔的研究工作最终带来劳动生产率的不断提升，首先是通过将科学方法直接运用到工作中去，其次是通过提升工人的积极性，再次是将系统化的组织和行政管理运用到工作中去。

对现存的知识进行整合是非常有必要的，因为创新所需要的知识分散在"好多个不同的学科中"。这些学科包括工业工程、制造、心理学、工业心理学、社会学、政治学、历史学、政府学以及德鲁克并没有特别提及的一门学科——经济学。德鲁克不仅从经济学家约瑟夫·熊彼特的著作中汲取了许多思想，他还比较清楚乔尔·丁[○]很早以前在管理经济学方面所进行的出色研究。乔尔·丁在1951年出版了划时代的巨著《管理经济学》。[○]乔尔·丁是哥伦比亚的经济学教授，同时也是战略经济学和管理经济学领域的管理咨询师。他也因为在定价、资本预算和统计成本估算等方面的研究而享有盛名。1940年他成立了以自己名字命名的管理咨询公司。

因此，当德鲁克撰写《公司的概念》和《管理的实践》时，他借鉴了我们在第4章、第6章和第7章以及本章中所提到的众多前辈的卓越研究成果。然后，他又加入了欠缺的部分。在为通用汽车公司做研究（其成果体现在《公司的概念》一书中）以及与哈罗德·斯米迪一起为通用电气公司做研究（其成果体现在《管理的实践》一书中）的时候，德鲁克围绕分权、目标管理、高层管理架构和商业战略提出了很多自己的思想。德鲁克和斯米迪的合作研究最终帮助他确定了企业目的的定义。德鲁克在自传中说：

> 在通用电气公司，我还希望记录一些事情，这并不是一个术语，而是关于企业目的究竟是什么这样一个根本问题。没有哪个经济学家回答过这个问题，包括我听过其一次演讲的约翰·梅纳

○　也译为"乔尔·迪安"或"乔尔·帝恩"。——译者注

○　德鲁克在《管理的实践》一书中感叹，关于"管理究竟应该做什么"，世人缺乏足够的描述。在同一页的第一条脚注中，他特别指出，乔尔·丁是一个特例："尽管乔尔·丁主要关注的是将经济学理论中的概念和工具对商业管理的适应问题，但是，他的这本书，尤其是前面的概述性部分值得任何一位管理者认真阅读。"

德·凯恩斯也不曾回答过。在和斯米迪共同工作时，我基于市场或者消费者而不是技术对企业的目标重新进行了定义，而且认为分权也需要基于这样一个概念来实行。

　　我提出的最为人们熟知的说法之一是"企业的目的是创造顾客"。我认为将利润视为企业的目的"失之毫厘，谬以千里"。斯米迪认为这是一个极为新奇的想法，所以鼓励我在原先他所撰写和编辑的一系列著作的基础上出版一本新书。1954 年，基于我在通用电气公司和其他一些大型企业的经历，我出版了《管理的实践》一书。

德鲁克在管理学科和管理实践方面的创新是一个很好的例子，说明要想在新知识的基础上成功地进行创新必须将不同门类的知识整合起来。第一，需要有关目的或者结构的知识。第二，需要将现有的知识加以综合，把它们整合起来。第三，还需要识别并且发展出那些缺失的知识片段，只有这样，以知识为基础的创新才能获得成功。德鲁克将"新知识"加入现有的知识，从而发展出了管理实践。

　　德鲁克关于自己所进行的创新的案例说明，只有当其他人已经奠定了足够的基础之后，基于新知识的创新才变得可能。创新者致力于综合各种知识，并且添加缺失的知识片段。创新者"站在巨人的肩膀上"，艾萨克·牛顿爵士的这句名言对于德鲁克以及所有利用新知识进行创新的人来说都是非常合适的。而对于我们每个人来说，这都是宝贵的经验。

技术：社会中巨大的非稳定性力量

　　德鲁克有一个兴趣，喜欢研究社会中非稳定性力量的影响，研究各种断层，他试图在维持传承的同时利用变革，使变革对个人、组织和社会都产生正面影响。出于这一兴趣，他直接研究技术给社会造成的影响。德鲁克对待技术的方法是："将技术视为一种人性的现象，而且是一种社会的现象，而不纯粹是'技术'现象，而社会也是由工作以及在工作中形成的各种相关关系所塑造、生成的。"

技术的变革天生就是一股非稳定性力量。新技术本身就能直接引发对更多社会变革和创新的需求。新技术能够改变经济、社会和政治面貌，改变整个社会的未来。任何一个有抱负的社会生态学家都必须关注技术及其深远影响，因为技术将为个人、组织和社会的进步创造各种机会，同时也会导致具有潜在破坏性的各种断层。

对于德鲁克来说，只要不把技术理解为应用到工作中去的工具的话，任何理解都不具有普遍性：

> 技术是与工作相关的：工作是一种人类所特有的活动，通过这种活动手段，人类可以突破生物学铁律的限制，要知道，这种生物学铁律迫使所有其他动物疲于奔命，如果不防止死于下一个小时，也要防止死于第二天。

我们安排工作的方式也是人类的一个重要工具，德鲁克承认弗里德里克·泰勒的科学管理对于我们这个世界来说确实是一个重大的技术突破：

> 科学管理集中研究工作。其核心是对工作进行有组织的研究，分析构成工作的最简单要素，系统化地提升工人完成每个要素的绩效。科学管理既包含基本的概念，也包含运用起来得心应手的工具和技巧……事实上，科学管理归根结底是关于工人和工作的系统化哲学。整体而言，科学管理可以说是美国自《联邦党人文集》之后对西方思想界做出的最强大、最持久的贡献。

最后，我们终于触及了德鲁克方法论中经常出现的"系统"这一概念，在这里系统是指任务、工具和社会组织之间的相互影响：

> 但是，我们已经认识到，工作的任务、工具和社会组织并不是完全独立的，而是相互制约、相互影响的。

技术变革的经验：基于新知识的创新潜流

技术变革对于组织、社会和人们来说通常都是一种巨大的颠覆，这种变革在带来巨大好处的同时也带来了潜在的危险。大范围的技术变革要求从价值观、组织架构和人的行为等多方面进行变革。影响巨大的技术变革呼唤进行更多社会和技术创新，这样才能使新技术造福于社会、组织和个人。在这一部分，我们将探讨技术变革带来的影响和创造的机会。

灌溉之城⊖

20 世纪的历史学家在探寻城市发展这一现象时，往往会将其起源追溯到远古的文明。1961 年，路易斯·芒福德出版了《历史上的城市：起源、变化和前景》。在该书中，他深入地分析了灌溉在早期农业文明社区中推动社会和经济变革过程中所起到的作用。顺着这一轨迹，德鲁克在一篇关于技术变革经验的文章中追溯了第一次技术革命——灌溉以及灌溉之城，这一古代文化的发明的影响："首先是在美索不达米亚平原，然后是在埃及和印度河谷，最后是在中国，人类生活方式和谋生手段中的任何一种变革都不如灌溉……如此彻底地、革命性地改变了人类社会和社区。"这是人类社会所经历过的一个伟大的变革时代，充分地展示了人们对于创新和变革的需要与对连续和传承的需要二者之间的张力关系。

灌溉之城在很大程度上影响了农业的发展，形成了农业社区，也产生了对政府、财产权和法治的需要。灌溉之城很容易受到外敌的进攻，因此也产生了依靠武装力量提供保护的需要。因此，农民、士兵和官员等各社会经济阶层应运而生。随着城市进一步发展，除去消费的盈余推动了与其他城市之间的贸易的发展。这反过来产生了对交换标准（金钱）的需要，以及对信用发放和银行业务的需要。贸易同样还需要书写和记账。而水力调节和控制则催生了对工程技术的需要。

⊖ 德鲁克关于灌溉之城的文章"第一次技术革命及其经验教训"也在 1965 年美国技术史学会那里作为会长演讲发表过。

在所有这些创新中，每一个都需要新的知识。但是，在德鲁克看来，这之间最重要的就是灌溉之城，是灌溉之城创造了人、个体、公民。灌溉之城创造了对社会公正和社会同情的需要。它最终也推动了世界各大宗教的发展。

德鲁克是这样总结的：

> 技术革命形成了进行社会和政治创新的客观需要。技术革命还创造了识别某些领域的需要，在这些领域中人们需要新的组织机构，而旧的那些组织结构则变得过时了……
>
> 但是，这些组织机构所秉持的价值观，这些组织机构努力达成的人的目的和社会目的，以及也许是最重要的一点，这些组织机构强调某一目的高于另一目的，所有这些在很大程度上都在人的掌控之中。

正是通过创新才形成了灌溉之城，而灌溉之城也需要进行更多的创新，需要将人类的价值观应用到社会上各类组织结构的管理当中去。对技术及其对社会和各类组织机构的影响的研究也因此成为社会生态学家最重要的任务之一。

技术变革：互联网

我们这个时代的创新产物互联网已经并将继续给我们每个人、组织和社会带来巨大的影响。通过极大地降低乃至于几乎彻底消除通信成本，互联网已经在事实上使得某些产品或服务的交易不再需要考虑距离这一因素。蒸汽机和铁路的发明已经削弱了距离给商业造成的影响，而互联网则几乎彻底消除了距离对于人们在全球范围内进行贸易的能力的影响。实际上，几乎所有与知识相关的产品和服务（例如教育、会计、广告、设计和研究）都可能通过电子商务来进行。除此之外，电子商务也使得个人和组织都能够分销任何产品或服务，不管这种产品或服务是不是自己所生产的。

互联网已经：

（1）促进组织扁平化，彻底去除了那些过去只是作为沟通环节而存在的层级；

（2）使得外包来的产品和服务变得更低价，因而也更普遍；

（3）改变了企业的策略，使追求所有权和控制权转变为结成联盟和合作伙伴关系；

（4）使得任何人只要通过互联网就能获得更多知识，并因此加剧了产品和服务方面的全球性竞争；

（5）通过广泛的社交网络改变了人与人之间的社会关系；

（6）使得个人、组织和国家变得更加容易受到网络战争的威胁。

尽管互联网的影响已经渗透到商业、医疗、社会关系、恐怖主义以及政治和政府里面，但是许多影响仍然有待进一步发挥，这包括如何理解互联网对全球化的全面影响，当前这场全球金融危机对发达国家和发展中国家所造成的不曾预料的巨大冲击就是一个明显例证。

总之，技术总是扮演着巨大的非稳定力量的角色，在很大程度上既为个人、组织和社会创造着机会，也给它们带来危险。对于这样的变革，社会生态学家应该时刻关注、时刻警惕。

结　　论

作为社会生态学家，德鲁克意识到变革或者断层是一个给定的社会现实，任何组织要生存下去也必须充分地意识到这一点。德鲁克作为社会生态学家的方法论要求将变革视为创新机会的来源；他敏锐地观察到来自组织内部的四个创新来源，以及来自外部环境的三个创新来源。有效地驾驭技术力量也能帮助组织有效地应对断层的现实，而为了将破坏程度降到最低也需要维持一定程度的连续性。

有时候，有些断层断裂似乎比别的断层要大一些，尤其是对于亲历断层期的一代人来说。这的确是一个正在经历伟大变革的时代，这一变革也许比当初灌溉之城所带来的变革更加深远。社会生态学家致力于从这些巨大变革中推导出未来的发展趋势，并且提醒管理者和个人关注正在生成以及即将生成的各种断层，提醒他们拥抱变革，以便保持作为一个有效运转的实体应有的连续性和活力。2008 年之后，我们已经目睹了大大小小各类组织由于未能做出快速变革而遭遇的失败。这些组织败给了由次级贷款引发的全球金融危机。全球范围的信息和资金流动推动了全球的正向增长，但是同样也引发了危险的连锁反应，使得危机进一步加剧。

由于大家更需要时刻警惕这些变化：要果敢地放弃那些不再起作用的产品、服务和流程；要发展并完善系统化创新和变革的流程，同时也要致力于维持连续性，致力于践行有助于在快速变革时代里保持连贯性和稳定性的价值观。

社会生态学家的工作似乎比过往任何时候都更加重要，因为今天我们面临的机会更大、危险也更大。本章为个人、管理者和组织提供了应对变革所需要的工具。我们希望这些工具能够有助于建立一个"尚能容忍的"希望社会。

结　　论

> 人类是一件多么了不得的杰作！多么高贵的理性！多么伟大
> 的力量！多么优美的仪表！多么文雅的举动！在行为上多么像一
> 个天使！在智慧上多么像一个天神！宇宙的精华！万物的灵长！
> 可是在我看来，这一个泥土塑成的生命算得了什么？人类不能使
> 我发生兴趣。[⊖]

——哈姆雷特

　　这个世界是不完美的，其中住满了坠落的天使。关于世界的不完美性这
一主题，许多人文学科都在不断探讨，当然也包括文学。莎士比亚笔下的哈
姆雷特并不认同德鲁克所描述的人的尊严，也不认为人是按照上帝的形象创
造出来的产物，他不断地哀叹人性的邪恶本质。在马克·吐温的《亚瑟王朝
中的康涅狄格美国佬》中，穿越时光的美国人汉克·摩根坚信，他那个时代
的技术和民主理想能够帮助解决 6 世纪英国社会的不平等问题，但是后来却
发现最终占上风的还是人性；摩根最终也屈服于自己的权力欲，国家则沦陷
于战争的灾难之中。通常最"神圣"的主人公恰恰就是最"堕落"的一个；
作家辛克莱·刘易斯笔下的埃尔默·甘特利就是一个令人绝望的堕落了的新

　　⊖　摘自《哈姆雷特》朱生豪译本。——译者注

教牧师，而在《红字》中和赫丝特·普林私通的不是别人，恰恰就是那个清教徒神父亚瑟·丁梅斯代尔。

彼得·德鲁克在广泛的人文学科中找到了他有关一个"尚能容忍的"社会这一愿景的灵感，这些人文学科包括宗教和政治哲学、社会学、历史学、心理学以及经济学。从克尔凯郭尔有关生命处于恒久的张力之中这一存在主义观点开始，德鲁克发现了一系列关于人类存在的解释，所有这些解释都试图与这一张力和解，或者至少能面对这种张力。最终，对于德鲁克来说，最重要的张力就是克尔凯郭尔所发现的：认知到俗世的存在与精神的王国是分离的，而这将转化为充满失望的人生。当人们理解了人类存在的张力是不可调和的之后，这种绝望就只有靠信仰才能克服了。德鲁克使用克尔凯郭尔和其他宗教哲学家以及其他学科的思想和理论，构建了一个更容易实现也更世俗的愿景，用以应对现代社会固有的变革、不协调和颠覆。他提出的"尚能容忍的"社会以管理有序的组织机构为核心，这些组织机构不仅能够创造财富，而且能够为人们（他们为寻找在这个星球上生存的理由而上下求索）提供各种意义，包括存在主义的意义、哲学上的意义和准宗教上的意义。

考虑到影响其管理观形成的思想历程，就不会为德鲁克将管理学视为人文学科而感到惊讶。还有一点也不会令人感到惊讶，那就是，要理解德鲁克，就要理解其道德视角；对于德鲁克而言，管理是一种行善的力量，是抗击邪恶的方式。对于有些人来说，这种想法显得过于乌托邦、不现实了。但是，当我们考虑到人文学科在德鲁克思想中的地位和作用的时候，他的道德观点会变得愈发清晰。从一开始直到现在，人文学科的理想就是要在某一时间点上为某一社会灌输共同的价值观。如果人文学科的历史目的是要培养识真扬善的能力，那么管理学成为识真扬善的道德力量的唯一希望就是让自身与人文学科结盟同行。早期的商业学院意识到了这一点，它们要求学生先接受人文学科教育，将其作为获得更高学位的前提条件。即使是在商学院蓬勃发展之前，人类在长期的历史发展过程中就一直通过人文学科来培养更多受过良好教育的公民、充满德性的领导者和能够独立思考的人。

如今，人文学科的学术研究人员和实践中的管理者通常用鄙夷或者怀疑的眼光来看待对方。"真实世界"和"象牙塔"之间的隔阂从很多方面看都是人为的。教授并不只是在培养接班人而已；他们同样也是在帮助学生发展出广泛的实用技能，包括批判性思维、使用证据来形成论证以及有效的写作和口头沟通能力。大多数商科教授都感到大学生在上述方面的能力通常是比较薄弱的，因为学校现在更强调与职业相关的培训。这也是商学院要和传统的人文学院联合起来办学的背后驱动力之一。

但是，两者之间的分歧并没有因此消除。学术研究人员坚持认为管理学是比他们的学科低级的学科，而管理者则感觉学术研究人员与现实世界严重脱节。这一分歧有一部分关乎德鲁克关于管理学是人文学科这一理念的核心：价值观的概念。学术研究人员把营利活动视为"污点"，违背了学术自由空间的神圣性。对于大多数学者而言，一旦有商业参与进来，必然会破坏学术研究的独立性质。而在管理世界中，金钱是日常生活司空见惯的组成部分，是商业世界存在的生命线。金钱的价值在于其为组织提供持续生存的资源的能力，在于其为员工支付工资、向供应商付款、为投资者提供回报的作用。管理学作为人文学科要想有所成就，管理学和人文学科之间要想获得和解，首先需要价值观的和解。工作和利润的世界会关注品格、诚信和真理之类宏大的理想吗？为了救赎管理实践，这样的关注是必要的，也是我们唯一的希望。

这就是德鲁克为什么会将价值观看得比技能、战术或各门学科更加重要。管理学要想成为一种道德力量，要想在由不一致和张力所定义的世界里治理好为人们提供人生意义和社会地位的组织，那么其必须由正确的价值观来驱动。德鲁克坚信，人文学科是道德和价值观的守护者；管理学要想成为一种道德力量，就得被视为人文学科。尽管德鲁克从来未曾公开地揭示管理学和人文学科两者之间的关联，但是他关于管理学是人文学科这一理念还是将人文学科培养道德品格的理想与管理学培养有效领导者的目标紧密地结合在了一起。人文导向的管理者对人类存在的本质有着透彻的理解，能够在制约权力滥用的同时将组织里的人培养好，他们还充分理解组织在社会中所发挥的更大的作用。受道德感和追求更大的善的义务驱动，人文导向的管理者认识到，尽管人性本身是不完美的，但是由人组成的组织必须努力创造一个

"尚能容忍的"希望社会。

管理学作为人文学科，其思想起源是非常复杂的。将管理学作为人文学科来践行需要理解这一思想背景，同时还需要强烈地感受到人文学科所追求的精神。依托历史学、经济学或哲学，管理者在做决策时能够考虑到人的本性、权力在组织的作用以及造成断层的外部因素，在面临巨大挑战的情形下能够有效地发挥领导力。管理学作为人文学科还能够帮助组织考虑到其所秉承的价值观的来源，以及组织如何坚守和践行管理者认为最重要的价值观。撇开其他方面的东西不谈，这一新方法要求管理者更加设身处地考虑到自己的决策和行动对同事、客户、竞争对手、供应商以及整个社会造成的影响。

我们的社会一直在寻求新的管理方法。管理不当不仅危及商业社区，很不幸的是，这一问题几乎存在于每一类组织中。2010 年 6 月，南加州大学因为一系列违规行为受到了全国大学体育协会（NCAA）的严惩，其中主要问题是，学校明星球员雷吉·布什的不当财务收益。这一次的惩罚是非常严厉的，包括剥夺其奖学金和禁赛两年。人性中的贪婪和失敬不仅表现在企业领域，就连我们的高等教育机构也深受影响。但是，正如德鲁克所展示的那样，管理作为人文学科适用于任何组织，无论该组织从事的是什么样的活动，也无论其地位如何。建立一个理想社会或者接近于理想的社会，这样的奢望我们不应该有。但是，我们完全可以为一个可以达到的目标而努力，这一目标是这样一个社会：在其中，工作是有意义的，领导者是诚信的，管理的作用最终是关于人的尊严和发展的，而组织也能接受服务于广大社会的更高的善这样的义务。用人文之光照亮管理，我们将有机会实现德鲁克关于"尚能容忍的"社会的愿景。

德鲁克管理经典

编号	书号	书名	定价
	德鲁克管理经典		
1	978-7-111-28077-4	工业人的未来(珍藏版)	￥36.00
2	978-7-111-28075-0	公司的概念(珍藏版)	￥39.00
3	978-7-111-28078-1	新社会(珍藏版)	￥49.00
4	978-7-111-28074-3	管理的实践(珍藏版)	￥49.00
5	978-7-111-28073-6	管理的实践(中英文双语典藏版、珍藏版)	￥86.00
6	978-7-111-28072-9	成果管理(珍藏版)	￥46.00
7	978-7-111-28071-2	卓有成效的管理者(珍藏版)	￥30.00
8	978-7-111-28070-5	卓有成效的管理者(中英文双语 珍藏版)	￥40.00
9	978-7-111-28069-9	管理:使命.责任.实务(使命篇)(珍藏版)	￥60.00
10	978-7-111-28067-5	管理:使命.责任.实务(实务篇)(珍藏版)	￥46.00
11	978-7-111-28068-2	管理:使命.责任.实务(责任篇)(珍藏版)	￥39.00
12	978-7-111-28079-8	旁观者:管理大师德鲁克回忆录(珍藏版)	￥39.00
13	978-7-111-28066-8	动荡时代的管理(珍藏版)	￥36.00
14	978-7-111-28065-1	创新与企业家精神(珍藏版)	￥49.00
15	978-7-111-28064-4	管理前沿(珍藏版)	￥42.00
16	978-7-111-28063-7	非营利组织的管理(珍藏版)	￥36.00
17	978-7-111-28062-0	管理未来(珍藏版)	￥42.00
18	978-7-111-28061-3	巨变时代的管理(珍藏版)	￥42.00
19	978-7-111-28060-6	21世纪的管理挑战(珍藏版)	￥30.00
20	978-7-111-28059-0	21世纪的管理挑战(中英文双语典藏版、珍藏版)	￥42.00
21	978-7-111-28058-3	德鲁克管理思想精要(珍藏版)	￥46.00
22	978-7-111-28057-6	下一个社会的管理(珍藏版)	￥36.00
23	978-7-111-28080-4	功能社会:德鲁克自选集(珍藏版)	￥40.00
24	978-7-111-28517-5	管理(下册)(原书修订版)	￥49.00
25	978-7-111-28515-1	管理(上册)(原书修订版)	￥39.00
26	978-7-111-28359-1	德鲁克经典管理案例解析(原书最新修订版)	￥36.00
27	978-7-111-37733-7	卓有成效管理者的实践	￥36.00
28	978-7-111-44339-1	行善的诱惑	￥29.00
29	978-7-111-45029-0	德鲁克看中国与日本	￥39.00
30	978-7-111-46700-7	最后的完美世界	￥39.00
31	978-7-111-47543-9	管理新现实	￥39.00
32	978-7-111-48566-7	人与绩效:德鲁克管理精华	￥59.00
33	978-7-111-52122-8	养老金革命	￥39.00
34	978-7-111-54922-2	卓有成效的领导者:德鲁克52周教练指南	￥49.00
35	978-7-111-54065-6	已经发生的未来	￥39.00
36	978-7-111-56348-8	德鲁克论管理	￥39.00
	德鲁克论管理		
1	978-7-111-28076-7	大师的轨迹:探索德鲁克的世界	￥29.00
2	978-7-111-23177-6	德鲁克的最后忠告	￥36.00
3	978-7-111-27690-6	走近德鲁克	￥32.00
4	978-7-111-28468-0	德鲁克实践在中国	￥38.00
5	978-7-111-28462-8	德鲁克管理思想解读	￥49.00
6	978-7-111-28469-7	百年德鲁克	￥38.00
7	978-7-111-30025-0	德鲁克教你经营完美人生	￥26.00
8	978-7-111-35091-0	德鲁克论领导力:现代管理学之父的新教诲	￥39.00
9	978-7-111-45189-1	卓有成效的个人管理	￥29.00
10	978-7-111-45191-4	卓有成效的组织管理	￥29.00
11	978-7-111-45188-4	卓有成效的变革管理	￥29.00
12	978-7-111-45190-7	卓有成效的社会管理	￥29.00
13	978-7-111-44748-1	德鲁克的十七堂管理课	￥49.00
14	978-7-111-47266-7	德鲁克思想的管理实践	￥49.00
15	978-7-111-52138-9	英雄领导力:以正直和荣耀进行领导	￥45.00

华章经典·管理

ISBN	书 名	价 格	作 者
978-7-111-59411-6	论领导力	50.00	（美）詹姆斯 G. 马奇 蒂里·韦尔
978-7-111-59308-9	自由竞争的未来	65.00	（美）C.K.普拉哈拉德 文卡特·拉马斯瓦米
978-7-111-41732-3	科学管理原理（珍藏版）	30.00	（美）弗雷德里克·泰勒
978-7-111-41814-6	权力与影响力（珍藏版）	39.00	（美）约翰 P. 科特
978-7-111-41878-8	管理行为（珍藏版）	59.00	（美）赫伯特 A. 西蒙
978-7-111-41900-6	彼得原理（珍藏版）	35.00	（美）劳伦斯·彼得 雷蒙德·赫尔
978-7-111-42280-8	工业管理与一般管理 （珍藏版）	35.00	（法）亨利·法约尔
978-7-111-42276-1	经理人员的职能（珍藏版）	49.00	（美）切斯特 I.巴纳德
978-7-111-53046-6	转危为安	69.00	（美）W.爱德华·戴明
978-7-111-42247-1	马斯洛论管理（珍藏版）	50.00	（美）亚伯拉罕·马斯洛 德博拉 C. 斯蒂芬斯 加里·海尔
978-7-111-42275-4	Z理论（珍藏版）	40.00	（美）威廉 大内
978-7-111-45355-0	戴明的新经济观	39.00	（美）W. 爱德华·戴明
978-7-111-42277-8	决策是如何产生的 （珍藏版）	40.00	（美）詹姆斯 G.马奇
978-7-111-52690-2	组织与管理	40.00	（美）切斯特·巴纳德
978-7-111-53285-9	工业文明的社会问题	40.00	（美）乔治·埃尔顿·梅奥
978-7-111-42263-1	组织（珍藏版）	45.00	（美）詹姆斯·马奇 赫伯特·西蒙